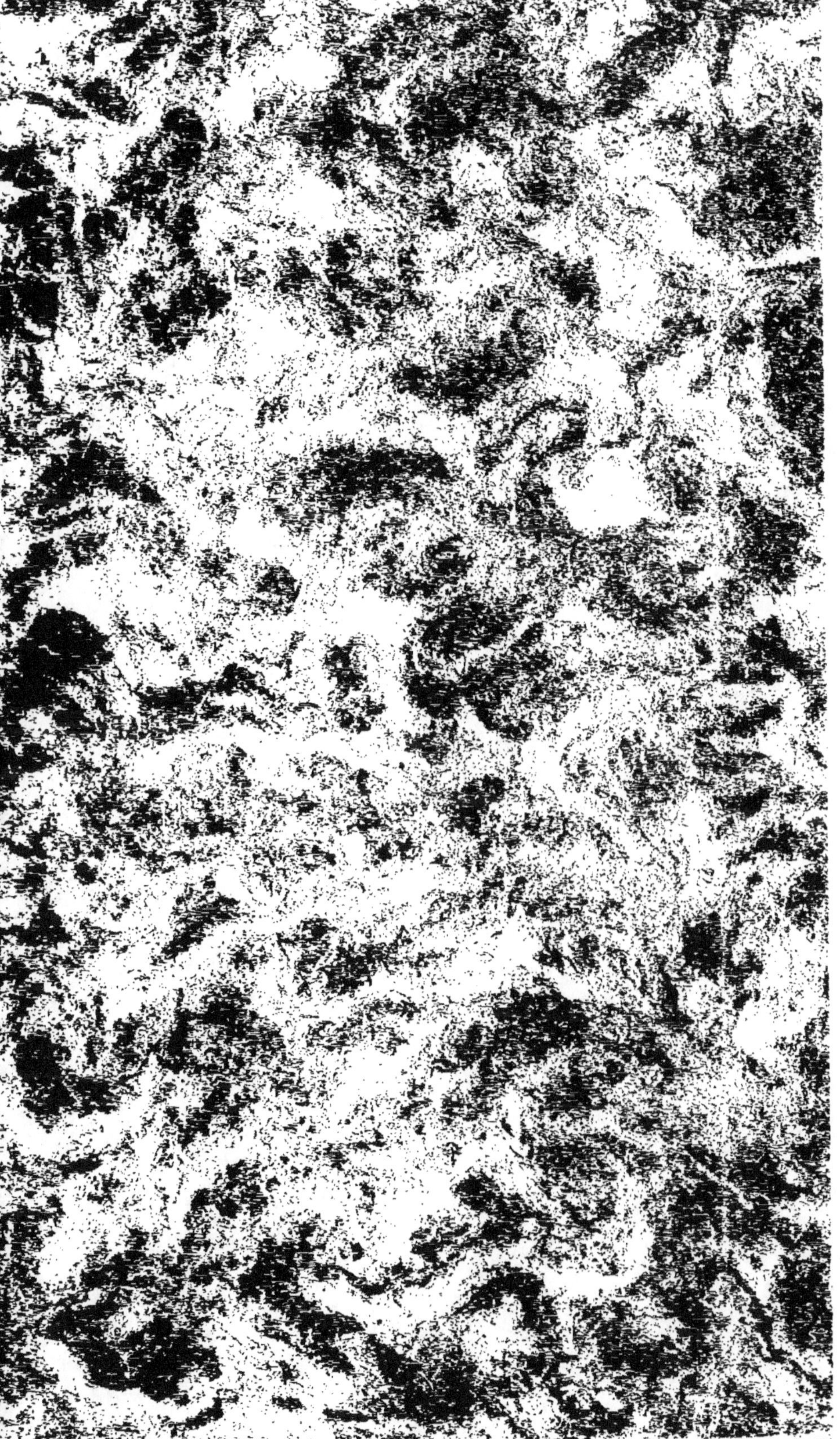

THEVENEAU
DE MORANDE

ÉTUDE SUR LE XVIIIᵉ SIÈCLE

PAR

PAUL ROBIQUET

Portrait et 5 Planches hors texte

PARIS

A. QUANTIN, IMPRIMEUR-ÉDITEUR

7, RUE SAINT-BENOIT, 7

1882

THEVENEAU

DE MORANDE

THEVENEAU

DE MORANDE

ÉTUDE SUR LE XVIIIᵉ SIÈCLE

PAR

PAUL ROBIQUET

Portrait et 5 Planches hors texte

PARIS

A. QUANTIN, IMPRIMEUR-ÉDITEUR

7, RUE SAINT-BENOIT, 7

1882

THEVENEAU DE MORANDE

Le portrait de Theveneau de Morande qui se trouve en tête de cet ouvrage, a été gravé d'après un tableau authentique, appartenant à M. Harold de Fontenay, archiviste-paléographe à Autun, correspondant de la Société des antiquaires de France. Le tableau dont il s'agit — et l'on ne connaît pas d'autre toile reproduisant les traits du Gazetier cuirassé — a été légué à Madame Harold de Fontenay par Mademoiselle Rose-Louise-Antoinette de Morande, petite-fille du pamphlétaire, morte à Autun, impasse de la Maîtrise, n° 5, le 5 avril 1869, à l'âge de soixante-six ans.

Nous ne pouvons que remercier vivement M. de Fontenay de l'obligeance avec laquelle il nous a autorisé à faire reproduire le curieux portrait qui lui appartient.

Nous adressons aussi l'expression de notre sincère gratitude à tous les hommes compétents qui ont bien voulu nous fournir d'utiles renseignements et de précieuses indications, sachant eux-mêmes, par expérience, combien il est difficile d'arriver à la précision dans les œuvres de cette nature. MM. Jules Cousin et Poupel, de la Bibliothèque de la Ville de Paris ; A. Pauly, de la Bibliothèque Nationale ; Maurice Tourneux, le savant éditeur de Grimm, ont surtout droit à notre reconnaissance.

THEVENEAU

DE MORANDE

INTRODUCTION

Coup d'œil général sur le développement de la litté-
rature satirique et diffamatoire. — Suétone. —
Pétrone. — Lucien. — L'Arétin. — Les Mazarinades.
— La société française sous Louis XV. — Inter-
vention des courtisanes dans les affaires de la France.
— La Du Barry et le pamphlet. — THEVENEAU DE
MORANDE.

C'EST la destinée des sociétés caduques et
agonisantes de rencontrer des peintres
impitoyables, des satiriques indiscrets et terribles qui flagellent leurs vices, les détaillent
avec complaisance et les signalent à l'indignation de la postérité.

Mais tous ces peintres de mœurs ne sont pas
des moralistes austères qui, animés d'une horreur pieuse pour les scandales et les iniquités
de leur temps, ne songent qu'à corriger leur

prochain par une sorte de prédication littéraire dont la violence s'allie, tant bien que
mal, avec la moralité des intentions. A côté
des orateurs de la chaire chrétienne, qui recom-
mencent éternellement leur platonique effort
pour convertir l'humanité pécheresse, il y a des
peintres cyniques qui se soucient médiocrement de la morale, nous donnent, sans passion
comme sans colère, la photographie, pour ainsi
dire, des lèpres hideuses, des maladies ina-
vouables de la société où ils vivent, et tracent
pour les races futures la biographie psychologique de leurs contemporains.

L'antiquité païenne est fertile en écrivains
de cet ordre. Suétone nous raconte les turpi-
tudes des existences impériales, sans que sa
plume révèle une émotion indignée. En dévoi-
lant le secret des mœurs éhontées de son temps,
Pétrone, le voluptueux auteur du *Satyricon*,
« ce livre charmant et terrible, cette œuvre de
démon », comme disait Sainte-Beuve, n'a pas
d'autre but, semble-t-il, que celui d'offrir un
régal de haut goût au palais blasé des lecteurs
sceptiques. Et Lucien! avec sa grâce délicate
et son ironie spirituelle, avec le prestige de son
style et les dons exquis de l'imagination la
plus souple qui fut jamais, est-il autre chose
en définitive qu'un commis-voyageur en rhé-

torique, un sophiste mercenaire, un conférencier nomade dont la parole se louait comme
celle d'un acteur de passage? Dans la décadence
des croyances païennes, dans la grande déroute
des dieux de l'Olympe, alors qu'une religion
s'évanouit et que celle qui doit la remplacer
n'a pris encore qu'un timide essor, Lucien personnifie le doute universel, l'incrédulité la plus
profonde et un parfait dédain pour tout ce qui
ressemble à une conclusion morale.

Cette race de cyniques convaincus n'est pas
spéciale à l'antiquité. Le xvi⁰ siècle abonde en
écrivains satiriques qui ne songent pas, et pour
cause, à faire la distinction du bien et du mal;
en peintres de mœurs qui peignent pour le
plaisir de peindre, comme Brantôme, ou pour
battre monnaie, comme l'Arétin. Le *fléau
des princes* se vantait d'avoir su se créer avec
une bouteille d'encre et une main de papier
2000 écus de rente. Tous les grands de la
terre s'avouaient ses *comptables*. Tremblants
devant cette terrible puissance du satirique,
François I⁰ʳ, Charles-Quint le comblaient de
présents. Il prenait toujours, d'une main ten-
due incessamment; et, dès que la somme pro-
mise était encaissée, le ton changeait aussitôt
et devenait arrogant. « Ne soyez pas surpris si
je garde le silence, » répondait Arétin à un tré-

sorier de France qui venait, au nom du roi, de lui verser une gratification. « J'ai usé mes forces à demander : il ne m'en reste plus pour remercier. »

Au siècle suivant, la littérature satirique et diffamatoire, étouffée un moment par la main de fer de Richelieu, se déchaîne dans l'anarchie de la Fronde avec une rage et des éclats qui atteignent jusqu'au trône. Telle des mazarinades, par exemple *la custode de la reine qui dit tout,* sont d'une violence qui n'a jamais été dépassée. Puis le grand règne s'ouvre et les voix outrageantes se taisent pour un temps :

> Le dieu, poursuivant sa carrière,
> Verse des torrents de lumière
> Sur ses obscurs blasphémateurs.

Mais, lorsque Louis XIV est descendu au tombeau, ensevelissant avec lui la société qu'il avait formée à son image, lorsque les ressorts du gouvernement absolu se sont amollis et faussés et que les grands eux-mêmes applaudissent aux indiscrétions, aux diffamations impitoyables qui dévoilent leurs faiblesses et leurs fautes, toute une meute aboyante et hurlante de gens de lettres faméliques se précipite à l'assaut de l'édifice qui chancelle, en élargit les brèches et déchire les voiles des alcôves royales

ou princières pour jeter en pâture à la multitude le récit de scandales entrevus ou imaginés
à plaisir. Hélas! les hontes n'étaient que trop
réelles et la méprisable industrie des entrepreneurs de chantage ne trouvait que trop d'ali-
ments, à la cour du régent d'abord, à celle de
Louis XV ensuite. La dépravante intervention
des courtisanes dans les affaires de la France
communique aux différentes classes de la société
une sorte de fièvre de libertinage, un âpre
désir de jouissances qui abaisse de plus en plus
les caractères, ruine toute autorité, et fait de la
morale publique un mot vide de sens, un simple objet de risée. Au milieu de ce singulier
dévergondage auquel s'abandonnent gouver-
nants et gouvernés, il était naturel que des
aventuriers de lettres, dévorés eux aussi d'ambi-
tions malsaines et de passions avides, cher-
chassent à conquérir la réputation, l'influence
ou simplement la fortune, en exploitant cette
mine inépuisable : les vices de leurs contemporains.

On vient trop tard, après tant de critiques
et d'érudits, pour parler des grands noms littéraires du xviiie siècle ; mais, si l'histoire des idées
résulte surtout des chefs-d'œuvre qui résument
et caractérisent le mouvement général d'une
époque, c'est principalement dans les écrits de

second ou de troisième ordre qu'on trouve les
éléments de l'histoire des mœurs. Or l'inventaire de ces ouvrages, souvent anonymes, et
pour cause, occupera longtemps encore les cher-
cheurs les plus intrépides, et il reste à faire,
dans cette voie peu frayée, d'innombrables découvertes.

Nous voudrions aujourd'hui résumer la vie
et les œuvres d'un pamphlétaire si oublié que
son nom n'éveillera chez la plupart des lecteurs
aucune impression, ni aucun souvenir. Et
pourtant, cet inconnu a fait trembler le roi de
France, mis sur les dents les plus habiles agents
de la police secrète, joué Beaumarchais, dont
la réputation d'homme d'esprit est assez bien
établie, et amené à composition la favorite de
Louis XV vieilli, la toute-puissante Du Barry
elle-même. Cet homme, dont les érudits seuls
connaissent l'existence, a laissé des œuvres où
l'ancien régime, presque à la veille de la grande
catastrophe, reflète, comme dans un miroir
fidèle, les dernières lueurs de son couchant,
les dernières étincelles d'un astre qui meurt;
d'étranges révélations qui montrent à nu les
ressorts d'une tyrannie impuissante et le méca-
nisme d'une police aussi dispendieuse qu'inutile, car ses propres agents la trahissent et
l'exploitent. Si vous joignez à cela que l'écri-

vain dont il s'agit maniait une plume acérée, indiscrète, mordante ; que sa tournure d'esprit était originale, saisissante, hardie ; que sa curiosité maligne était sans bornes et sans scrupules, il semble qu'il n'en faudra pas davantage pour mériter qu'on nous suive dans cette excursion à travers l'histoire secrète de la fin du XVIIIe siècle.

CHAPITRE PREMIER

MORANDE LIBELLISTE

Naissance de Theveneau de Morande. — Ses premières années. — Theveneau dragon, libertin, joueur. — Son incarcération au Fort-l'Évêque, puis à Armentières; ses conquêtes périlleuses. — Fuite en Angleterre. — Plan de conduite. — Situation de la France vers la fin de 1771. — Morande vengeur de la morale publique. — Publication du *Gazetier cuirassé*. — Analyse de ce pamphlet. — Ironies contre la magistrature : Maupeou; contre la noblesse : le duc de Praslin, les officiers à talons rouges, les petits marquis; l'Académie. — La Du Barry. — L'ordre de Saint-Nicole; la santé de la favorite. — Mot du marquis de Chabrillat. — Tentatives de chantage. — Mésaventure de Morande avec le comte de Lauraguais. — Retour offensif contre la Du Barry. — Préparation du libelle intitulé : *Mémoires secrets d'une femme publique*. — Angoisses de la cour. — Sommations adressées par l'auteur au Gouvernement du roi. — Les premiers agents de la Du Barry. — M. de Champreux. — Expédition avortée de la police pour enlever Morande à Londres. — La populace anglaise défend le pamphlétaire. —

Inquiétudes du roi et de la Du Barry.—Beaumarchais chargé de traiter avec Morande. — Comment il remplit sa mission. — Le traité de paix. — Destruction du libelle. — Morande devient capitaliste et pensionnaire du roi. — Déception du négociateur Beaumarchais. — Fureur du chevalier d'Eon. — Mort de Louis XV.

CHARLES THEVENEAU, qui s'intitula plus tard chevalier de la Morande, et qu'on désigne plus habituellement sous le nom de Theveneau de Morande, fit son entrée dans le monde le 9 novembre 1741 [1]. D'après Bachaumont, il était fils d'un honnête praticien d'Arnay-le-Duc, en Bourgogne, et fit mourir son père de chagrin. Un pamphlet du temps, *le Diable dans un bénitier*, donne quelques détails sur ses premières années. « Cet homme, né de citoyens de la dernière classe, dans la fange d'Arnay-le-Duc en Bourgogne, d'abord dragon dans le régiment de Beaufremont, étoit parvenu à se faufiler à

1. La biographie Didot et la biographie Michaud font naître Morande en 1748; mais les recherches de M. Albrier dans les archives d'Arnay-le-Duc permettent de donner la date exacte de la naissance du pamphlétaire. Voici, au surplus, d'après le *Bulletin du bouquiniste*, le texte de l'acte de baptême de Morande extrait des actes de la paroisse Saint-Laurent :

« Le dix novembre mil sept cent quarante-un, a été baptisé, sur les saints fonts de cette paroisse, Charles, né du jour d'hier, environ les cinq heures après midy,

Paris parmi quelques jeunes gens qui dépensent leur fortune et la partagent involontairement avec des escrocs plus fins qu'eux : il avoit alors, dit-on, une assez jolie figure. » Malgré ses charmes physiques, l'ex-dragon végétait en France. Il se souciait peu de demander des moyens d'existence à l'exercice de la profession paternelle, et il exprime sa manière de voir à cet égard au moyen d'une anecdote édifiante. « On dit qu'un jeune homme s'étant présenté à Cartouche pour entrer dans sa bande, le chef de voleurs lui demanda où il avait servi. — Deux ans chez un procureur et six mois chez un inspecteur de police. — Tout ce temps-là, répliqua avec transport le général, vous comptera comme si vous aviez été dans ma troupe. » Avec de pareilles dispositions, le jeune Theveneau ne tarda pas à se brouiller avec son père et à se lancer dans le monde

fils de Mᵉ Louis Theveneau, notaire royal à Arnay-le-Duc, et de demoiselle Philiberte Belin, ses père et mère légitimes; son parrain, le sieur Charles Theveneau, ayeul paternel de l'enfant et maistre chirurgien, audit Arnay; sa marraine, dame Claudine Ravier, épouse de maître Claude Bauzon, conseiller procureur du roy au bailliage et chancellerie de cette ville, soussignés avec le père de l'enfant.

C. RAVIER-BAUZON. — THEVENEAU. — THEVENEAU. — MONNOT, curé. »

interlope. Des[1] documents tout récemment publiés, et qui ont un caractère d'authenticité incontestable, permettent aujourd'hui de compléter et de rectifier sur certains points les
renseignements donnés par Manuel dans la
Police dévoilée.

La première pièce est une lettre adressée par
Morande, qui demeurait alors, 5, rue de la Ville
l'Évêque, à M. de Sartine, lieutenant-général
de police. Cette lettre, datée du 5 mai 1768, a

1. Voir le t. XII des *Archives de la Bastille*, publié
par les soins de M. François Ravaisson, Paris, 1881.
Nous plaçons en regard un extrait de la *Police dévoilée*,
en faisant remarquer que les dates des différentes in-
carcérations de Theveneau de Morande ne concordent
pas avec les dates données par les Archives de la
Bastille.

« Theveneau étoit voleur avant même qu'il eût l'âge
d'être libertin, et la première chose qu'il prit dans une
maison de débauche, ce fut une boîte d'or. Conduit au
Fort-l'Évêque le *25 juin 1763*, sa famille, pour l'ar-
racher au bourreau, le fit enfermer à Armentières.
Après quinze mois de pénitence, il s'élança dans
Paris, où la Beauchamp et la Desmares, qui le trou-
voient jeune, partagèrent avec lui et leurs biens et leurs
maux. Il avoit connu chez elles les grands. Il prit leur
plumet, leurs talons rouges, leurs voitures, et, pour
avoir tous les airs d'un homme de qualité, il fit des
dettes. Le prince de Lamballe et M. de Flesselles
eurent bientôt à se plaindre de lui : il avoit escamoté
à l'un la belle Lacour et à l'autre la Cressy ; et, comme
il ne s'en tint point à ces bijoux-là, on lui conseilla de
se sauver en Angleterre pour n'être point pendu. »

pour but de prévenir les effets d'une dénoncia-
tion faite contre lui, Morande, par Mlle Danezy,
de l'Opéra, et Mme de Saint-Arnoux, qu'il avait
essayé d'exploiter. L'épître dont il s'agit, d'ailleurs très incolore et fort embarrassée, fut renvoyée à l'inspecteur Marais par M. de Sartine
avec l'apostille suivante : *Au sieur Marais, pour
vérifier ; me rendre compte de tout, ainsi que
de la qualité de celui qui m'écrit.*

Voici dans quels termes Marais présente
au magistrat les résultats de son enquête sur
Theveneau de Morande :

L'inspecteur Marais à M. de Sartine.

Je vous avoue que rien ne caractérise plus
l'effronterie et l'impudence du sieur de Morande
que la hardiesse qu'il a eue de se présenter à votre
tribunal et de vous écrire la lettre ci-jointe. Ce
Morande est un détestable sujet, fils d'un fort
honnête homme de père, procureur à Châlons ou
à Mâcon, auquel il a mangé déjà par ses déporte-
ments au moins 30,000 livres. Il y a 5 ou 6 ans
que je le vois à Paris, où il est fort soupçonné
d'être entiché du péché antiphysique et de servir
de patient à ces vilains. Il a circulé aussi beaucoup
les maisons des femmes publiques ; mais, depuis
2 ou 3 ans, il s'est retranché à faire l'agréable et
à s'insinuer chez différentes femmes entretenues,
en jouant la passion, et, lorsqu'il en a trouvé d'assez

sottes pour donner dans ses airs avantageux, il les a mangées sans scrupule, les dominant jusqu'au point de les maltraiter, entre autres la petite Desmares qu'il a réduite à s'en aller à Bordeaux pour éviter ses fureurs. Depuis son départ, il a tenté beaucoup d'autres aventures, notamment avec la Beauchamp, tenant lieu de prostitution, rue des Deux-Portes, à laquelle il a fini par voler une montre dans un voyage à Fontainebleau, dont elle a fait sa déclaration, et pour la suite de laquelle les officiers de sûreté ont arrêté Morande. J'ignore les moyens dont il s'est servi pour s'en tirer. Je l'ai vu aussi chercher à se lier avec plusieurs jeunes étrangers qu'il rongeait impitoyablement, sous prétexte de leur faire connaître Paris et de les faufiler chez nos petites maîtresses, dont il se disait le bien traité et protecteur. Depuis un an, il a fait l'impossible pour s'insinuer chez la demoiselle Souville, entretenue richement par M. de Bourgogne, et chez la demoiselle Lacour, trop connue par les malheurs de M. le prince de Lamballe [1]. Il s'y était pris chez l'une et chez l'autre par violence, menaçant, lorsqu'elles lui

---

1. En janvier 1768, le duc de Penthièvre ne savait plus où était son fils, le prince de Lamballe. On finit par retrouver le prince dans un hôtel garni où il se faisait soigner d'une maladie honteuse. C'était un cadeau de la demoiselle Lacour, surnommée *palais d'or*, parce qu'elle avait en effet perdu le palais à la suite de la maladie dont le pauvre prince avait hérité, et qu'il avait fallu lui faire un palais artificiel en or. V. les *Mém. secrets* du 7 avril 1768.

refusaient la porte, de les faire mettre à Bicêtre ;
il a même écrit sur le compte de la demoiselle
Lacour des lettres anonymes au prince, dont j'ai
eu l'honneur alors de vous faire part, et le tout
parce qu'il était désespéré, sachant ces demoiselles
fort à leur aise, de ne pouvoir pas prendre pied
chez elles pour en tirer parti ; il était lié avec la
demoiselle Doppy, dont il m'a dit des horreurs,
et il y a encore une lettre de lui sous ses scellés.
Je sais que son père, rebuté des sommes qu'il lui
a coûtées, ne lui envoie pas un sol ; qu'il a même
fondé quelqu'un de sa procuration pour vous
présenter un placet à l'effet de le faire renfermer ;
néanmoins son fils fait toujours ici l'avantageux
et paraît assez bien couvert, est dans ses meubles
rue de la Ville-l'Évêque, a un carrosse de remise
au mois, et un cabriolet et cheval à lui. Tous ces
effets sont certainement dus ou escroqués. Je sais
qu'il doit à Haynault, loueur de remises, 5oo livres, qu'il ne peut en tirer un sol, ainsi qu'à beaucoup d'autres. Il se dit aujourd'hui sous-lieutenant
dans les carabiniers, mais cela n'est pas croyable.
M. de Poyanne n'a pas pu donner son agrément
à un homme aussi taré. La lettre ci-jointe qu'il
vous a écrite n'a été que pour prévenir les plaintes
fondées que la demoiselle Danezy devait porter
contre lui, et qu'il cherchait à dominer comme les
autres, et en faveur de laquelle vous a été adressée
la seconde pièce ci-incluse, recommandée par
M. de Flesselles, intendant de Lyon ; mais je crois
que si M. de Flesselles avait bien connu la demoiselle, il n'aurait pas aventuré sa recomman-

dation; cette demoiselle est effectivement de Lyon, mariée à un nommé Derigny dont j'ignore la qualité; il est, je crois, présentement aux îles; depuis 2 ans et demi que sa femme est à Paris, elle vit dans le monde; elle a été entretenue par M. Rollin, fermier-général, et mangeait ses bienfaits avec le chevalier Delamotte qui la greluchonnait. Ce chevalier est le même que M. de Praslin a fait arrêter. Cette inconduite a fait perdre à cette demoiselle ce financier; depuis elle a eu différentes aventures et a même postillonné quelquefois chez la Brissaut. Je ne lui connais personne présentement: elle est assez jolie, et peut-être M. l'intendant a-t-il eu pour elle une velléité qui a entraîné sa recommandation; tout cela n'autorise point Morande à la tourmenter, lequel pour achever de peindre on doit regarder comme un escroc et un homme dangereux pour la capitale.

Peu de temps après, Marais reçut l'ordre d'arrêter Morande. L'inspecteur, dans un rapport du 25 juin 1768, indique que c'est surtout à la sollicitation de Theveneau père que l'arrestation du jeune libertin doit être attribuée :

L'inspecteur Marais à M. de Sartine.

En conséquence des ordres du roi à moi adressés, j'ai arrêté et conduit cejourd'hui Charles Theveneau, dit le chevalier de Morande, et je l'ai conduit ès-prisons du For-l'Évêque. Ce jeune

homme ne tient à aucun corps; depuis plusieurs
années, il ne subsiste que d'intrigues et d'escroqueries, cherchant à s'insinuer chez toutes les
filles un peu huppées pour les manger, et se rendant redoutable à toutes celles qui ne cèdent pas
à ses désirs ainsi qu'à sa cupidité. M. de Flesselles
a eu l'honneur de vous en écrire, à cause des menaces qu'il faisait à la demoiselle Danezy, pour
vous prier de l'en débarrasser, ce qui a déterminé
un rapport que je vous ai fait dans le mois de mai,
à l'appui duquel est intervenu le placet ci-joint
de Theveneau père, qui vous a été présenté par
Julliot, avocat au Parlement, fondé de sa procuration, pour vous solliciter des ordres du roi
contre Ch. Theveneau fils, dit de Morande. Tous
les faits au placet contiennent vérité, et M. Julliot
m'a aussi confirmé que de Morande ne tenait à
aucun corps, et de fait c'est un détestable sujet et
très dangereux; c'est pourquoi j'ai exécuté les
ordres du roi que vous m'avez fait passer contre
lui, précédemment au renvoi du placet de son père,
dont M. Julliot doit être très flatté, car il le me-
naçait de laver ses mains dans son sang, comptant
que c'était lui qui avait instruit son père de la
mauvaise conduite qu'il tenait à Paris, ce qui donnait des frayeurs prodigieuses à M. Julliot.

Morande n'accepta pas avec résignation le
juste châtiment de ses méfaits. Il fit tourner
la tête de ses guichetiers et, sous la date du
6 juillet 1768, le malheureux Duvergé, con-

cierge au Fort-l'Évêque, soumit à M. de Sartine, dans une lettre plus naïve qu'élégante, le compte-rendu des rébellions du prisonnier.

Duvergé, concierge au For-L'Évêque
à M. de Sartine.

J'ai l'honneur de vous confirmer que M. de Morande, prisonnier du For-l'Évêque, de l'ordre du Roi amené par M. Marais, le 25 juin, a été mis au cachot, il s'est comporté fort mal, il crie à tout moment, que le monde qui passe dans la rue l'entend. Aujourd'hui, j'ai monté avec un des guichetiers pour lui parler et en même temps faire la visite du secret où il était; j'ai remarqué une grosseur dans sa culotte, qui m'a donné à soupçonner. J'ai exigé de lui de mettre en évidence ce qu'il pouvait y avoir; il n'a pas voulu. Après plusieurs résistances à la force, il nous a tiré plusieurs lettres par morceaux et déchirées. Après, nous avons fait une recherche dans la paillasse de son lit, et trouvé sa couverture déchirée par bandes de deux doigts de large et rajouté tous les morceaux l'un au bout de l'autre, qui lui servirait à tirer quelque chose du dehors, d'un quatrième étage comme est son secret et qui n'a pour voir le jour qu'un trou à ne pas pouvoir y passer le poing; et cela n'a pas empêché qu'il ne s'est fait entendre plusieurs fois dans la rue, qui a amassé du monde au bruit et tapage qu'il fait jour et nuit. J'ai cru

faire mon devoir de le mettre au cachot aujourd'hui,
à quatre heures après midi, et vous en donner
avis.

Morande ne resta que quelques jours au Fort-
l'Évêque. Dès le 22 juillet, il fut transféré à la
maison d'Armentières, ainsi qu'en fait foi le
rapport ci-dessous :

Marais à M. de Sartine.

22 juillet 1768.

En conséquence des ordres du roi, à moi adressés
en date du 10 juillet 1768, j'ai retiré des prisons
du For-l'Évêque Ch. Theveneau, dit le chevalier
de Morande, et je l'ai conduit de suite dans la
maison des bons fils à Armentières. Le frère Croquison, supérieur de cette maison, m'en a donné
son reçu au bas desdits ordres du roi, en date du
21 du courant. J'ai très fort prévenu ce supérieur
qu'il eût à veiller avec grand soin de Morande,
parce qu'il était capable d'imaginer l'impossible
pour se sauver. Il m'a dit qu'il y aurait attention.

Morande comprit sans doute qu'il n'y avait
pour lui qu'un moyen d'abréger sa détention,
c'était une feinte docilité et une complète déférence pour ses gardiens. Il dut se montrer
habile comédien; car, au commencement du

mois de mai 1769, le frère Croquison écrivit
à M. de Sartine pour demander l'élargissement
du détenu.

Croquison à Sartine.

4 mai 1769.

De Morande s'est conduit dans notre maison de
manière à ne mériter aucun reproche, s'étant
occupé à l'étude et ayant évité toute occasion de
manquer aux règles qui s'y observent, sans avoir
fait aucune liaison que nous puissions suspecter,
ni formé aucun projet contre le bon ordre. A sa
prière, j'ai l'honneur de vous écrire la présente
qu'il m'a dit être nécessaire.

Ce certificat de bonne conduite décida le
lieutenant-général de police à ouvrir à Morande
la porte de son cachot. Le frère Croquison
annonce ainsi à M. de Sartine que ses ordres
ont été exécutés :

Croquison à Sartine.

Armentières, 17 juillet 1769.

J'ai mis en liberté, selon les ordres que j'en ai
reçus, de Morande, qui s'est conduit dans notre
maison de manière à mériter une estime générale,
et ne s'est pas démenti un seul instant. Je crois

que dorénavant il se servira de sa liberté de manière à répondre à l'intérêt dont avez paru l'honorer dans la recommandation expresse que vous m'avez fait passer à son sujet.

Mais, à peine libre, Theveneau se hâta d'oublier les promesses qu'il avait faites au frère Croquison; il commit une ode contre M. de Saint-Florentin, grave imprudence, puisque ce personnage possédait une réserve toujours prête de lettres de cachet et, pour échapper à l'exempt Marais, il gagna au pied, s'enfuit à Liège, puis à Bruxelles, enfin à Ostende d'où il prit la route de l'Angleterre.

Ce n'était pas tout que de ne plus avoir à craindre l'indiscrétion brutale de la police française : il fallait vivre. L'élégant persécuteur de Mlle Danezy était arrivé à Londres dans une détresse absolue; mais, en homme de ressources, il ne tarde pas à trouver sa voie. Il se frappe le front, et tout aussitôt sa malfaisante carrière se dessine. Il y avait à Londres, comme il s'en est toujours rencontré dans les grandes capitales, une foule d'hommes vicieux, sur le retour, qui cherchent dans des plaisirs équivoques à ranimer leurs sens blasés. Theveneau se fait le compagnon et le serviteur de ces débauchés méprisables, puis les met à con-

tribution en les menaçant d'une diffamation
publique. Mais ces basses manœuvres n'étaient
que le coup d'essai d'un véritable maître dans
l'art du chantage. Il allait s'attaquer à de plus
hauts personnages, et se venger de cette France
ingrate qui n'avait récompensé les rares aptitudes d'un de ses enfants que par le pain noir
des prisons [1].

1. A côté des rapports de l'inspecteur Marais, combi-
nés avec la version de Manuel, de Bachaumont et de
l'auteur anonyme du *Diable dans un bénitier*, il y a un
certain intérêt et quelque justice à placer le récit
donné par Th. de Morande lui-même dans sa *Réplique
à Brissot. 1791*. (Extrait de l'*Argus patriote*.)

« Le précis du *Manuel* est très exact, écrit Morande,
sur l'état de mon père... mais il a lourdement erré
sur tout le reste de ce qu'il appelle mon histoire. » Le
pamphlétaire nie avoir *brissotté* (c'est-à-dire *volé*) une
boîte d'or dans une maison publique. Il avoue avoir été
dans sa première jeunesse fort inconsidéré, libertin
même, mais pas criminel. A dix-sept ans, il avait terminé ses classes. Un capitaine de dragon, ami de son
père, « fut prié, sur la fin de 1759 de l'emmener avec
lui », et l'on peut conclure de ces expressions de Morande
que son père le fit engager de force pour des raisons
faciles à deviner. Quoi qu'il en soit, le jeune dragon
fut, prétend-il lui-même, blessé à la cuisse à Lipstad
et resta six mois à l'hôpital. Après la paix, faite en
1763, il revint chez son père qui le destinait au barreau. Mais Morande préférait le métier de poëte. Dans
une rixe avec un militaire, il désarma ce dernier et lui
fit une grave blessure. Le père de Morande demanda
contre lui une première lettre de cachet à l'intendant

On sait où en était la situation intérieure de notre pays vers la fin de 1771. Veuf de la reine depuis trois ans, Louis XV, à qui la mort de Mme de Pompadour ne causa même pas un moment d'émotion, n'avait pas tardé à charmer par des distractions de plus en plus dégradantes son éternel ennui. Dédaignant Mme de Grammont, la sœur de Choiseul, il avait pris de

de la province « qui en avait des cahiers ». Néanmoins il ne s'en servit pas et laissa partir à Paris le jeune écervelé en 1764. Mais l'ex-dragon se mit à courir les tripots et à faire des dettes. On l'enferma aux Cordeliers, chez les Pères de l'ordre de Saint-François. Deux fois il s'évade, puis se réconcilie avec son père; mais, au mois de mai 1764, il quitte de nouveau Arnay-le-Duc et fait sa rentrée à Paris. Sa vie de désordres recommence. Il enlève à M. de Flesselles Mlle Danezy, ce qui le fait enfermer au Fort-l'Évêque, sur l'ordre de M. de Sartines et avec l'adhésion de Thevencau père. Du Fort-l'Évêque il est transféré au château d'Armentières. Son père ne l'en laisse sortir qu'au bout de 18 mois. A peine libre, Morande écrit une ode contre M. de Saint-Florentin, échappe, grâce à son audace, à l'exempt Marais, chargé d'arrêter l'audacieux rimeur, s'enfuit à Liège et de là à Bruxelles, puis à Ostende d'où il gagna l'Angleterre.

Telle est, en résumé, l'histoire de la jeunesse de Morande, d'après son propre témoignage. En tenant compte de l'indulgence du pamphlétaire pour lui-même, on voit que sa conduite, en tout état de cause, avait été détestable, et que les notes de police publiées par Manuel ne sont pas plus calomnieuses que les notes et les rapports de l'inspecteur Marais.

la main de Lebel, son pourvoyeur ordinaire, celle que l'histoire appelle *la Du Barry*. Toutes les forces sociales, la cour, la magistrature, le haut clergé s'abaissent et s'anéantissent devant cette fille. L'orgueilleux Choiseul n'a pas voulu courber le front. On l'a exilé à Chanteloup, tandis que Maupeou, Terrai, d'Aiguillon gouvernent la France, brisent le Parlement, augmentent les tailles, accaparent les grains, spéculent sur la misère publique, et, au dehors, laissent la Prusse, l'Autriche et la Russie s'entendre pour démembrer la Pologne. Il semble que la décomposition gagne de proche en proche tout ce qui a un nom, une parcelle de l'autorité. Le chancelier Maupeou étale sa simarre à la toilette de la favorite; le cardinal de la Roche-Aimon [1], grand aumônier, lui présente les mules

1. Les mœurs du cardinal de la Roche-Aymon laissaient, paraît-il, à désirer. En juillet 1766, le roi avait nommé une commission pour examiner les Instituts des différents ordres religieux. Cinq archevêques étaient à la tête de ce tribunal, entre autres M. de Brienne, archevêque de Toulouse, et M. de la Roche-Aymon, archevêque de Reims. On fit cette épigramme:

> On a choisi cinq évêques paillards
> . . . .
> Pour réformer des moines trop gaillards :
> Peut-on blanchir l'ébène avec de l'encre?

Le cardinal de la Roche-Aymon était d'ailleurs l'un

au sortir du lit... Elle va peut-être se faire
épouser par Louis XV, qu'elle appelle *la
France!*... d'un nom de laquais... On avouera
que le moment était bien choisi pour un pamphlétaire.

Theveneau de Morande, défendu par les mers
contre les rigueurs de la police française, s'érige
en vengeur de la morale publique et, trempant
sa plume dans le fiel, il écrit le *Gazetier cuirassé* [1]. Ce livre singulier « imprimé à cent

des prélats de France qui représentaient avec le plus de
faste. En juin 1772, il officia à la messe du Saint-Esprit
en qualité de président de l'assemblée du clergé. Il
assista Louis XV à ses derniers moments et fit, en son
nom, la déclaration suivante : « Quoique le roi ne
doive compte de sa conduite qu'à Dieu seul, il est
fâché d'avoir causé du scandale à ses sujets, et déclare
qu'il ne veut vivre désormais que pour le soutien de
la Foi et de la Religion, et pour le bonheur de ses
peuples. » Le cardinal mourut en octobre 1777. On
remarqua dans son testament une clause qui attestait
la vanité puérile de ce gentilhomme d'Église : il laissait
aux sonneurs cent écus pour les encourager à bien
sonner les cloches à son enterrement.

1. Dans sa *Réplique à Brissot*, Morande prétend que
c'est le sieur de Courcelles (la première relation qu'il
eut à Londres) qui le poussa à faire imprimer son
recueil d'anecdotes, destiné seulement, d'après l'auteur,
à faire l'amusement de cinq à six personnes qui s'as-
semblaient dans sa maison. « Ce ramas d'anecdotes
écrit-il, fut conçu, écrit, copié, imprimé et publié en
dix-sept jours. » Morande invoque ici le témoignage de
Mlle d'Éon. « Mlle d'Éon sait très bien que si les res-

lieues de la Bastille, à l'enseigne de la liberté »,
parut au mois d'août 1771. L'auteur des *Mémoires secrets* l'annonce en ces termes, sous
la date du 10 : « Un nouvel ouvrage clandestin
attire la curiosité des amateurs. Il a pour titre
le Gaζetier cuirassé. C'est un pamphlet allégorique, satirique et licencieux, comme l'annonce assez son titre. » Une lettre de Londres,
datée du 7, une autre datée du 20 août, ajoutent
quelques détails sur le livre et son auteur. « Le
Gaζetier cuirassé est attribué ici à un nommé
Morande, qui ne s'en cache pas, dit-on. C'est
bien un livre à renier cependant par les dangers
que doit courir son auteur, s'attaquant au roi
même, à Mme la comtesse Dubarri, à M. le
Chancelier, à M. le duc de la Vrillière, à M. le
duc d'Aiguillon, à M. Bourgeois de Boynes, à
M. l'abbé Terrai, etc... » Certaines mauvaises
langues, peut-être des amis du véritable auteur,
avaient fait courir le bruit que la paternité du
libelle devait être atribuée au comte de Lauraguais; mais les *Mémoires secrets* protestent
avec énergie contre cette accusation. « Le *Ga-*

---

sentiments que j'avais dans le cœur n'eussent pas été
échauffés, toute mon ambition était de rentrer en
France. » Il ne faut pas oublier que la réplique à
Brissot est de 1791, et qu'à cette époque Morande
cherchait à faire oublier son passé.

ʒetier cuirassé, dit la seconde lettre de Londres, n'est certainement pas de M. le comte de Lauraguais, et ceux qui auront lu ce livre ne lui feront pas l'injure de le lui attribuer. Ce seigneur sait jusqu'où il peut pousser la plaisanterie et se l'interdiroit sur ce qu'il y a de plus sacré. D'ailleurs il a plus de noblesse dans le style et ne dégraderoit pas au point de s'arrêter sur la lie des filles de Paris. En un mot, il est assez généralement reçu ici que cette brochure est du sieur Morande, ci-devant escroc à Paris et qui ne l'est pas moins à Londres, puisqu'il passe pour constant qu'il a eu mille guinées pour la vente de cette rapsodie : les libraires de votre capitale n'eussent pas fait un pareil marché de dupes. »

Malgré l'importance de la somme versée entre les mains de Morande, les libraires de Londres qui se portèrent acquéreurs du *Gaʒetier cuirassé* ne firent pas sans doute une spéculation malheureuse : car le libelle se vendait une guinée et il était assez scandaleux pour réussir. Voltaire, qui n'aimait pas Morande, ne pouvait cependant lui adresser le reproche de cultiver le genre ennuyeux. Il y a dans son premier ouvrage, à travers un certain nombre de grossièretés et de cyniques calomnies, bien des traits mordants et spirituels, bien des vérités adressées

aux principaux personnages du temps, sous la
forme la plus originale et la plus comique. On
retrouve comme un écho des impressions de la
société frivole et légère du xviiie siècle dans les
mille quolibets décochés par le *Gazetier cuirassé* à tous les puissants du jour. Le chancelier Maupeou n'est pas épargné comme on
peut le croire. « En installant le nouveau Parlement à la place de l'ancien, le chancelier a
fait un discours qui prouve que tous les Français
sont des sots, qu'il le sait et qu'il en profite...
On a offert au premier huissier de l'ancien Parlement la place de premier président du nouveau : il l'a refusée. Il y a plus. Le bourreau
de Paris a été renfermé à Bicêtre pour avoir
refusé ses services à un pendu de la création du
nouveau Parlement, sous prétexte qu'il ne
pouvait manquer à son ancienne compagnie,
sans blesser son honneur : sa délicatesse (à ce
que l'on dit) a fait rire les juges, au lieu de les
faire rougir. » Est-il une plus sanglante satire
de l'œuvre du fameux chancelier que cette bou-
tade du maréchal de Biron, conservée par Morande? Le roi consultait le maréchal sur les
moyens de remplir le trésor, sans trop faire
crier les contribuables. « Il y a un moyen, dit
le maréchal, d'encaisser trois millions sans
frais : c'est de dresser une potence sur la place

des Sablons, d'y pendre Maupeou et de prendre
un écu par personne aux spectateurs. » Le libelliste, avec toute la haine d'un déclassé et d'un
bohème de lettres, crible de sarcasmes amers
tout ce qui est au-dessus de lui. Beaumarchais
n'aurait pas renié le trait suivant : « Il court une
lettre que la noblesse est censée avoir écrite aux
princes du sang, qui parle très fortement de
l'administration et des devoirs du souverain.
La roture cependant lui dispute l'honneur de
l'avoir faite; on la croit de M. Dalembert, qui
écrit tout aussi bien que s'il étoit gentilhomme. »
Souvent l'ironie du gazetier va jusqu'à l'injure,
tout en conservant une forme originale et piquante : « Il est confirmé que M. le duc de
Praslin, s'étant mordu le doigt en rongeant
ses ongles, est tombé dans un accès d'hydropho-
bie qui l'a emporté en 24 heures. » Ou encore :
« M. le duc de la Vauguyon ayant écrit une lettre à l'archevêque de Paris, dans laquelle il lui
annonçait qu'il allait communier et lui demandait sa bénédiction, Mme de T... qui s'annonce
dans le monde par ses bons mots, dit que, si Dieu
pouvait se dispenser d'entrer dans le corps de ce
saint homme, il se ferait bien de l'honneur. »

On se prendrait à croire que Theveneau de
Morande s'est inspiré du *Barbier de Séville*
ou du *Mariage de Figaro*, si la première de

ces pièces n'était postérieure de quatre ans et la seconde de treize aux *Mélanges confus sur des matières fort claires*, libelle qui fait suite au *Gazetier cuirassé*. C'est là que Morande attaque de front l'un des abus les plus criants de l'ancien régime, l'attribution presque exclusive aux nobles des grades militaires : « On compte en France que, sur environ 200 colonels, tant d'infanterie, cavalerie que dragons, il y en a 180 qui savent danser et chanter des petits airs, à peu près le même nombre qui portent de la dentelle et des talons rouges, et la moitié au moins qui savent lire et signer leurs noms. On ajoute à ce calcul qu'il n'y en a pas quatre qui sachent les éléments de leur métier. » Et ailleurs : « Il est défendu aujourd'hui par les ordonnances militaires de recevoir un colonel en France, s'il n'a des talons rouges, une maîtresse à l'Opéra, un attelage anglais et cent mille écus de dettes. S'il se trouve deux concurrents, et que l'un d'eux sache danser l'allemande, il sera préféré. » Morande partageait le mépris de Molière pour les petits marquis. Il en donne une jolie définition : « Le nom de marquis à Paris n'est pas toujours, comme partout ailleurs, la marque de propriété d'une terre titrée qui donne le droit d'en porter le nom ; c'est le plus souvent la qualité ima-

ginaire d'un petit gentilhomme sans bien, qui
ne possède qu'une paire de souliers à talons
rouges, deux chemises et un plumet sur lequel
est affecté son marquisat. » L'ignorance dont
se targuaient souvent les nobles comme d'un
titre d'honneur, inspire au gazetier des plaisanteries d'un goût un peu forcé, mais qui ne
laissent pas d'emporter le morceau. « En ouvrant le tombeau de la maison de Matignon,
on a trouvé une mâchoire qui embarrasse fort
le prince de Monaco, et la Faculté est consultée
à ce sujet; elle ressemble si parfaitement à une
mâchoire d'âne que l'on croirait que c'en est
une, si l'on n'était sûr qu'il n'y a jamais eu
que des gens de la maison inhumés dans ce
tombeau. » Personne, pas même l'Académie,
ne trouve grâce devant le pamphlétaire. C'est
un prétexte à facéties plus ou moins heureuses :
« L'Académie française a proposé extraordinai-
rement un prix d'éloquence qui sera une mé-
daille d'or de 1200 livres pour celui qui prouvera le plus clairement que M. le Chancelier
est un honnête homme, Mme Du Barri une
femme de bien; que le duc d'Aiguillon est
innocent et que M. le duc de la Vrillière a de
l'esprit [1]. » Nous passons un trait grossier sur

---

1. Ce qui prouve, dit l'auteur de l'*Espion anglais,*

le maréchal de Richelieu. Il faut voir aussi avec quelle désinvolture le pamphlétaire parle de cette manie de lire des mémoires à tout propos, en toute occasion et en tout lieu, qui était de mode au XVIIIe siècle. « Il y a tous les jours une assemblée de beaux esprits chez Mme Geoffrin, composée de M. le duc de la Trémouille, du duc de Montmorency, du marquis de Béthune, de Soyecourt et de Feuquières, etc... M. le comte de C***, ayant été conduit par le marquis d'Asnières, a lu un mémoire sur la meilleure méthode de cultiver

que le génie n'est pas la chose essentielle à la cour, c'est l'immutabilité de ce ministre-ci qui ne passe pas pour un aigle. Le duc de la Vrillière, ci-devant comte de Saint-Florentin, était le doyen du conseil où il était entré à 23 ans en 1723 : il avait le département de la maison du roi auquel il joignit, en 1757, après la disgrâce du comte d'Argenson, le département de Paris. Obligé de résigner ses emplois en 1775, il mourut à Paris en février 1777. On lui avait rédigé d'avance son épitaphe :

> Ci-gît un petit homme, à l'air assez commun,
> Ayant porté trois noms sans en laisser aucun.

En voici une autre, plus dure encore :

> Ci-gît dans ce petit tombeau
> Le petit monsieur Phélippeau,
> Qui fut, malgré sa taille ronde,
> Compté parmi les grands du monde,
> Parce qu'il étoit, ce dit-on,
> Petit génie et grand fripon.

les chardons qui a fait grand plaisir à toute la
compagnie. »

Mais Theveneau de Morande vise plus haut
que la noblesse, plus haut que l'Académie. Il
s'attaque au roi lui-même et à sa favorite,
préludant ainsi à la campagne lucrative qu'il
entreprendra un peu plus tard. Audacieuse-
ment, il s'égaye sur les maladies secrètes et
contagieuses de la Du Barry : « Le bruit court
que le jeune vicomte Du Barry est à Pierre en
Cise, pour avoir communiqué à la comtesse de
ce nom de petites inquiétudes de santé, dont
elle a fait confidence au roi de la même manière : il y a tous les jours une députation de
la Faculté à Bicêtre, pour faire des essais sur
les malheureux qui sont dans le même cas :
un arrêt du nouveau Parlement permet aux
députés de pousser leurs essais jusqu'à la mort
inclusivement. » Quant à la Du Barry, il lui
adresse quelques avertissements précurseurs,
qui avaient sans doute pour objet de montrer
ce qu'on pouvait attendre de lui, si l'on n'achetait pas son silence. C'est une assez plaisante
invention que celle de l'ordre de Saint-Nicole;
il en attribue l'idée à la favorite, qui, suivant
Morande, se réserve à elle-même la grande
maîtrise. N'entrera pas qui veut dans ce nouvel
ordre de dignitaires : les femmes « devront

avoir vécu avec dix personnes différentes au moins » ; quant aux hommes, la comtesse n'admettra « que ceux qui ont eu l'honneur d'être bien avec elle ». Aussi croit-on que l'ordre de Saint-Nicole « sera plus nombreux que l'ordre de Saint-Louis ». On devine l'effet que produisaient de pareils sarcasmes sur la maîtresse du roi. Morande allait encore plus loin et se permettait d'élever des doutes sur la santé de la favorite. Il place dans la bouche du marquis de Chabrillat, brillant officier, en disgrâce à Montélimart au moment de ce qu'il appelle l'*élévation* de Mme la comtesse, cette réflexion philosophique : « Quelle heureuse *maladie* j'ai eue ! — On lui demande pourquoi. — C'est que c'est la Dubarry qui me l'a donnée, et qu'elle m'en dédommagera sûrement. »

En butte à des plaisanteries aussi féroces, la toute-puissante courtisane voyait sa vie empoisonnée. Morande, très bien renseigné par ses correspondants français et même, s'il faut en croire Manuel, par *des personnages considérables*, savait à merveille que ses coups ne portaient pas à faux et, défendu par l'hospitalité britannique, poursuivait implacablement sa campagne diffamatoire. A peine le *Gazetier cuirassé* avait-il paru, que l'audacieux aventurier reprenait la série de ses entreprises de

chantage. Il adressait à tous les personnages
illustres du temps, à Voltaire entre autres, un
aperçu des calomnies ou des médisances éhontées qu'il se proposait de publier sur leur compte
et ajoutait que, moyennant certaine somme, il
se ferait un devoir de donner un autre cours à
sa verve. Ces manœuvres n'étaient pas sans
offrir quelques dangers. Bachaumont et Manuel racontent la mésaventure que Morande
s'attira, en essayant d'amener à composition le
comte de Lauraguais. Le pamphlétaire avait
eu l'imprudence, pour donner au public un
avant-goût du libelle qu'il préparait sur ou
plutôt contre ce seigneur, de faire insérer dans
les feuilles du temps une pièce de vers calom-
nieuse. Lauraguais, qui n'était pas d'humeur
endurante, cita Morande devant la juridiction
du banc de la reine, et le malheureux libelliste,
pour éviter d'être mis au carcan et transporté,
dut faire l'amende honorable la plus humiliante [1]. On peut en trouver le texte dans la

1. Morande, dans sa *Réplique à Brissot*, explique à
sa manière l'histoire de sa querelle avec le comte de
Lauraguais :

« Dans le mémoire intitulé : *Mémoire pour moi, par
moi, Louis de Brancas, comte de Lauraguais*, il se
trouve dans l'épître dédicatoire adressée à M. de Brancas
son père un passage qui me fit imprimer une réponse.
Des vers furent insérés aussi contre moi par un homme

feuille intitulé *London evening post*, à la date du 26 novembre 1773. De plus, Laura-

qui garda l'anonyme. On m'assura qu'ils étaient de M. de Lauraguais, et ils n'étaient point de lùi. Je fis imprimer une réponse à ces vers ; et je fis un pamphlet pour répondre à l'article qui me concernait dans le mémoire. J'en lus les épreuves à quelques amis de M. de Lauraguais, qui avait sur moi l'avantage de connaître les loix de l'Angleterre, où je ne faisais que d'arriver : il me fit un procès pour ce libelle, et l'attaque fut dirigée plus habilement que la défense. Nous étions arrivés à la veille du jugement, lorsqu'une conférence entre l'avocat de M. de Lauraguais et le mien termina ce procès. Je consentis par mon procureur à brûler la réponse que j'avais faite au mémoire. Le *faussaire*, le *calomniateur* Brissot affirme que « je m'agenouillai publiquement, et que je fis l'amende honorable la plus humiliante ». De pareilles assertions n'auraient pas besoin de réponse ; mais je veux répondre à tout. Ma réponse fut brûlée chez l'avocat de M. de Lauraguais. Trois ou quatre gazettes, au lieu d'une, rendirent compte le lendemain de cet évènement, chacune à sa manière. On commence à connaître en France ce que sont les versions différentes d'une même affaire, et le cas que l'on doit faire d'un paragraphe de gazette. Mais voilà la véritable version de ce qui s'est passé entre M. de Lauraguais et moi. » Morande ajoute qu'il a revu M. de Lauraguais à Londres en 1774, et que leurs relations ont été excellentes. Ce qui aurait d'abord aigri le comte contre le libelliste, c'est qu'on aurait répandu le bruit que le noble gentilhomme avait collaboré au *Gazetier cuirassé*, et les mauvaises langues prétendaient que Morande prenait lui-même plaisir à confirmer cette médisance ou cette calomnie.

guais administra à son biographe une volée de
coups de canne dont il le força à donner quittance. Il s'agissait pour Morande de se dédom-
mager d'une opération aussi cuisante et aussi
peu lucrative. Sans hésiter, il revint à sa mine
d'or, la toute-puissante Du Barry.

On peut présumer quelle fut l'exaspération
de la favorite, lorsqu'elle apprit par une lettre
du libelliste lui-même qu'il allait publier un
ouvrage en quatre volumes, sous le titre de
Mémoires secrets d'une femme publique...,
avec gravures. « Le *Gazetier cuirassé*, dit
Bachaumont, est à l'eau de rose, en comparai-
son de ce nouveau chef-d'œuvre [1]. Les notes

1. C'est à tort que Barbier, dans sa première édition, attribuait à Morande l'ouvrage qui a pour titre :
les Anecdotes sur madame la comtesse Du Barry :
Londres, 1775, in-12. En réalité, ce recueil, dont
M. Octave Uzanne a donné en 1880 une fort belle édition (Paris, Quantin, 1 vol. in-8º), n'a rien de commun
avec les *Mémoires secrets d'une femme publique*, le pamphlet que Morande vendit si cher à la cour. Les *Anecdotes* doivent être attribuées à Pidansat de Mairobert,
secrétaire des commandements du duc de Chartres.
On trouve dans l'*Espion anglais*, t. III, p. 46, une
lettre, d'ailleurs probablement apocryphe, de Mᵐᵉ Cahouet de Villers, femme d'un trésorier général de la
maison du roi, à Mᵐᵉ Du Barry. Elle affirme que les
Anecdotes ne ressemblent, ni de près ni de loin, au
libelle détruit par Morande. Et Mᵐᵉ Du Barry répond :
« Vous avez raison, ma chère amie, c'est à quelques

de police recueillies par Manuel peuvent servir à donner une idée de ce que contenait la nouvelle œuvre de Morande. Elle mettait en scène Louis XV « faisant le café de *Chonchon*, qui lui disoit en riant à gorge déployée : Croiroit-on que tu es le maître de vingt millions de sujets et que je suis ta sujette ? cette même *Chonchon* se faisant mettre ses pantoufles, en sortant de son lit, par l'archevêque de Reims, qui les baisoit comme celles du pape ; la même qui, soupant à Trianon avec Sa Majesté, ôte la perruque au Chancelier et, pendant qu'on la met en papillotes, couvre de son mouchoir *ce chef* de la justice. » Tout Versailles tremblait. Comment prévenir un pareil scandale ?

égards l'auteur des *Anecdotes* qu'il aurait fallu soudoyer, s'il eût été homme à cela, et non ce gueux de Morande, que l'on m'a fait payer si cher pour m'avoir dit les injures les plus infâmes d'un style plat et dégoûtant. » Grimm dit, de son côté : « Il faut distinguer de l'*Histoire de madame Du Barry* un ouvrage du même genre qu'on vient de publier sous le titre d'*Anecdotes*. Le premier est d'une platitude qui passe toute expression : ce ne peut être que l'ouvrage d'un laquais. On peut soupçonner les *Anecdotes* d'être au moins celui d'un valet de chambre ; on y trouve une sorte de bonhomie et d'impartialité. A en juger par quelques faits dont nous avons été plus directement instruits, il paraît que l'auteur dit à peu près tout ce qu'il sait, mais il ne le sait qu'à demi... » *Corresp. de Grimm*, édit. Taschereau, t. IX, p. 280.

Morande s'était chargé d'indiquer lui-même
les moyens de le réduire au silence. Dans plusieurs lettres adressées au chancelier et au duc
d'Aiguillon, il avait indiqué ses conditions : il
réclamait modestement 5,000 louis comptant et
4,000 livres de pension sur sa tête, réversibles
sur celles de sa femme et de son fils. Avant de
passer sous les fourches caudines de l'aventurier, la cour de France essaya de supprimer
celui qui bravait la monarchie absolue avec
tant d'impudence et de cynisme. Des dévoû-
ments s'offraient pour venger la Du Barry. Un
officier invalide, M. de Champreux, promettait
d'enlever Morande, que le gouvernement britannique avait refusé d'extrader, bien que
l'ambassadeur d'Angleterre près la cour de
France eût officiellement transmis la demande
d'extradition. Pour exécuter son coup de main,
M. de Champreux demandait qu'on mît à ses
ordres un bâtiment, qui stationnerait sur la
Tamise, quatre hommes prêts à tout oser,
1,600 livres et un délai de six mois pour tendre ses filets. En cas de succès, il aurait de
plus 4,000 louis, réversibles par moitié sur
la tête de sa femme, et un brevet de capitaine.
Cette proposition fut mûrement étudiée au
Conseil du roi ; mais on comprit bien vite que
les plus fins limiers de la police étaient seuls

capables de mettre la main sur un homme aussi redoutable et aussi habile que l'était Morande. Une brigade de policiers partit donc pour Londres, vers la fin de 1773, sous la conduite d'officiers de la connétablie; mais le pamphlétaire avait été immédiatement prévenu par des correspondants, dont plusieurs tenaient à la cour, et par Mme de Godeville, une Française tarée qui s'était réfugiée en Angleterre et à laquelle les gens de M. de Sartine s'étaient imprudemment confiés [1]. Morande était sur ses gardes et laissa les agents de police arriver jusqu'à lui. Affectant une confiance entière dans ses nouveaux amis, il débuta par emprunter à chacun d'eux une trentaine de louis, puis, levant le masque, il fit retentir toutes les gazettes de Londres de dénonciations ardentes contre le gouvernement français, qui méditait de porter atteinte à l'hospitalité britannique et ne craignait pas d'envoyer ses valets et ses espions sur la terre de la liberté! Morande

---

1. En octobre 1774, Mme de Godeville publia ses mémoires, sous ce titre piquant : « *Voyage d'une Française à Londres, ou la Calomnie détruite par la vérité des faits.* » Ce fut une déception. On croyait trouver dans ce livre des révélations sur les libellistes que Mme de Godeville avait connus; « mais rien, rien du tout, c'est une véritable attrape », disent les *Mém. secrets* sous la date du 1er oct. 1774.

réussit à enflammer si bien la vieille passion
des Anglais pour la liberté individuelle et
pour leur indépendance nationale que les policiers français en furent réduits à s'enfuir au
plus vite, et se virent au moment d'être jetés
dans la Tamise par la populace de Londres.
Morande, enchanté d'avoir joué la police de
Louis XV, redoubla de menaces, adressa de
nouvelles lettres au chancelier et à l'héroïne
des *Mémoires secrets :* 6,000 exemplaires
étaient déjà tirés et allaient entrer dans la circulation. La situation devenait critique pour
la Du Barry et pour le roi. Ce n'était pas le
peuple, mais la monarchie qui demandait un
sauveur. Le sauveur qui s'offrit ou qu'on offrit
à Louis XV porte un nom illustre : il s'appelle Beaumarchais [1].

Tout le monde connaît le procès de Beaumarchais contre le conseiller Goëzman et les
éloquents *Mémoires* auxquels ce procès donna

---

1. Sur la mission de Beaumarchais, on peut consulter
les *Anecdotes sur la comtesse Du Barry*, édit. Uzanne
p. 261. V. aussi l'*Espion anglais*, t. VIII, p. 23, en ce
qui touche la mission de Beaumarchais relative aux
papiers du chevalier d'Éon. L'auteur qualifie Beaumarchais « d'intrigant, d'une tournure d'esprit et de caractère propres à le faire soupçonner de toutes les
missions, excepté celles qui n'exigent que de la droi-
ture et de l'honnêteté ».

lieu. Beaumarchais, malgré tout son talent et tout son esprit, malgré l'évidente justice de sa cause, avait été condamné au *blâme*, le 26 février 1774, par arrêt du parlement Maupeou. C'était une peine infamante qui le rendait incapable d'exercer aucune fonction publique. Bien que « toute la France se fût fait inscrire chez lui », comme il l'écrivait à un ami [1], quelques jours après la sentence, Beaumarchais, frappé d'une flétrissure légale, forcé de se taire par un ordre exprès de M. de Sartine que le roi lui-même avait dicté, paraissait irrémédiablement perdu, lorsque le contre-coup des intrigues de Morande vint lui offrir un moyen de salut. Le *Wilkes français*, comme on avait surnommé le futur auteur du *Barbier de Séville*, avait pour ami le courtisan dilettante La Borde [2], qui était premier valet de chambre

1. Voir cette lettre dans l'ouvrage de M. de Loménie : *Beaumarchais et son temps*, t. I, p. 374. M. de Loménie a résumé très exactement dans le même livre l'histoire des rapports de Beaumarchais avec Morande et avec le chevalier d'Éon. Mais il y a encore bien à dire sur les intrigues de cette remuante colonie d'aventuriers français qui avait établi à Londres son quartier général et dont Voltaire disait : « Je ne connais rien à ce monde. » Il y a quelque intérêt à faire connaître ce que les contemporains eux-mêmes ne démêlaient qu'avec peine.

2. La Borde a fait notamment la musique de l'*An-

de Louis XV. C'est La Borde, fort bien en cour
puisque le maître l'autorisait à faire de la musique dans son propre cabinet, qui désigna Beaumarchais au vieux roi, alors à la recherche d'un

neau perdu et retrouvé, paroles de Sedaine. Cette pièce
fut jouée sans succès le 20 août 1764. Avec Chamfort
pour collaborateur, La Borde donna aussi, le 8 mai 1765,
les *Amours de Gonesse*, autre insuccès, et avec Saint-
Marc *Adèle de Ponthieu*, en décembre 1773. Il était plus
heureux avec Mlle Guimard qu'avec le public, et faisait
la musique des pièces de Carmontel jouées à Pantin dans
le petit palais de la danseuse. En 1769, La Borde fut en
partie ruiné, ce qui chagrina Mlle Guimard, d'autant
plus qu'à la même époque le prince de Soubise lui
retira ses 2,000 écus par mois.

Mais la danseuse se réconcilia avec le prince, qui
exigea, en juin 1773, le renvoi de La Borde dont la présence et la cour assidues avaient été jusque-là tolérées.
« A force de rechercher les causes de ce procédé, disent
les *Mémoires secrets*, les gens de Ruel ont trouvé que
le sieur La Borde avoit donné ce qu'on appelle en leur
langage une *galanterie* à la demoiselle Guimard ; que
celle-ci l'avoit procurée au maréchal prince de Soubise,
le maréchal à Mme la comtesse de l'Hôpital, et la comtesse à... Ici se perd cette généalogie... » La Borde se
consola en allant à Genève mettre en musique *Pan-
dore*, opéra de Voltaire. Mme Du Barry lui avait donné
pour mission d'embrasser de sa part le grand homme
sur les deux joues. Voltaire répondit à la favorite :

> Quoi ! deux baisers, sur la fin de ma vie !
> Quel passeport vous daignez m'envoyer !
> Deux, c'en est trop, adorable Égérie :
> Je serois mort de plaisir au premier.

Il y avait un second couplet dans lequel Voltaire,

homme « supérieur dans la négociation » pour remplacer les invalides et les policiers et avoir raison du terrible biographe de Mme Du Barry. Beaumarchais accepta la mission délicate qui lui était proposée et se rendit à Londres en mars 1774, sous le nom de Ronac, anagramme de Caron. Morande ne demandait qu'à se laisser corrompre. Dans les lettres qu'il avait adressées au duc d'Aiguillon et à M. de Sartine,

après avoir dit à la comtesse qu'il avait pris la liberté de rendre les deux baisers à son portrait, concluait avec une exquise galanterie :

> Vous ne pouvez empêcher cet hommage,
> Foible tribut de quiconque a des yeux :
> C'est aux mortels d'adorer votre image ;
> L'original étoit fait pour les dieux !

Après la mort de Louis XV, La Borde fut naturellement disgracié, sous l'influence des ennemis de Mme Du Barry. Il transmit sa charge de premier valet de chambre du roi à Richard de Livry, fermier général, qui lui céda de son côté moitié de sa charge. Le nouveau financier, qui avait beaucoup voyagé, fit graver, en 1777, les nombreux croquis qu'il avait rapportés de Suisse et d'Italie. Le roi de Prusse lui acheta, dit-on, les dessins originaux pour 1,500,000 livres, ce qui était un joli denier. On voit que La Borde avait plusieurs cordes à son arc, et qu'il cultivait un peu tous les arts d'agrément, depuis la danse, ou plutôt les danseuses, jusqu'à la musique et au dessin. Nous avons un peu insisté sur cet aimable personnage parce qu'il représente l'un des types les plus accomplis de l'homme du monde au xviiie siècle.

l'auteur des *Mémoires secrets d'une fille publi-que* avait lui-même fait son prix. D'après ce que raconte Dutens, dans les *Mémoires d'un voyageur qui se repose,* il fut convenu entre l'envoyé de Louis XV et le libelliste que ce dernier supprimerait toute l'édition, moyennant une somme de 32,000 livres et une pension de 4,000 livres, dont la moitié serait réversible sur la tête de sa femme [1]. M. de Loménie dit, nous ne savons sur la foi de quels témoignages, que Morande ne toucha qu'un capital de 20,000 francs comptant; mais la *Police dévoilée* et le *Diable dans un bénitier* donnent le même chiffre que Dutens, qui tenait ses

[1]. Dans sa réponse, d'ailleurs probablement apocryphe, à Mme Cahouet de Villers, Mme Du Barry s'exprime ainsi au sujet de l'achat du libelle de Morande : « Sans avoir lu cet abominable libelle, je ne me souciois point de l'acheter. Je me suis toujours mise au-dessus du qu'*en dira-t-on,* et je me f... de tout ce qu'on peut écrire de moi. Il a fallu que l'enjôleur Beaumarchais vînt employer toute son éloquence pour me déterminer à acheter un manuscrit que j'avois refusé à meilleur compte par l'entremise de Benaven. Il a prétendu que c'étoit par zèle pour la gloire du roi que je devois empêcher cet ouvrage de paroître, si ce n'étoit pour moi. D'ailleurs le duc d'Aiguillon avoit aussi intérêt d'étouffer ce libelle; et voilà comme je me suis laissée aller à choisir un pareil négociateur, bien digne au surplus de cette mission et qui s'en est acquitté à merveille. » *Espion anglais,* t. III, p. 51.

renseignements de Beaumarchais en personne. Quant à la pension de 4,000 livres, d'autres disent 4,800 francs, c'était un contrat de rente bien authentique. Tous les exemplaires de la biographie de Mme Du Barry furent brûlés dans un four à briques, aux environs de Londres; on n'épargna qu'un seul exemplaire. Les feuilles furent coupées en deux moitiés : Beaumarchais garda l'une et Morande l'autre. Si l'ouvrage reparaissait, le contrat serait frappé de nullité. Tel fut l'étrange marché que passa Beaumarchais [1]. Le duc d'Aguillon aurait bien

---

1. A côté de la version de *Manuel*, il est équitable de placer la version donnée par Theveneau de Morande lui-même dans sa *Réplique à Brissot*. Paris, 1791, page 20.

« Mlle d'Éon sait comment je fis les mémoires secrets de Mme du Barry que le *Manuel de la Police* appelle un libelle effroyable, et pour lequel il dit que j'ai été soudoyé par des personnes considérables. Ç'a été tout uniment, il faut dire la franche vérité lorsqu'on se confesse en public, le dépit de me voir expatrié qui me fit imprimer cet ouvrage. Mlle d'Éon peut mieux que personne rendre compte de la résistance que j'opposai aux efforts que l'on fit dans les derniers momens pour m'engager à supprimer ces mémoires. M. de Lormois, qui était en Angleterre à cette époque, avait été chargé aussi de travailler à cette suppression. Je refusai ses offres et je lui fis même l'injustice de croire qu'il avait des liaisons avec un nommé Bérenger qui fut envoyé exprès pour me faire tomber dans un piège. Il était accompagné par des suppôts de police que je

voulu savoir quelles personnes de la cour ren-
seignaient Morande avec une perfidie et une
exactitude si dangereuses pour le repos du roi ;
mais le pamphlétaire ne livra pas des secrets
qui faisaient sa force ; et Beaumarchais affirme
dans un mémoire adressé à Louis XVI qu'il
refusa, de son côté « de jouer le rôle infâme de
délateur ».

Le tour était joué ; l'audacieuse tentative de
chantage avait réussi au delà de toute espé-

fis repartir, en prenant des *warrant* (ordre d'arrêter)
contre toute la bande. Ce furent MM. de Lauraguais
et de Beaumarchais qui parvinrent à arrêter la publication des mémoires secrets, en achetant l'édition entière. Ce marché se fit comme s'ils eussent été des libraires. Les caisses d'envoi étaient faites, et elles allaient
partir lorsqu'ils arrivèrent à Londres. Mais Michel
Rey, d'Amsterdam, le libraire Hirchmann, plusieurs
libraires de Bruxelles, quelques-uns de Rouen et de
Paris attendaient leurs envois ; mais l'édition et le
droit de propriété ayant été vendus en gros, les envois
n'eurent pas lieu. Au lieu d'avoir moi-même proposé
de *vendre*, des offres spontanées d'*acheter* me furent
faites ; et le marché fut conclu. Je donnerais aujour-
d'hui la moitié de mon sang pour que l'épître dédicatoire au roi d'Aquitaine et l'introduction aux mémoires
secrets eussent été publiés. Ces prétendus philosophes, qui ne sont tout au plus que des *aboyeurs de
Hollande,* auraient vu si je savais juger les évènements
qui devaient résulter de l'oppression. Les pesans
volumes, les *plats ouvrages* qu'ont écrits et qu'écri-
ront tous les Brissot nés et à naître ne valent pas dix
pages de l'introduction des mémoires secrets. »

rance et voilà Morande devenu capitaliste et pensionnaire de la cour de France. Il avait choisi le moment psychologique pour spéculer sur la réputation de Mme Du Barry. A peine le négociateur Beaumarchais[1] touchait-il la terre

---

1. Les relations ne furent pas rompues entre Beaumarchais et Morande à la suite du traité qui assurait une fortune au pamphlétaire. Loin de là; l'intimité des deux personnages devint plus étroite, lorsque Beaumarchais, après la mort de Louis XV, fut envoyé en Angleterre par M. de Vergennes pour obtenir du chevalier d'Éon la remise de la correspondance secrète du feu roi. Plusieurs publications ont fourni assez d'éclaircissements sur le rôle du chevalier d'Éon pour qu'il soit inutile de rappeler ici les circonstances qui ont précédé la mission de Beaumarchais. Nous sortirions de notre sujet en traçant à notre tour la biographie de l'étrange personnalité dont le véritable sexe a donné lieu aux discussions passionnées des contemporains; et nous renvoyons, à cet égard, au livre très intéressant de M. Gaillardet : *Mémoires sur la chevalière d'Éon*. Dentu, 1 vol. in-8º. L'auteur de la *Tour de Nesle* a fait disparaître dans l'édition de 1866 les fantaisies romanesques qui gâtaient la première, publiée en 1836 et objet d'un plagiat en 1861. Ce que nous devons préciser, c'est le rôle de Theveneau de Morande et l'étendue du concours qu'il prêta au spirituel envoyé de M. de Vergennes. D'Éon avait refusé de rendre la correspondance secrète qu'il avait reçue de Louis XV, à moins d'être complètement justifié des accusations dirigées contre lui par le comte de Guerchy et le duc de Praslin. Il demandait en outre une indemnité de plus de 300,000 livres. Le marquis de Prunevaux et M. de Pomezeux avaient essayé vainement d'amadouer l'obstiné sous-ordre du comte de

CHARLES, GENEVIEVE, LOUIS, AUGUSTE, CESAR ANDRE TIMOTHEE
Déon de Beaumont Née à Tonnerre, en 1728
&c. &c. Avocat au Parlement, Censeur Royal; Capitaine de Dragons,
Chevalier de S.t Louis, Ministre Plenipotentier de France
a la Cour d'Angleterre.

A Paris chez Esnauts rue du petit bourbon en face de la colonade du louvre

de France et arrivait-il à Versailles pour recevoir la récompense de ses succès diplomatiques

Broglie, l'ancien directeur de la diplomatie secrète de
Louis XV. C'est alors que le comte de Vergennes
envoya Beaumarchais en Angleterre. On sait que,
moyennant la promesse d'une pension de 12,000 livres,
Beaumarchais obtint la remise du coffre de fer qui
renfermait les papiers déposés chez lord Ferrers. Mais
le négociateur, d'accord avec Morande, ayant spéculé
dans les paris énormes auxquels se livraient les Anglais
sur le sexe du chevalier d'Éon, ce dernier rompit
brusquement avec Beaumarchais et adressa, le 27 mai
1776, une longue et curieuse lettre à M. de Vergennes
dans laquelle Morande est traité avec la dernière violence :

« La véritable raison secrète de la mauvaise humeur
de M. de Beaumarchais envers moi dans cette affaire
provient du refus constant que je lui ai fait, ainsi
qu'à son intime ami M. de Morande, de les laisser
avec leurs associés gagner tout l'argent des polices
scandaleuses qui se sont élevées sur mon sexe, sans
qu'ils aient pu même m'ébranler par leur promesse
de mettre dans ma poche sept ou huit mille louis, si
je voulais avoir pour eux cette infâme complaisance...
Il semble qu'il soit venu à Londres plutôt pour ses
plaisirs que pour ses affaires, plutôt pour négocier avec
Morande qu'avec moi... Lorsque vous avez eu la bonté,
Monseigneur, d'envoyer ici M. de Beaumarchais, je
croyais n'avoir à traiter qu'avec lui seul. Quel a été
mon étonnement, lorsque je me suis vu avoir plus à
négocier avec son favori Morande, auteur du *Gazetier
cuirassé*, c'est-à-dire avec un homme qui n'a ni mœurs
ni fortune, ni réputation à perdre, et qui est l'âme de
tous les plaisirs et de tous les conseils du sieur Caron !...
Ce n'est qu'avec répugnance que je prononce le nom

que Louis XV rendait le dernier soupir, sans avoir acquitté sa dette. Cette catastrophe était

de cet associé : il est au-dessous de mon mépris. Je vous supplie donc, Monseigneur, de ne pas prendre comme un manque de respect envers vous, ni une mauvaise volonté de ma part, la résolution sage et constante où je suis de n'avoir plus aucune négociation à faire avec deux pareils sujets. Je ne vous dirai pas que le sieur Caron a communiqué au sieur de Morande ce que j'ai écrit à son sujet au feu roi et à M. le comte de Broglie, en 1774, par rapport à son ouvrage sur Mme Du Barry; que de pareilles infidélités et tant d'autres sont bien désagréables dans mon état; mais je me plaindrai de ce qu'il lui communique presque toutes mes affaires avec la cour, et que celui-ci s'en va par la ville, les distribuant de café en café, de maison en maison. Est-ce ainsi que vous prétendiez être servi, Monseigneur, dans une affaire, sur laquelle vous me faisiez imposer un silence profond? Cette imprudence est une des moindres qu'on ait commises. A quel risque, en effet, M. de Beaumarchais ne s'est-il pas exposé en faisant, à mon insu, retirer de l'hôtel de lord Ferrers le coffre de mes papiers ministériels par son ami Morande qui, peu de temps après, a témoigné le regret qu'il avoit de n'avoir pas retenu ce coffre pour mettre M. de Beaumarchais ou la cour de France à contribution! » Comme M. de Pomereux, Beaumarchais avait pris sérieusement d'Éon pour une femme et lui avait offert de l'épouser. D'Éon, dans la même lettre, se moque agréablement de la méprise du négociateur : « Comme il s'était mis en tête qu'en m'épousant il deviendrait bientôt ambassadeur extraordinaire, et Morande son secrétaire d'ambassade, ils peuvent prendre en passant cette leçon politique de Mlle de Beaumont. » V. aussi l'*Espion anglais* t. IX, p. 1 à 25.

bien faite pour décourager Beaumarchais; et il
ne put s'empêcher, dans une lettre adressée à
Morande, de faire ressortir ce contraste entre la
bonne aubaine échue au pamphlétaire et la
déception éprouvée par l'agent secret du roi :
« Je travaille nuit et jour pendant six semaines;
je fais près de sept cents lieues, je dépense près
de 5oo louis pour empêcher des maux sans nombre. Vous gagnez à ce travail 100,000 francs et
votre tranquillité; et moi, je ne sais plus même
si je serai jamais remboursé de mes frais de
voyages. »

CHAPITRE II

MORANDE POLICIER

Le braconnier devient garde-chasse. — Morande agent
de Louis XVI à Londres. — Tableau du groupe des
réfugiés français en Angleterre. — La littérature
en exil : Linguet; Lafitte de Pelporre; Brissot. —
Le *Courrier de l'Europe* et ses rédacteurs. — Le
libraire Boissière et ses collaborateurs. — Nouvelle
incarnation du conseiller Goëzman, dit baron de
Thurne. — Le club de Boissière. — Expédition de
la police française à Londres pour détruire les libelles
contre la reine. — Theveneau de Morande policier,
agent de M. de Vergennes et de Lenoir. — Il donne
des consultations au pouvoir. — 'Son projet de bill
destiné au Parlement britannique. — La mission de
d'Anouilh. — Escroqueries de cet agent : M. de
Castries l'envoie à la Bastille. — Mission de Receveur. — Morande l'assiste. — Le chevalier de Launay
est écroué à la Bastille et y meurt. — Suppression
du sieur Jacquet, inspecteur de la police de la librairie.
— *Les Passe-temps d'Antoinette et du vizir de Vergennes. Les Petits Soupers de l'hôtel de Bouillon.* —
Opérations de Receveur, dit le baron de Livermont.
— M. de Moustier, chargé d'affaires de France, réclame le concours de Morande. — Indignation des

Anglais. — Échec de Receveur ; sa note de dépenses.
— Ce que coûte un policier. — Morande dirige seul
la police secrète à Londres.

MORANDE s'était vendu. « De braconnier littéraire devenu garde-chasse », comme l'é-
crivait Beaumarchais, il opère, dès ce moment,
un habile changement de front. Au voluptueux
Louis XV succédait un monarque vertueux et
chaste. Qui allait se soucier maintenant de la
réputation d'une courtisane? Le *Gazetier cuirassé* ne brillait pas par un excès de pudeur,
et, après avoir mis sur les dents la police française, il ne se fit aucun scrupule de lui offrir
son concours. La considération publique lui
important peu, il trouvait de bonne guerre,
avec l'absence complète de sens moral qui le
caractérisait, d'entrer dans la compagnie suspecte de ces mêmes policiers qu'il avait naguère
dénoncés au peuple anglais comme des misérables bons à jeter dans la Tamise.

Il y avait alors à Londres une petite colonie
de réfugiés français qui troublait souvent le
sommeil des ministres du roi Louis XVI. Tous
les exilés, tous les mécontents s'étaient groupés
sous la protection de l'hospitalité britannique : car dans aucun autre pays du monde ils
n'étaient aussi bien à l'abri de l'extradition.
Presque tous avaient sur la conscience quel-

ques gros péchés. C'étaient d'abord les caissiers
infidèles, comme le Texier, ce type bizarre
d'aventurier qui, après avoir, en 1775, enlevé
la caisse de la ferme de Lyon où se trouvaient
1,800,000 livres, s'était si bien insinué dans
les bonnes grâces de la haute société anglaise
qu'il lisait au roi et à la reine des ouvrages dra-
matiques de sa composition, organisait publiquement des quêtes à son profit et vivait avec
le plus grand luxe; emprisonné en 1780 pour
escroquerie dûment constatée, il était revenu à
Londres et, après un voyage en Irlande, avait
repris sans se troubler son métier de lecteur-
conférencier; Préaudau, ancien banquier qui
avait fait une banqueroute colossale mais lucrative (son frère était resté en France et se prétendait volé, tandis que lui, qui avait emporté
800,000 livres en Angleterre, vivait, sans se
soucier de ses créanciers, dans le magnifique
domaine de Gravellane); Delaunay, ancien caissier du mont-de-piété de Douai, deux fois banqueroutier et pendu en effigie : il vivait en donnant des leçons de dessin dans les écoles; le chevalier de Montgrand, chevalier de Saint Louis
et ancien capitaine au régiment de Penthièvre,
joueur incorrigible qui, après trente années de
bons services militaires, avait passé la Manche
avec la caisse de son régiment.

Puis venaient les prêtres défroqués : l'abbé
de Séchamp, ancien chapelain du prince des
Deux-Ponts, soupçonné d'avoir empoisonné le
négociant Bustel, de concert avec le chirurgien
Gallois, dans un dessein de vol ; cela n'empêchait
pas l'abbé de rêver la fondation d'un journal
« pour le bien de l'humanité » ; le père Roubault, frère de l'économiste abbé Roubault,
ancien jésuite qui, au Canada, avait capté la
confiance de Montcalm, puis livré ses papiers
aux généraux anglais Amherst et Murray, ce
qui lui valut une pension du ministère britannique ; Dom Louis, ex-moine de l'abbaye de
Saint-Denis, dont il avait volé les médailles ;
Delatouche, ex-jésuite, ex-acteur, ex-procureur,
repris de justice ; enfin Perkins de M***, « prêtre
apostat, dit la *Police dévoilée* de Manuel, Irlandais d'origine, né en France, vicaire de paroisse
à Rouen, d'où il décampa en 1771 ou 1772
avec une jeune fille sa pénitente. Ce M*** est
auteur de plusieurs écrits très licencieux contre
la cour de France qui s'impriment dans le
Morning-Herald, dont il est le sous-rédacteur,
sous le titre ordinaire : *Extrait d'une lettre de
Paris ;* enfin presque toutes les anecdotes calomnieuses et controuvées qui ont été impri-
mées dans les papiers anglais sur la cour de
France, ont été écrites par ce M*** qui a été

longtemps un des coopérateurs du *Courrier de l'Europe* [1]. Il s'est brouillé avec le sieur de la Tour qui, depuis quelque temps, le regrette, M*** ayant réellement des talents, mais c'est un prêtre apostat dans toute la force du terme. » Les officiers déserteurs fournissaient aussi un sérieux contingent à l'émigration française à Londres. Il suffira de citer le baron de Navan, réputé pour ses mœurs violentes ; le chevalier Joubert, ancien sous-lieutenant au régiment de Rohan-Soubise qui, en 1782, avait quitté la France sans congé et vivait d'expédients; Joly de Saint-Valier, ancien lieutenant-colonel français, ancien agent du chevalier d'York, ambassadeur d'Angleterre à la Haye. A côté des officiers ou anciens officiers, les anciens soldats,

1. Dans le n° du 29 septembre 1786, le *Courrier de l'Europe* insère un avis recommandant un *nouvel établissement à Paris*. «Un ménage honnête, tranquille, connu et de bonne société, demeurant dans un beau quartier et dans une belle maison à la portée des promenades et des spectacles, prend des pensionnaires, en hommes seulement, étrangers ou autres : ils sont logés, chauffés, éclairés, nourris et servis très proprement. Le prix de la pension est de six à huit louis par mois, suivant l'appartement qu'on choisit. » Suit le menu, etc. Au bas cette mention : S'adresser à Londres, chez *M. Parkyns Mac-Mahon*, n° 80 Hay-Market; à Paris, chez M. Langlois, la deuxième porte cochère à droite, à côté de la rue Saint-Philippe, rue Bourbon-Ville-Neuve..

comme Tumerel, l'associé suspect du chevalier
Echlin, cet Irlandais naturalisé Français qui
avait été agent de la police des mœurs à Paris
et qui aurait dû s'arrêter lui-même ; La Roche
de Champreux, ancien gendarme, compromis
pour avoir, en 1763, avec un autre gendarme,
nommé Pernet et qui fut pendu, assassiné un
clerc de notaire de la rue Saint-Honoré.

Mais les gens de lettres, les confectionneurs
de libelles tenaient incontestablement le haut
du pavé dans cette étrange société des réfugiés
français. On peut signaler parmi les plus connus : le journaliste-avocat Linguet, que ses
démêlés avec ses confrères du barreau, l'Académie et les philosophes avaient contraint à
quitter la France à la suite de l'avènement de
Louis XVI, et qui, ayant été deux ans logé
gratuitement à la Bastille, s'était établi à
Londres, dont le séjour devait bientôt lui devenir insupportable, après son altercation avec
Morande, qui le souffleta en pleine rue [1] ;

1. Morande rappelle cet incident dans la *Réplique à
Brissot*, p. 35 :

« J'ai fait confidence à toute l'Europe par le *Courrier*, de la dispute que j'ai eue en 1785 avec le sieur
Linguet... Je critiquai le projet ridicule qu'avait formé
cet annaliste de donner une édition corrigée des œuvres
de Voltaire. Sept à huit lettres, qui se trouvent dans le
Courrier de l'Europe, prouvent : 1° que je l'ai convaincu

Pelporre, qui se faisait appeler Lafitte de Pelporre, parce qu'il avait trouvé, parmi les femmes
de chambre de la reine d'Angleterre, une vieille
fille, nommée Lafitte, à laquelle il avait persuadé qu'il était son parent. Ce Lafitte, fils d'un
gentilhomme de Monsieur, était, à vrai dire,
un assez mauvais drôle. Renvoyé de deux régi-
ments où il avait servi, enfermé quatre ou cinq
fois sur la réquisition de sa famille, d'une moralité douteuse, il avait infiniment d'esprit. On
lui attribue généralement la paternité de libelles qui firent grand scandale et sur lesquels
nous reviendrons : *les Petits Soupers de l'hôtel
de Bouillon, les Amusements d'Antoinette.*

d'ignorance lorsqu'il a parlé de la banque d'Angleterre; 2º que je l'ai empêché de donner une édition
capucine des œuvres de M. de Voltaire; elles prouvent
aussi que, si sa digne compagne le quitta pour se réfu-
gier dans un logement où je la visitai, ce ne fut pas moi
qui l'engageai à dénoncer l'annaliste au lord Mansfield
pour lui avoir *retenu* (elle disait *volé*) ses effets... Je ne
rappelle ce trait que pour donner une explication du
paragraphe des annales rapporté par Brissot. M. Mor-
gan d'Amiens a été témoin qu'au milieu de la rue de
Piccadilly de Londres, sa figure reçut de moi la récompense de ce paragraphe. Si je n'appuyai pas avec force
un instrument contondant sur ses épaules, j'en pris
au moins la mesure. Linguet a pu dire qu'il *fallait
traiter mon nom comme la Justice traiterait mes cendres;*
mais, comme le vent n'emportera jamais ce que je lui
ai placé au milieu du visage, il peut se liguer avec
Brissot. »

Pelporre avait pour intime ami un autre réfugié, Brissot de Warville, qui devait jouer un rôle si important dans les évènements révolutionnaires et porter sa tête sur l'échafaud avec les Girondins. Encore à ses débuts, Brissot subissait l'influence et acceptait le patronage de Linguet. Il fulminait contre les abus de l'ancien régime, et les notes de police l'accusent de « crier partout que la France, qui s'endort sur un abîme, ne peut être sauvée que par un tremblement populaire ».

Les réfugiés français avaient un organe important et qui fournit de vives lumières pour l'étude des mœurs à la fin du xviiie siècle. Nous voulons parler du *Courrier de l'Europe,* cette gazette anglo-française qui préoccupait si sérieusement les ministres de Louis XVI. Le journal appartenait pour un tiers à Latour de Serres, que d'autres appellent Serres de Latour[1], et, pour les deux autres tiers, au fameux Swinton, qui était chargé de tous les frais de la publication. Latour, Brissot, Perkins de Mac-

---

1. Serres de Latour s'était enfui en Angleterre avec la femme de M. Guerrier de Bezauce, maître des requêtes; et, pour se procurer des moyens d'existence, il fonda le *Courrier de l'Europe,* dont il devint le rédacteur en chef. V. *Mém. secrets* du 5 mai 1783. Serres de Latour prit une part beaucoup moins active à la rédaction du *Courrier* depuis le mois de janvier 1784.

Mahon, Morande, écrivaient tous dans le *Courrier*. Ils se réunissaient d'ordinaire chez le
libraire Boissière, Genevois d'origine, le véritable créateur de cette fabrique de libelles qui,
de Londres, inondait l'Europe de ses produits
et faisait trembler les souverains. Ce Boissière,
par ses antécédents et sa vie accidentée, avait
tous les titres nécessaires pour diriger une vaste
entreprise de chantage. Laquais pendant sept
ou huit ans du Polonais Matousky, l'escroc distingué, il avait volé à son maître une somme
considérable pour ne pas démentir le proverbe :
A voleur voleur et demi, et on l'eût pendu dans
la bonne ville de Lubeck si les preuves du vol
n'avaient pas semblé insuffisantes. Instruit par
cette aventure, Boissière était venu s'installer
à Londres, tout en conservant des correspon-
dances avec les libraires allemands et hollandais,
notamment avec Gosse.fils, de la Haye, et il con-
sacrait ses aptitudes spéciales à monopoliser le
commerce des libelles anonymes et des ouvrages
obscènes. Spéculateur équivoque et louche, peu
lui importaient les moyens, pourvu que l'argent vînt à sa caisse. Afin de prendre toutes
ses sûretés, il intéressait dans ses audacieuses
opérations plusieurs agents de la police française à Londres, tels que Boucharderie, de son
vrai nom Belson, qui révéla au gouvernement

anglais les employés infidèles qui vendaient
ses secrets à la France, et le fameux Goëzman,
dont personne n'ignore le procès retentissant
avec Beaumarchais. L'ancien membre du parlement Maupeou, tombé de la magistrature dans
la police, avait été envoyé en Angleterre par
Maurepas et de Sartine, dans le courant de
l'année 1778, sous couleur de travailler à une
histoire de la guerre d'Amérique, mais, en réalité, pour surveiller la confection et la vente
des libelles dirigés contre la cour de France.
Il touchait 100 pistoles par mois et correspon-
dait avec le lieutenant-général de police par
l'intermédiaire des sieurs Guillaume Larcher
et J.-B. Carré qui demeuraient tous deux au
n° 46 de la rue de Richelieu. Il signait ses lettres *John Williams* et se servait d'un chiffre,
ni plus ni moins qu'un ambassadeur. Avec
l'absence de scrupules qui caractérise les hommes
tarés, Goëzman, qui se faisait appeler le baron
de Thurne, avait lié sa fortune à celle du libraire
Boissière. Goëzman et Boissière étaient bien
faits pour se comprendre, car ils poursuivaient
le même but : s'enrichir, en trahissant à la fois
les réfugiés français et le gouvernement du roi
Louis XVI. Entre temps, les deux associés
espionnaient aussi la cour d'Angleterre. Boissière avait introduit le baron de Thurne chez

lord Shelburne, le collègue de Fox, Burke et Sheridan dans le ministère anglais qui avait remplacé le malheureux cabinet dirigé depuis douze ans par lord North. Ayant ainsi un pied partout, dupant la police française au profit des littérateurs clandestins et les littérateurs au profit de la police française, battant monnaie avec tous les scandales, Boissière était une puissance. Le *club* qu'il avait fondé, et dont nous avons signalé les principaux membres, comptait, par hasard, quelques honnêtes gens, comme de la Rochette, l'ingénieur géographe, et d'Ipréville, le professeur de mathématiques ; mais cela ne tirait pas à conséquence, et la boutique de Boissière n'en était pas moins l'officine où mille mains criminelles distillaient le poison d'une littérature de combat. On reste confondu devant l'impéritie des ministres du malheureux Louis XVI, qui, débordés en France même par la marée montante d'une opposition chaque jour plus implacable, le laissaient exploiter, à l'étranger, par des agents infidèles et prévaricateurs.

Une œuvre étrange nous permettra de donner une idée des campagnes coûteuses et, le plus souvent, sans résultats, qu'entreprenait en Angleterre la police française, à la veille de la Révolution, pour conserver le prestige et l'honneur de la monarchie ébranlée. Nous voulons parler du libelle qui a pour titre : « *Le Diable dans un bénitier et la métamorphose du Gazetier cuirassé en mouche, ou tentative du sieur Receveur, inspecteur de la police de Paris, chevalier de Saint-Louis, pour établir à Londres une police à l'instar de celle de Paris. Dédié à Mgr le marquis de Castries, ministre et secrétaire d'État au département de la marine. Revu et corrigé par M. l'abbé Aubert, censeur royal, par Pierre le Roux, ingénieur des grands chemins. A Paris. De l'Imprimerie royale, avec approbation et privilége du Roi.* » *Le Diable dans un bénitier*, c'est, nous dit le continuateur de Bachaumont, à la date du 17 octobre 1784, « le sieur Morande, auteur de libelles, forcé au silence à la poursuite de ses confrères ». Les contemporains ne savaient trop à qui attribuer la paternité du singulier et curieux pamphlet qui « perça avec peine » dans la capitale, à la fin de l'an de grâce 1784. Aujourd'hui même, à notre époque de critique, d'érudition et de bibliographie savante, la lumière ne s'est pas faite sur ce point d'histoire littéraire. Les auteurs des *Supercheries littéraires dévoilées* rangent, contre toute vraisemblance, le libelle dont il s'agit parmi les œuvres de Morande; M. Quérard, dans sa

France littéraire, en rapporte l'honneur ou le déshonneur tantôt à Morande et tantôt à Lafitte de Pelporre. Les notes de police recueillies par Manuel se prononçaient dans le sens de cette seconde conjecture, qui nous paraît beaucoup plus sérieuse, car l'auteur anonyme du *Diable* traite Morande avec un profond mépris. Il est vrai que le *Gazetier cuirassé* était bien capable de se traîner aux gémonies de sa propre main, pour donner le change à la police française, aux gages de laquelle il se trouvait déjà [1].

1. Voici en quels termes violents l'auteur anonyme du *Diable dans un bénitier* parle de Theveneau de Morande : « On manda le Gazetier cuirassé. Peu de gens étoient plus propres que lui à former une société agréable pour le baron de Livermont (*pseudonyme de l'agent de police Receveur*). Godard lui-même (*autre agent de police*) avoit trop de noblesse dans l'âme. Un cœur aussi noir, aussi dur, quoique pleurant quand il en a envie, une tournure d'esprit aussi commune, des expressions aussi basses, ce même argot qu'il a apporté de Bicêtre et que le baron, qui y passe la moitié de sa vie, possède supérieurement pour le genre humain, le même front qui ne rougit jamais, la même lâcheté dans l'âme, en un mot une sympathie dont il est bien peu d'exemples dans ce monde, sembleroit prédestiner notre Gazetier cuirassé à partager les plaisirs du recruteur de Bicêtre. Le gazetier joignoit à des qualités analogues à celles du sbire une grande connoissance du théâtre des exploits du baron, un plaisir à entendre le récit du destin de ses anciens compagnons, un certain goût qu'il a conservé pour les histoires de voleurs dont se repaissent à Arnai-le-Duc ses oncles, ses

Il s'assurait par cette tactique les bénéfices considérables attachés à la vente du libelle et se
posait, du même coup, en victime de la haine
de ses anciens confrères, mais c'est là un raison-
nement trop spécieux pour tenir lieu de preuve.
Quel que soit, du reste, l'auteur du *Diable dans
un bénitier*, ce petit ouvrage fournit de vives
lumières sur les opérations de la police française à Londres, aux derniers jours de l'ancien

cousins, les savetiers de l'endroit, qui connoissent par
leurs noms et surnoms tous ceux qui ont fini en public, en Bourgogne. »
    Dans la *Réplique à Brissot*, p. 37, Morande attribue
à Brissot lui-même la paternité du *Diable dans un
bénitier*. « Je suis étonné, écrit-il, que Brissot n'ait pas
parlé du *Diable dans un bénitier*, ouvrage très curieux,
très piquant, très spirituel et surtout très moral. Il y
a de grandes probabilités que c'est avec ses plumes,
son papier et sur sa table, *si ce n'est de sa plume*, que
cet ouvrage a été écrit. J'en suis encore le héros. C'est
moi qui suis ce diable dans un bénitier, et on ne m'a
trouvé diabolique que parce qu'en effet, j'empêchai,
en 1784, que l'on n'achetât des projets de libelle qu'un
auteur inconnu (Brissot était alors à Londres et inti-
mément lié avec le négociateur) proposait de vendre
pour quelques centaines de guinées. »
    Plus loin (p. 41) Morande avoue qu'il a remis « non
pas à la police, avec laquelle il n'a point eu de liaison
(c'est lui qui le dit), mais à M. d'Adhémar, ambassadeur de France en Angleterre, le certificat d'un imprimeur qui atteste que *les épreuves du Diable dans un
bénitier avaient été corrigées par Brissot*. Si les épreuves
du diable dans un bénitier... ont été corrigées par Bris-

régime, et nous permet de préciser le rôle de Theveneau de Morande « métamorphosé en *mouche* [1] ». Bien qu'il convienne de n'accepter qu'avec une certaine réserve les allégations d'un pamphlet anonyme, elles contiennent une assez grande part de vérité ou de vraisemblance pour mériter l'attention de l'histoire, surtout quand on les complète par d'autres documents très authentiques.

sot, il devait y avoir une affinité entre le sommateur et Brissot, s'il n'y avait pas identité de personne. C'est à la rage que l'on a eue de n'avoir pas réussi dans la tentative que l'on avait faite que j'ai dû l'honneur d'avoir été confit à l'eau bénite. » Morande se défend d'ailleurs d'avoir contribué à l'arrestation de M. de Pelporre, l'ami de Brissot et l'auteur présumé du *Diable dans un bénitier* et des *Petits Soupers de l'hôtel de Bouillon*. Ce serait un agent de police, nommé Buard de Sennemar, qui aurait fait saisir Pelporre à Boulogne, après lui avoir donné le conseil de quitter l'Angleterre pour revenir en France; mais Morande déclare qu'il avait demandé justice aux tribunaux anglais et avait obtenu un warrant, signé « lord Mansfield », pour faire arrêter M. de Pelporre, circonstance qui aurait déterminé la fuite du malheureux écrivain. On sait qu'il passa cinq années à la Bastille, et, quoi qu'il en dise, Morande a dû être pour quelque chose dans l'arrestation de son ennemi.

1. Cette expression de *mouche*, synonyme d'espion, remonte à l'époque du procès d'Anne Dubourg. L'un des juges de l'illustre magistrat s'appelait Antoine Mouchy, du collège de Sorbonne et pénitencier de Noyon. Le peuple prit l'habitude d'appeler ses gens des *mouches*.

Depuis le jour où Marie-Antoinette, la fille de l'empereur d'Allemagne François Ier et de l'impératrice-reine Marie-Thérèse, était venue en France en 1770, à l'âge de quatorze ans et demi, pour épouser le dauphin qui fut Louis XVI, elle s'était trouvée en butte aux calomnies, à la haine sourde de la cabale des dévots, qui regardait « l'Autrichienne » comme la protégée et la complice de Choiseul. On eût dit, en vérité, à voir l'acharnement des filles de Louis XV contre la dauphine, que c'était elle qui avait aboli la Société de Jésus. Madame Adélaïde notamment se signalait par l'amertume de son langage et encourageait sous main la diffamation. D'autre part, la coterie des Du Barry, appréhendant l'influence que pouvait prendre à la cour la jeune et charmante princesse, unissait ses rancunes aux saintes colères de la Vauguyon[1] et de ses pareils. L'impopularité

---

1. Lorsque le duc de la Vauguyon mourut, en 1772, Grimm (t. VII, p. 435) ne lui ménagea pas les sarcasmes. Il se moque surtout du billet de mort, qui contenait une énumération interminable de titres baroques, celui de *juveigneur des comtes de Perhoët*, par exemple. Or la malice publique prétendait que le noble duc descendait tout simplement d'un chirurgien, dont le fils, au temps de la minorité de Louis XIV, aurait eu l'adresse de se faire épouser par l'héritière de la maison de Saint-Mégrin.

était venue tout de suite, hâtée par la funeste
catastrophe de la place Louis XV, pendant les
fêtes données par la Ville. Quand le dauphin
fut devenu le roi Louis XVI, il ne sut même
pas faire respecter la reine et permettait à des
histrions de parodier sur le théâtre de Versailles
les coiffures à plumes de Marie-Antoinette.
Sous Louis XIV, pas un courtisan n'eût osé
relever les plus énormes inconséquences d'une
princesse du sang. Louis XV lui-même conservait, au milieu de ses déréglements, à travers
les hontes de sa vie privée, ce grand air bour-
bonien qui couvrait tout et tenait la cour en
respect. On se trouvait encore devant une attitude imposante, qui conservait aux personnes
royales un reste de prestige. Mais, après 1774,
il n'y a plus ni autorité, ni décision, ni clair-
voyance : le représentant du pouvoir absolu
n'abandonne pas seulement l'action gouverne-
mentale, mais l'honneur de sa maison aux discussions passionnées de la cour, aux invectives
des démagogues et à la haine raffinée des pamphlétaires. En 1789, le comte de Mercy-Argenteau, ambassadeur d'Autriche à Paris, écrira à
Marie-Antoinette : « Il devient très urgent
que le roi fasse sévir contre l'effroyable licence
de la presse. On est inondé de brochures infâmes qui déshonorent la nation à la face de

l'Europe, et qui entretiennent la plus dangereuse fermentation parmi le peuple... Quelque
exemple sévère en arrêterait le cours, et il est
étonnant que cette nécessité frappante ne fixe
pas toute l'attention des ministres. » Hélas! il
y avait longtemps que durait l'inondation de
libelles dont parle l'ambassadeur autrichien, et
l'attention des ministres français était éveillée
de longue date. Nous avons raconté plus haut
la campagne entreprise par la police pour forcer
Theveneau de Morande au silence; mais alors
il ne s'agissait que de la maîtresse du roi de
France, d'une simple courtisane. Les pamphlets infâmes dirigés contre Marie-Antoinette
avaient un caractère bien plus grave. Ils ébran-
laient le fondement même de la monarchie et
prêtaient les vices révoltants d'une Messaline à
une reine peut-être imprudente et légère, mais
assurément fidèle à ses devoirs. Les ministres
de Louis XVI avaient très bien compris, quoi
qu'en dise Mercy-Argenteau, la portée des calomnies que dirigeaient contre la famille royale
les pamphlétaires anonymes qui faisaient de la
capitale de l'Angleterre leur quartier général.
La police secrète s'ingéniait à faire face au
danger, et nous ne pensons pas nous livrer à
une recherche inutile en étudiant les procédés
qu'employaient les défenseurs du trône, afin

de supprimer les libelles ou d'apaiser la rage
des libellistes réfugiés en Angleterre. On possède encore assez de documents pour préciser
les tentatives plus ou moins heureuses de la
cour de France et donner une idée exacte des
moyens d'action qu'elle mit en œuvre. Theveneau de Morande a joué un grand rôle dans
les campagnes de la police; et cet étrange personnage, passé en apparence au service du
gouvernement du roi, a été l'instrument principal d'une répression d'ailleurs impuissante,
après avoir mis lui-même en pratique, avec une
habileté terrible, l'art déshonorant et lucratif
du *chantage* littéraire.

Il ne sera pas sans intérêt de suivre dans leurs
péripéties curieuses quelques-unes des expé-
ditions de la police française auxquelles Morande prêta son concours.

On reprochait un jour à M. d'Argenson de
recruter la police parmi les fripons et les coquins.
« Trouvez-moi d'honnêtes gens qui veuillent
faire ce métier », répondit-il. La police étant
alors composée d'hommes tarés, sans scrupules,
prêts à se vendre au plus offrant, le ministère
français n'avait pas moins à se défier de ses
agents que de ses adversaires avoués. L'ex-
conseiller Goézman, par exemple, qui, nous
l'avons dit plus haut, avait été envoyé en

Angleterre par M. de Sartine pour surveiller
le libraire Boissière et ses complices les libellistes, n'avait eu rien de plus pressé que de
s'entendre avec ceux dont il devait signaler les
dangereuses spéculations. Les notes de police
l'accusent formellement de n'avoir appris au
ministère l'existence du pamphlet intitulé *les
Amours de Charlot et de Toinette* que pour
le faire acheter à son ami Boissière, qui, très
probablement, partageait avec lui le prix du
marché. Boissière délivra un reçu, daté du
31 juillet 1781 et constatant que ledit Goëzman, surnommé baron de Thurne, avait payé
1,000 livres sterling toute l'édition, au nom du
gouvernement français. Lorsque le ministère
tardait à financer, on lui annonçait immédiatement la prochaine publication d'un autre
pamphlet, tantôt une *Vie de la reine*, tantôt
une *Vie du comte d'Artois*. Sous le coup de
pareilles menaces, le comte de Vergennes écrivait au lieutenant-général de police Lenoir,
le 8 avril 1783 : « C'est une bien mauvaise
tête que ce Goëzman, mais, à moins de preuves
(il n'ignorait point pourtant ses liaisons perfides avec lord Shelburne), je ne me permets
pas de le soupçonner d'être le complice des
ouvrages infâmes qu'il dénonce ; il faut éclaircir
ses intrigues ». Et qui le ministre désignait-il

pour surveiller le surveillant de Boissière? Ce
même Theveneau de Morande qui avait naguère
réduit à merci le gouvernement du feu roi.
« Morande peut être utile, lit-on dans la lettre
de Vergennes; le drôle se connoît en fripons. »
Et Lenoir répondait au ministre : « Je tremble,
quand j'envisage qu'un libelle affreux pourra
être répandu, faute d'un sacrifice d'argent. »
Voilà par quels procédés ingénieux on ame-
noit le contrôleur général à signer une ordonnance pour remplir les traites sur Londres qui
servaient à faire prospérer l'honorable commerce
des libellistes français. Le comte de Vergennes
n'était pas assez simple d'esprit pour ne pas
s'apercevoir qu'on le traitait en simple dupe.
Morande, dans le dessein de se rendre nécessaire,
affectait de partager l'indignation du ministre,
et l'engageait à faire retomber sur Boissière
toute la responsabilité du chantage. Il donnait
une véritable consultation sur les moyens à
employer pour se débarrasser des libellistes;
citait l'exemple de Shebbeare, mis au pilori
pour des lettres contre le feu roi Georges II et
la maison de Hanovre; énumérait complaisamment les noms des libraires condamnés,
par suite de leurs méfaits, à diverses peines,
entre autres : Bingley, mis au pilori pour avoir
imprimé les lettres de Junius; Griffitz, empri-

sonné pour avoir avancé que lady Sarah Bun-
bury était grosse de son neveu, M. Fox; de
Bates, éditeur de gazettes, condamné à trois
mois de prison pour avoir imprimé la *conversation d'un tiers* sur un homme connu pour
ses habitudes contre nature; de Finny, aussi
éditeur, emprisonné six mois pour avoir laissé
imprimer que M. Burke, élevé par les Jésuites,
protégeait l'introduction en Angleterre des
mœurs de la Grèce, etc... Enfin Morande rap-
pelait le cas du chevalier d'Éon [1], cet étrange
personnage sur lequel nous reviendrons, et qui
n'échappa aux conséquences de ses démêlés
avec le comte de Guerchy que par son dégui-
sement et sa retraite de deux années à la campagne. L'édifiant mentor du comte de Vergennes concluait en l'engageant à se défaire
de Boissière comme du plus vulgaire voleur

---

1. On peut lire dans l'*Espion anglais*, t. VIII, p. 26,
le sauf-conduit royal autorisant le chevalier Charles-
Geneviève-Louise-Auguste-Timothée d'Éon de Beaumont à rentrer en France où il devait toucher une
pension de 12,000 livres. C'est seulement après son
retour en France que la cour enjoignit au chevalier
de prendre un costume de femme, afin que le jeune
comte de Guerchy pût se dispenser de se battre contre
l'insulteur de son père. D'après l'*Espion anglais*,
d'Éon portait une robe noire, comme *veuve du secret
de Louis XV*. Ses manières étaient celles d'un homme.
V. aussi *Mém. secrets* du 24 mars 1779.

de grand chemin, et regrettait le temps où la
Chambre étoilée faisait couper les oreilles aux
libellistes, après leur avoir infligé de longs
mois de prison préventive, les fers aux pieds,
dans de sombres cachots. Certes, le ministère
français eût volontiers suivi les conseils du
« *Gazetier cuirassé* métamorphosé en mouche ».
Mais la philippique de Morande ressemblait à
une ironie mordante; car la législation anglaise
ne permettait pas d'employer de pareils moyens
de répression. La procédure de l'*information
au banc du roi* pouvait durer plus d'un an.
Le tribunal des *justices of the peace*, composé d'épiciers, de drapiers, de charpentiers et
d'autres gens de petit état, n'était pas com-
pétent pour juger les libellistes. Quant à la loi
commune, elle ne permettait pas de réprimer
les abus de la presse. Il fallait recourir à des
statuts qui autorisaient la détention des citoyens
anglais, accusés d'avoir diffamé leur souverain,
jusqu'à ce qu'ils eussent représenté en justice
les véritables auteurs des écrits diffamatoires.
Le ministre des affaires étrangères de Louis XVI
eut l'idée de demander l'extension de *ces statuts*
aux libelles injurieux, publiés en Angleterre
contre un prince étranger. Il fit élaborer par
Morande un projet en ce sens, qui portait que
les réfugiés français, reconnus coupables de

tentatives de chantage, seraient expulsés du territoire britannique et conduits au port le plus voisin de leur pays d'origine; en second lieu, que le libraire, agent ostensible du chantage, serait considéré comme partie principale dans l'affaire. Le projet dont il s'agit devait être distribué aux membres du Parlement anglais, parmi lesquels plusieurs seraient gagnés à prix d'or[1]. Mais on n'achetait pas le Parlement britannique comme une édition de libelle; la cour de France put bientôt se convaincre que les Anglais n'avaient aucune envie de protéger Louis XVI et la famille royale contre les calomnies des réfugiés français.

En désespoir de cause, le ministère demanda encore une fois conseil à Morande. Le *Gazetier cuirassé* qui, par espièglerie pure, avait d'abord poussé le gouvernement du roi aux mesures violentes, finit par se déclarer partisan du système du laisser-faire. Cet homme qui naguère avait mis en pratique, avec un succès incroyable, l'art périlleux du chantage, adressait maintenant à M. de Vergennes ces judicieux conseils

1. Morande se vante lui-même dans la *Réplique à Brissot*, p. 37, d'avoir remis à M. de Moustier, ministre de France en Angleterre, un projet de bill contre les libelles et une longue note sur la manière de poursuivre les libellistes en Angleterre.

que Beaumarchais aurait dû donner à Louis XV,
lorsqu'il s'agissait de défendre Mme Du Barry
contre la plume de Morande : « La recherche
des libelles est plus capable de faire naître l'idée
du mal que de les prévenir; cela donne de
l'activité à des malheureux qui, si on ne parais-
soit pas s'occuper de leur existence, croupiroient
dans l'ignominie, sans qu'on entendît parler
d'eux. Le papetier et l'imprimeur d'un libelliste
suffiroient presque pour le punir du projet de
faire un libelle, s'il n'est pas bien fait, ce qui
est le plus ordinaire... Malgré toutes les menaces des sommateurs, je suis très assuré qu'un
mépris soutenu mettra fin à tous les projets de
ceux qui ont faim... Il y a d'ailleurs des moyens
de les embarrasser dans des filets sans se com-
promettre en aucune manière, ni sans leur
faire croire que l'on s'occupe d'eux. » Et, joi-
gnant l'exemple au précepte, Morande racontait
au ministre comment il avait suscité au libelliste Chamorand une affaire combinée de manière à l'intimider, si bien que la victime de
ce petit complot ne s'en était tirée qu'en brûlant
toute une collection de pamphlets. Bien que
Vergennes ait dû faire des réflexions peu agréa-
bles, en songeant que le *Gazetier cuirassé*,
pour s'être fait une idée exacte de la naïveté
du gouvernement royal, avait, d'un seul coup

de filet, gagné plus d'argent que Rousseau avec
tous ses ouvrages, le ministre n'hésita pas à
suivre l'avis de son nouvel agent. L'envoyé
français à Londres appuyait d'ailleurs de son
autorité officielle le système du laisser-faire.
Mais, si l'on renonça à réclamer du gouvernement britannique une intervention qu'il se
serait fait un cruel plaisir de refuser, la police
française ne resta pas inactive.

Le successeur de M. de Sartine, le lieutenant-
général de police Lenoir, avant de s'adresser à
Morande, avait d'abord eu la main très malheureuse. De concert avec le marquis de Castries,
ministre de la marine, il avait envoyé à Londres
un nommé d'Anouilh. Cet aventurier, qui se
faisait fort de corrompre le ministre anglais
Sheridan, avait reçu de M. de Castries une
somme de 5,000 louis, partie en argent, partie
en billets de banque, partie en billets de la
Caisse d'escompte. D'Anouilh, déguisé en marchand de parapluies, ne s'occupa nullement
de remplir la mission qu'il avait acceptée; et,
après avoir gaspillé en un mois avec des
filles 12,000 francs, prélevés sur les fonds de la
marine, revint en France. Il raconta à M. de
Castries que Sheridan l'avait pris de très haut,
trouvant insuffisante la somme qu'on lui
offrait pour trahir l'Angleterre, et finalement

lui avait dépéché des constables qui s'étaient
emparés de 5,000 louis. Le ministre feignit
d'ajouter foi à ce conte et envoya d'Anouilh à la
Bastille. Puis, comme l'agent infidèle n'avouait
rien quant à l'emploi des sommes qu'on lui
avait remises, de Castries, furieux, s'adressa
alors à Receveur, l'un des plus fins limiers du
lieutenant de police. Receveur voyageait et
opérait avec le faste d'un grand seigneur. Cette
fois, il s'arrêta à Calais et se contenta d'expé-
dier en Angleterre son secrétaire, Barbier, pour
faire une enquête sur la conduite de d'Anouilh.
Barbier, dès son arrivée à Londres, se mit en
rapports avec Theveneau de Morande, et les
deux inquisiteurs installèrent leur tribunal
d'enquête dans un cabaret borgne de Saint-Mar-
tin's Lane. Morande amenait les témoins et
Barbier écrivait les dépositions sur un brouil-
lard qui devait être reporté sur le grand livre de
la police. Un sieur Olivier, maître d'armes, qui
avait gagné au jeu quelques-unes des guinées
confiées à d'Anouilh, attesta que ce dernier
avait rapporté en France la majeure partie des
5,000 louis. Barbier repassa la Manche avec
cette conclusion. On donna à d'Anouilh la
question ordinaire et extraordinaire, et il dut
rendre gorge pour sortir de la Bastille.

A la suite de cette mission, dans laquelle

Morande avait joué un rôle essentiel, Receveur fut pourvu d'un brevet de colonel et
nommé chevalier de Saint-Louis ; il avait déjà
40,000 livres de rente, ce qui prouve que le
métier d'agent de police ne laissait pas d'être
lucratif vers la fin de l'ancien régime. Receveur
faisait pendant à Morande, avec cette différence
que le premier n'avait jamais été libelliste,
faute de style sans doute. Ces deux hommes
eurent bientôt l'occasion d'associer encore leurs
remarquables aptitudes policières. Au commencement de 1781, on avait appris qu'un
sieur Jacquet, inspecteur de la police de la
librairie, avait fait imprimer plusieurs pamphlets scandaleux, qui avaient pour sujet les
amours d'une princesse de la cour de France.
Receveur fut envoyé en Hollande, y passa les
mois de juillet et d'août à rechercher les ouvrages signalés, fut assez heureux pour les
saisir à Bruxelles et les rapporta à Paris. C'est
par suite des renseignements donnés par Receveur que le chevalier de Launay fut écroué à
la Bastille. On accusait le chevalier d'être en
relations étroites avec les auteurs présumés des
libelles qui venaient d'être saisis : le malheureux de Launay mourut à la Bastille, au moment de la détention de Linguet ; et sa mort
subite passe pour n'avoir pas été naturelle.

Quant à Jacquet, la police s'en défit sans doute, car il disparut et personne ne sut ce qu'il devint. Le dépositaire des libelles édités par lui jugea que le moment était venu d'en tirer parti, et il s'entendit avec le sieur Boissière, le fameux éditeur de Londres dont nous avons indiqué plus haut le genre de commerce. Il s'agissait encore une fois de supprimer les libelles qui renaissaient de leurs cendres et, en première ligne, les *Passe-temps d'Antoinette et du vizir de Vergennes* et les *Petits Soupers de l'hôtel de Bouillon,* satire sanglante contre Mme de Bouillon, maîtresse de M. de Castries [1].

Le 6 février 1783, Receveur reçut les instructions de M. Lenoir, qui lui ouvrit un crédit de 200 guinées pour acheter le libelle contre la reine, et de 150 guinées pour les *Petits Soupers.* Receveur partit le 8 mars; il était adressé

---

1. Les *Mémoires secrets* annoncent l'apparition des *Petits Soupers* sous la date du 14 janvier 1784; mais l'avis de cette édition déclare qu'une première édition, imprimée en juin 1782, avait été saisie aux portes de Paris. Il y a lieu de croire que cette saisie ne porta que sur un ballot. L'ouvrage n'avoit que 93 pages en gros caractères. La princesse de Bouillon, la princesse d'Hénin, la duchesse de Lauzun, le duc de Bouillon, le duc de Chartres, le comte de Genlis, le prince de Guemené, le chevalier de Coigny, le marquis de Castries, le chevalier Jerinhim et le théatin Fortuné sont les principaux personnages mis en scène.

au ministre plénipotentiaire de France à Londres, le comte de Moustier, et voyageait comme
un gentilhomme de haut rang, sous le nom de
baron de Livermont. Le ministre de France
dut héberger dans son propre hôtel toute la
bande des policiers, qui comprenait, outre le
baron de Livermont, son adjoint nommé Godard, agent de police payé à Paris 6 francs par
jour et 12 francs à Londres, puis le sieur
Humbert, ancien abbé, ancien houssard. Ces
deux hommes parlaient un peu l'anglais. Dès
son premier entretien avec M. de Moustier,
Receveur comprit la nécessité de recourir aux
lumières de Theveneau de Morande. Sous
l'inspiration du pseudo-baron de Livermont,
le chargé d'affaires de France écrivit à M. de
Vergennes pour insister sur la nécessité de
s'assurer le concours du *Ga₃etier cuirassé* :
« Le plus désirable en pareil cas, lit-on dans
cette lettre, seroit d'avoir à sa dévotion un
homme qui auroit fait le même métier, pourvu
que l'on pût se persuader que ce ne fût pas
l'homme lui-même. Je lui (*à Receveur*) ai cité
un particulier distingué dans ce genre détestable, en lui nommant le sieur Morande. » On
devine que Receveur accepta immédiatement
la collaboration du *Ga₃etier cuirassé*. L'ancien
libelliste passait décidément à l'état d'agent

régulier de la police française qu'il avait autrefois mise sur les dents. M. de Moustier l'avait mandé, sous prétexte de lui parler du plan de police que Morande avait rédigé pour le comte de Vergennes; mais, au fond, pour le prier d'aider Receveur à découvrir les véritables auteurs des libelles. Morande n'avait garde de refuser ses services, qui n'avaient rien de désintéressé. Enchanté, M. de Moustier écrivit aussitôt à M. de Vergennes : « J'aurai l'honneur de vous informer un jour, Monseigneur, de la manière dont j'ai fait connoissance du sieur Morande qui désire, m'a-t-il écrit, que son nom ne soit plus une injure. S'il se rendoit utile dans cette circonstance, et qu'il s'engageât, comme il a déjà fait, sans condition, à renoncer à son ancien genre, il me semble que vous pourriez m'autoriser, Monseigneur, à lui promettre son pardon pour le passé et une gratification pour ses services. » Les propositions de M. de Moustier furent ratifiées par le cabinet de Versailles, et Receveur, aidé par Morande, se mit immédiatement en campagne [1].

1. *La Chronique scandaleuse,* de l'ex-bénédictin Imbert, confirme la version du *Diable dans un bénitier* sur la mission de Receveur et le concours que Morande prêta à la police française. V. le t. I, p. 29 de la *Chr. scand.,* édition de 1791.

Il s'agissait, nous l'avons dit, de découvrir
l'auteur des *Petits Soupers de l'hôtel de Bouillon*. On voulait aussi traiter avec les détenteurs
du libelle intitulé : *les Passe-temps d'Antoinette et du vizir de Vergennes*. Les rôles
furent répartis. Tandis que Godard se procu-
rait des spécimens de l'écriture des Français
réfugiés à Londres, Humbert parcourait les
tavernes, en quête de renseignements. Mais la
seule apparition de ce dernier à la table d'hôte
Grobetty, où se réunissaient les Français, avait
suffi pour les mettre en déroute. Morande a
beau faire insérer dans le *New Daily advertiser* que la police de Paris avait bien envoyé
quelques agents à Calais pour arrêter des voleurs dangereux, mais qu'ayant appris l'arrestation de ces malfaiteurs par la maréchaussée
de l'Ile-de-France, les agents de police en
question avaient poussé jusqu'en Angleterre
par simple goût des voyages, ces contes ne
rassuraient personne. Linguet, qui venait de
publier ses mémoires, Sainte-Foix, autre réfugié qui avait sur la conscience des spéculations plus ou moins irréprochables, se croyaient
menacés. Un sieur de la F*** écrivit à Lenoir
que Receveur avait été mis à Newgate, et qu'il
irait certainement le voir pendre. On faisait
distribuer dans les rues de Londres le placard

ci-dessous : « *Tocsin ou avis à toute personne
et surtout aux étrangers. —* L'esprit généreux
des Anglais est indigné contre une bande de
désespérés coquins, arrivés de Paris, munis
de bâillons et de poignards, pour enlever les
auteurs des trois brochures suivantes : *les
Passe-temps d'Antoinette; les Amours du
vizir Vergennes ; les Petits Soupers de l'hôtel
de Bouillon.* Ils ont amené des chaises de
poste à panneaux, dans lesquelles on peut
aisément cacher un homme et qu'ils tiennent
aux environs de *Duke street.* » On voit que
Morande avait fait des élèves : il avait autrefois
appris aux réfugiés comment on pouvait mettre
les policiers français en déroute. Le *Tocsin*
produisit en effet une émotion indescriptible
à Londres : les gens de métiers, surtout les
compagnons imprimeurs, défenseurs-nés de la
liberté de la presse, s'ameutèrent et promirent
de mettre les espions en pièces, s'ils parvenaient
à les saisir. La situation devenait difficile pour
Receveur. Déjà, il se croyait trahi par Morande,
et le soupçonnait d'être lui-même l'auteur des
Petits Soupers. Morande, pour se justifier, lui
dénonça comme le véritable auteur du libelle
un Français, nommé Maurice, dont il avait
séduit la femme et contrefait l'écriture, avec
la complicité d'un officier déserteur. Mais

l'officier ébruita lui-même cette mauvaise action et Maurice, averti, n'eut pas de peine à convaincre Receveur qu'on se moquait de lui. Aux reproches sanglants de l'agent de police, Morande répondit avec cynisme qu'il en avait fait bien d'autres. Pour comble de malheur, un jour que les deux amis se promenaient ensemble, une main adroite vola dans la poche de Receveur une tabatière de grand prix. Ainsi dupé, volé et ridiculisé, le chevalier de Saint-Louis ne songea plus qu'à cacher ses déceptions sur la terre de France. C'est à ce moment que M. d'Adhémar, l'un des protégés de la duchesse de Polignac et du comte de Vaudreuil, arriva en Angleterre avec le titre d'ambassadeur de Louis XVI. Mme Campan nous dit qu'il avait eu le malheur d'ennuyer la reine : pour le punir, on lui avait donné une ambassade. Le comte d'Adhémar se hâta de faire partir les policiers en détresse, ainsi que M. de Moustier qui les avait appelés. Receveur se dédommagea de son insuccès, en présentant à M. Lenoir une note de dépenses qui laisse loin derrière elle le plus beau mémoire d'apothicaire. En voici quelques articles qui sont instructifs :

« ...Pour avoir été obligé à Londres de me faire habiller à l'anglaise.. . . . . 224 livres.

...Dépensé à la taverne où, pour le bien de la mission, j'ai donné à manger aux sieurs Morande, Chevalier, Joubert, Mongrand, abbé Landisse, Pelporre et autres. . . . . 162 livres.

...Pour huit visites d'un chirurgien, lors d'un gros rhume, opéra, comédie où j'ai été six fois, commissionnaires, observateurs, ports de lettres, papier, encre et autres petites dépenses de curiosités. . . . . 350 livres 17 sols.

Sommes avancées :

Au sieur Morande. . .   40 guinées, 987 livres.
Au chevalier Goudard.   4 guinées, 10 sols.
Au baron de Thurne.   1,233 livres, 15 sols.
A Pelporre, ...   76 livres,   7 sols.
Au chevalier Joubert.   156 livres,   5 sols.

Plus au même, compris une chemise, un col et un mouchoir que je lui ai achetés, 148 liv. 10 sols.

Receveur rappelle en outre dans sa note qu'il a quitté Paris le 8 mars, et est arrivé à Calais le 10, après avoir couru trente-cinq postes dans une voiture à trois chevaux et un guide; qu'il a dépensé, tant à Londres qu'à Paris, 4,275 livres, et avancé une somme de 4,104 livres. Il déclare qu'il a touché à Londres des mains de M. Texier, banquier, une lettre de crédit de M. Wandeniven s'élevant à 400 louis de France; mais que, par suite de la réduction en livres sterling, il n'a réellement reçu que

9,33o francs, au lieu de 9,600. Le mémoire
se termine par ce post-scriptum curieux, qui
fait allusion au vol de la tabatière : « Le
22 avril, ma boëte m'a été volée. Elle valoit
intrinsèquement dans son poids trente-deux
louis et demi. Le magistrat est supplié d'y
avoir égard. » Voilà ce que coûtait une campagne avortée de la police. Quant à Morande,
il trouvait toujours son compte dans les missions infructueuses des agents officiels et faisait
payer le plus cher possible un concours dont
la sincérité restait sujette à caution. Après le
départ de Receveur, le Gazetier cuirassé ne
cessa pas de diriger la police secrète à Londres
pour le compte du gouvernement français, et
garda à sa disposition un secrétaire et un courrier. Dans un pamphlet anonyme qui raconte
l'échec piteux de la mission de Receveur, on
fait dire au célèbre policier, lorsqu'il met le
pied sur la terre de France : « Je suis assez
vengé, cruels Anglais : je vous laisse Morande. »

CHAPITRE III

MORANDE PEINTRE DE MŒURS

LA SOCIÉTÉ CONTEMPORAINE

La Gazette noire. — Morande passe en revue les différentes catégories de la société de son temps. — LA NOBLESSE : Coup d'œil historique sur la généalogie des principaux pairs de France. — L'aristocratie et les courtisanes. — Les chevaliers de Saint-Louis. — Le corps diplomatique. — L'ÉGLISE : Aventure de l'évêque d'Arras. — Les capucins de la rue Saint-Honoré. — LA MAGISTRATURE. — Le Parlement et les tripots. Le duc de Duras; le marquis de Fleury. — Le pharaon au Luxembourg et au Palais-Royal. — L'hôtel de l'ambassadeur de Venise. — Gombaud caissier des jeux. — LA FINANCE. — Les fermiers-généraux : Bouret et Dangé. — Le harem de Beaujon. — LA GALANTERIE : Tableau du boulevard. — L'abbaye de Longchamps et la promenade du Bois de Boulogne. — Mlle Levasseur et le comte de Mercy-Argenteau. — Le comte d'Arande et Mlle Cléophile. — Mlle du Thé : le duc de Durfort et le comte Matousky. — Le valet travesti en grand seigneur. — Les protecteurs de Mlle du Thé : le comte d'Artois,

le duc de Chartres, Fox. — Mme Gourdan, surnommée la *Petite Comtesse*. — Son rôle dans la
société. — Aventure de Mme d'Oppy. — La *Petite
Comtesse* décrétée de prise de corps. — Sa fin mystérieuse. — *La correspondance de Mme Gourdan,*
par Theveneau de Morande.

L E rôle joué par Theveneau de Morande
comme agent de la police secrète était assez
curieux par lui-même et offrait des perspectives
assez neuves sur la lutte engagée entre le gouvernement de Louis XVI et les Français réfugiés à Londres, pour que nous ayons cru devoir
insister sur ce point avec quelques développe-
ments. Mais on aurait tort d'oublier que le
Gazetier cuirassé tenait une plume et qu'il
ne renonça nullement à s'en servir, après sa
réconciliation avec la cour de France, d'autant
plus que ce singulier personnage ne se donna
jamais entièrement, et que le libelliste, converti
moyennant finance, trouvait son ancien métier
trop lucratif pour l'abandonner sans retour.
Revenons donc à l'écrivain.

Comme on l'a dit plus haut, c'est en mars
1774 que Morande s'était vendu au gouvernement royal, représenté par Beaumarchais. Dès
l'année suivante, il rendait à la cour des services assez signalés pour s'attirer les philippiques
du chevalier d'Éon et des réfugiés français le

plus en vue. La conséquence de l'évolution du *Gazetier cuirassé* fut de donner un autre cours à sa verve et de la diriger sur des sujets beaucoup plus propres à plaire aux libertins qu'aux révolutionnaires et aux ennemis de la monarchie. Si le XVIIIe siècle a été une époque de fièvre philosophique et politique, c'était aussi le siècle de la débauche élégante et des mœurs faciles. A la veille du grand cataclysme, du *déluge*, comme disait Louis XV, il semble qu'on se hâte de savourer et d'épuiser tous les plaisirs, d'aller jusqu'aux limites extrêmes du dévergondage physique et moral, d'user jusqu'à la dernière heure de tous les privilèges de la fortune et de la naissance; et chacun marche vers l'abîme, le front couronné de fleurs. Le pinceau de Morande rend avec une fidélité rare l'aspect brillant de cette société que la destinée condamne à une dissolution prochaine et irrémédiable, mais qui cache ses germes de mort sous un éblouissant vernis de grâce et d'élégance. Ah! c'est un guide plein d'expérience que l'ancien pamphlétaire. Il connaît tous les vices, pour les avoir indistinctement pratiqués; ces grands seigneurs, il les juge avec d'autant plus de vérité qu'il les a observés non pas dans leurs salons, et dans leurs costumes d'apparat, mais dans les plus mauvais lieux et dans le

débraillé des nuits folles; ces filles, ces courtisanes, il en parle non point en moraliste guindé,
mais en naturaliste sceptique qui n'ignore pas
la place qu'elles occupent dans les affaires du
royaume; ces théâtres, il en sait les détours et
en possède sur le bout du doigt la ·chronique
scandaleuse. Il ressemble un peu à ces étrangers obligeants qu'on rencontre surtout dans
les contrées du Midi et qui offrent au voyageur
de lui montrer dans le détail toutes les particu-
larités de leur ville. C'est un cicerone inappré-
ciable, mais qui a trop d'accointances avec les
brigands.

Le *Gazetier cuirassé,* contraint, depuis sa
conversion intéressée, de respecter les personnes
royales, les favorites et les ministres, s'est largement dédommagé en criblant de sarcasmes
les simples gentilshommes. Paul-Louis, dans le
Simple Discours, insiste, avec son ironie atti-
que, sur l'origine des plus nobles familles de
France; il montre que beaucoup d'entre elles
ont dû leur élévation à la faveur d'un grand
ou à l'intrigue d'une femme de vertu facile.
Theveneau avait déjà développé la même thèse;
et l'on pourrait, après avoir parcouru certain
chapitre de sa *Gazette noire,* intitulé *Coup
d'œil historique sur la généalogie des principaux pairs modernes de France,* admirer

l érudition en même temps que la méchanceté
de l'auteur. A l'en croire, les de Luynes, ces
trois frères « qui n'avoient qu'un manteau
qu'ils portoient tour à tour, lorsqu'ils alloient
au Louvre », avaient pour père Honoré Albert,
petit avocat de Mornas, dans le Comtat ; les ducs
de Richelieu descendaient de Vignerot, domestique et joueur de flûte du cardinal de Richelieu,
qui consentit à lui donner sa propre sœur en
mariage ; les La Rochefoucauld remonteraient
à Georges Vert, étalier-boucher ; les Villeroy
sortiraient d'un marchand de poisson ; les d'Har-
court d'un bâtard d'un évêque de Bayeux ; les
Gramont devraient leur fortune à Corisande
Dandoin, maîtresse du roi Henri IV ; les Noailles à celui de leurs ancêtres qui portait les plats
chez le comte de Beaufort, Pierre Roger ; les
Villars auraient pour auteur un greffier de
Condrieux qui acheta des lettres de noblesse.
Ce pamphlet pourrait être digne d'attention,
bien qu'il contienne sans doute des allégations
hasardées dont la critique littéraire n'a pas à se
porter caution ; seulement, ce que Morande ne
nous dit pas, c'est qu'il a copié mot pour mot
son *Coup d'œil historique* sur un mémoire
présenté par le Parlement de Paris au Régent,
le 12 mars 1716, à l'occasion de la prétention
des pairs qui voulaient être salués comme les

présidents du Parlement [1]. Il convient d'ajouter que si la découverte d'un plagiat aussi caractérisé édifie complètement sur les habitudes littéraires du *Gazetier cuirassé*, elle démontre en même temps que le pamphlétaire puisait parfois ses documents à d'excellentes sources, sans se soucier, d'ailleurs, d'en signaler la provenance.

Toutes les armes lui sont bonnes, comme à Molière, pour flageller les ridicules ou les vices de l'aristocratie de cour.

Il se moque agréablement de tous ces petits nobliaux de rencontre qui prenaient impudemment des titres de marquis ou de comtes et se

---

1. Nous avons comparé le chapitre de la *Gazette noire* avec plusieurs copies du mémoire rédigé par le Parlement en 1716 et attribué au président de Nouvion. La biblioth. Carnavalet en possède deux fort belles : l'une se trouve dans un recueil de pièces manuscrites in-4°, n° 14939, et l'autre existe à l'état de pièce détachée. Le mémoire dont il s'agit a été même imprimé dans un très curieux recueil de pièces diverses publié par Pérau, Guerlon et autres en 1745. V. p. 207, vol. A-B. La réponse des ducs et pairs au mémoire du Parlement se trouve au vol. C D, p. 68. Un autre recueil manuscrit que nous avons eu entre les mains contient un mémoire dressé par d'Hozier en 1706, sur l'ordre du roi, pour établir l'origine des membres du Parlement de Paris et de leurs familles. Mme de Maintenon pria M. de Chamillart, contrôleur général des finances, de conserver l'original de ce mémoire.

qualifiaient « de très haut et puissant seigneur ».
Il rappelle le bon tour que leur joua l'abbé
Terray, qui ne manquait pas d'esprit, lorsqu'il
imagina de faire taxer par les receveurs ceux
qui se paraient de titres nobiliaires. Quant
aux grands seigneurs authentiques, Morande
flétrit leurs scandaleuses alliances avec des
courtisanes de profession. C'est le duc de Ne-
vers qui épouse la Quinault; le comte d'Hé-
rouville qui s'unit à Lolotte, maîtresse du
comte d'Albemarle; le marquis de Moutiers
à la de Varenne; le marquis de Langeac à la
Sabbatin, maîtresse du duc de la Vrillière [1]; et
encore le marquis s'engageait-il à ne pas troubler les plaisirs du noble duc. Cette même
Sabbatin eut encore le talent de faire épouser
sa fille au marquis de Chambonas; mais cette
nouvelle victoire de la courtisane ne laissa pas
de soulever des orages. Lorsque la mère du
marquis de Chambonas alla faire part du mariage au maréchal duc de Biron, leur parent,
le maréchal indigné fit monter un suisse et lui
dit : « Quand Monsieur ou Madame se présen-

---

1. V. sur la Sabbatin l'*Espion anglais*, t. II, p. 7. Le
duc de la Vrillière eut d'elle cinq enfants que le marquis de Langeac reconnut comme siens en épousant
la maîtresse du ministre. A cinquante ans, cette femme
était encore fort belle.

teront pour me voir, vous leur direz que je n'y suis pas. »

Le gaspillage et le mauvais emploi des croix de Saint-Louis excitent aussi la verve du libelliste. Il ne peut se faire à l'idée qu'on décore tel jeune officier, bâtard d'un ministre, au moment même où il vient d'être déshonoré par sa lâcheté dans une rixe; il trouve incroyable qu'on n'ait pas retiré sa croix à M. de Bellegarde, condamné par le conseil de guerre comme ayant favorisé son beau-frère Mathieu dans un vol d'armes fournies au roi. On a vu un chevalier de Saint-Louis porter la queue à un cardinal; on en a vu un autre porter la queue à la Du Barry. « On voit des croix de Saint-Louis à la tête des maisons de jeu, des tripots, etc., en sorte qu'il est presque aussi honteux de l'avoir ou de ne l'avoir pas. »

Il ne s'arrête même pas devant les immunités diplomatiques et rapporte, en termes crus, la mésaventure de cet ambassadeur de Venise, qu'on avait trouvé évanoui, pour des raisons assez peu morales, dans le jardin du Luxembourg. Il fut « ramené à son hôtel par deux suisses, qui lui auraient donné un logement, s'il ne s'était pas nommé au sortir de son évanouissement; les suisses, ayant remis ce ministre entre les mains du secrétaire d'ambassade,

lui en ont demandé quittance et ont refusé
l'argent qui leur a été offert pour garder le
secret sur cette pâmoison. »

Morande n'affiche pas moins d'irrévérence
pour les grands dignitaires ecclésiastiques. Il
leur attribue des mœurs beaucoup plus grecques que romaines, bien que le nonce soit pris
le premier à partie : « Le nonce de Sa Sainteté
vient de recevoir du Sacré Collège un présent
de douze pages qui seraient en état de faire le
service du cardinal le plus difficile ; le Souverain Pontife y a joint deux eunuques noirs
pour veiller à leur conduite et empêcher les seigneurs français d'envahir les privilèges de la
cour de Rome. » A en croire le libelliste, —
mais on ne le croira pas, — l'aimable cardinal
de Bernis [1], ambassadeur de France à Rome,
celui que Voltaire surnommait *Babet la bou-
quetière,* « avait été *naturalisé romain* par les
cardinaux Pallavicino et Acciaioli ». Morande
s'égaye aussi sur le compte de l'abbé Grizel

---

1. « On écrit de Rome qu'on a frappé une estampe
allégorique et tout à fait plaisante. Elle représente le
pape dans un berceau qu'agite doucement M. le cardinal de Bernis, et au bas il est écrit : *Il a beau faire,
il me berce, mais il ne m'endormira pas.* On a attaché
cette pasquinade, suivant l'usage, à la statue de Mar-
forio. Elle n'a pas besoin de commentaires. » *Mém.
secrets,* 12 nov. 1769.

« qui donnait autrefois des conseils à Saint-Billard pour de l'argent, et l'absolution à ses dévotes pour des confitures ». Il raconte la malencontreuse aventure dont l'évêque d'Arras avait été la victime : « M. Despinchal vient de donner une leçon à l'évêque d'Arras, dont nos prélats avaient besoin pour les avertir... qu'il est de leur devoir d'éviter le flagrant délit. M. de Gouzier aurait épargné 12,000 francs, s'il avait été moins voluptueux et qu'il se fût contenté d'une bergère. M. Despinchal, l'ayant trouvé au lit avec sa maîtresse, l'a forcé de lui rendre 500 louis qu'elle lui avait coûtés depuis deux mois; après quoi, il lui a cédé tous ses droits de propriété, moyennant cet arrangement. » Après avoir complaisamment mis en relief les scandales qui compromettaient l'Église et ses ministres, Morande constate qu'à ce relâchement des mœurs ne correspond pas un redoublement de tolérance à l'égard des incrédules. Il oppose le procès et l'exécution du malheureux chevalier de la Barre, qu'il traite d'assassinat exécrable, à l'impunité qui, en des temps moins irréligieux, était assurée aux attentats des frondeurs. « Ce qui eût été regardé avec indulgence il y a cinquante ans, peut attirer une mort affreuse cinquante ans après. Le cardinal de Retz prend séance au Parlement de

Paris, avec un poignard empoisonné qui déborde quatre doigts hors de sa soutane; et cela ne produit qu'un bon mot. Des frondeurs jettent par terre le Saint-Sacrement qu'on portait à un malade, valet de chambre du cardinal Mazarin, et chassent le prêtre à coups de plats d'épée; et l'on n'y prend pas garde. » Vaut-on mieux au xviiie siècle, et la religion est-elle plus honorée? Morande le conteste; et, employant son procédé habituel, il raconte le désagréable procès qu'attirèrent aux capucins de la rue Saint-Honoré, en 1764, les péchés mignons d'un certain Père Grégoire, qui, après avoir rendu mère une demoiselle Charlotte Bras-de-Fer, l'avait mariée au sieur Moutard, cordonnier. Sans doute, un fait isolé ne prouve rien, et tout cela est de la polémique légère, absolument dépourvue, au fond, d'intentions morales; mais ces arguments dans le sens de la tolérance réciproque entre clercs et laïques ne sont pas si futiles qu'on pourrait le croire au premier abord.

L'auteur de la *Gazette noire,* qui avait eu dans sa jeunesse maille à partir avec la Magistrature, ne garde pas avec elle plus de ménagements qu'avec le Clergé ou la Noblesse. Il accuse le Parlement de mettre obstacle à tous les progrès, de s'opposer à toutes les réformes utiles.

« Ce Parlement n'a jamais fait de bruit que contre ce qui blesse sa vanité ou ce qui combat les chimères de cette vanité... Autrefois il fit proscrire l'imprimerie et fit empoisonner comme sorciers les premiers fauteurs de cet art respectable. Il interdit l'usage des pommes de terre, de cet aliment que nous répandons aujourd'hui comme un des grands dons que Dieu ait faits à la terre pour la conservation de l'espèce humaine. » Qu'a-t-il fait encore? Il a proscrit l'émétique, fulminé contre la saignée et la théorie de la circulation du sang, contrecarré l'établissement de la petite poste et retardé le développement de l'inoculation en France.

Morande reconnaît que le Parlement a bien voulu s'occuper du scandale des tripots et qu'il a mandé le lieutenant de police Lenoir à sa barre; mais il ajoute que ce dernier se tira d'affaire, en déclarant que le produit des jeux payait les frais de traitement des maladies syphilitiques, frais évalués, pour Paris seulement, à 1 million 142 livres 3 sols. Lenoir, loin de recevoir un blâme, fut comblé de félicitations pour avoir produit cette triomphante justification. Le moraliste rend encore au Parlement cette justice, qu'il a proscrit par arrêt des Chambres réunies le jeu de la Belle, mais il soutient que le pharaon, le brelan, le biribi,

le quinze, le vingt et un, le trente et quarante
ont plus de vogue que jamais. Il cite par leurs
noms les grands seigneurs auxquels la passion
du jeu a fait commettre les actes les plus coupables : un duc de Duras qui, après avoir escro-
qué 1 million, va fonder à Bordeaux une maison suspecte avec le juif d'Albuget, dit Belarise,
et une escorte d'autres fripons; un Maranisse
qui va jusqu'en Pologne pour apprendre l'art
de tricher; un duc de Mazarin qui s'est rendu
fameux par tous les genres de désordres; et ce
marquis de Fleury, fils d'un premier gentilhomme de la chambre, qui dérobe à ses dupes
une somme de 1,500,000 livres et se hâte, le
coup fait, de prendre la fuite. Les malheureux
créanciers vont trouver le père, qui répond,
avec onction : « Mon fils, Messieurs, vous vole
en ce monde, mais Dieu sera votre récompense
dans l'autre. » Le pharaon surtout faisait rage.
Morande prétend que les escrocs se glissaient
jusque dans les appartements du duc d'Orléans,
au Palais-Royal. Le comte de Genlis est accusé
formellement par le libelliste d'avoir introduit
chez le prince trois voleurs de profession, nom-
més Fontaine, Amiot et Dufour. Au Luxembourg, demeure de Monsieur, même scandale.
Le comte de Modène, gouverneur du palais,
avait loué au banquier Landrieux un souter-

rain, dans lequel on avait installé un jeu prohibé.
Il y avait d'ailleurs bien d'autres maisons de
jeu à Paris, par exemple celle que tenait un chevalier de Saint-Louis, fils d'un aide de cuisine
du prince de Conti; et celle de monseigneur
de l'Estang, aussi chevalier de Saint-Louis.
Enfin l'ambassadeur de Venise, le même qui
avait dans les jardins publics de si singulières
aventures, tenait dans son hôtel un véritable
tripot dont quatre courtisanes faisaient les honneurs, sous la direction du sieur Hazon et de
ses commis Dumoulin et Villier. Au surplus,
les maisons de jeux n'échappaient pas à la surveillance de la police. Le ministre Amelot avait
même créé pour son protégé Gombaud un emploi de caissier de jeux. Tous les banquiers des
tripots déposaient leurs fonds entre les mains
de ce fonctionnaire de police et venaient lui
rendre compte, chaque matin, de leurs opérations. Le caissier leur accordait ensuite un
salaire proportionné à l'importance de leurs
gains respectifs. D'après Morande, l'emploi de
Gombaud ne laissait pas d'être fort lucratif; il
avait le plus beau carrosse de Paris et pouvait
encore suffire à l'entretien de la Sainte-Hilaire,
maîtresse du ministre [1].

---

1. Amelot était célèbre par ses conquêtes plus ou

Bien qu'il soit prudent de n'accepter les allégations du pamphlétaire qu'avec circonspection et sous bénéfice d'inventaire, il n'en fournit pas moins bien des renseignements curieux sur toutes les classes de la société de son temps. Après la noblesse, le clergé, la magistrature, il passe en revue les financiers les plus en relief et nous initie aux détails intimes de leur vie privée. Il nous parle d'abord des fermiers généraux, et cite notamment deux d'entre eux, Bouret et Dangé. Quant à Dangé, fils de tonnelier, ancien garçon d'auberge, qui avait fait d'une place de commis dans les bureaux de

moins faciles. Il eut de nombreuses maîtresses, notamment la signora Chiavacci, qui avait obtenu un grand succès dans l'opéra bouffe de Piccini *Il Matrimonio per inganno*, et déployait un luxe inouï dont les nymphes de l'Opéra se montraient jalouses. Les galanteries d'Amelot eurent pour sa santé des suites douloureuses. En 1783, il eut une étrange maladie, à en croire les *Mémoires secrets :* « On en parle hautement à la cour, on en plaisante ; on dit qu'il a la maladie des serins..... ce qui confirme ce soupçon, c'est que personne ne peut approcher de lui, depuis trois mois et plus, pas même sa famille. Une naïveté de son suisse le tourneroit en certitude, si elle étoit vraie. On veut qu'un quidam, vingt fois venu pour parler à ce ministre et n'ayant pu y parvenir, ayant demandé à ce suisse, d'un air mystérieux : Mais est-ce que M. Amelot auroit la petite vérole ? il lui ait répondu brusquement : Bon ! est-ce que vous prenez mon maître pour un enfant ? »

M. d'Argenson le premier échelon de sa fortune, c'était un débauché vulgaire dont les fantaisies ne sont que répugnantes [1]. Il se livrait,
dans sa maison de Puteaux, à des orgies crapu-
leuses auxquelles certaines courtisanes, comme
les sœurs Fauconnier, dont l'une fut la maîtresse du duc de Grammont, ne se sentaient pas
le courage d'assister jusqu'au bout. Mais Bouret avait plus d'originalité [2]. C'était pour la
munificence un émule de Fouquet, bien qu'il
fût d'origine absolument modeste, puisqu'il
était fils d'un laquais de M. de Fériol, cet
ambassadeur de France en Turquie qui avait

1. Dangé mourut en mars 1777, à soixante-deux ans.
« La veille de sa mort, il recevoit encore du monde :
il étoit sur sa chaise longue, jouant à la bouillote et
parlant filles. Il disoit qu'il vouloit s'en aller gaiement.»
Mémoires secrets, 9 mars 1777. Il laissa huit millions
à son neveu Dangé d'Orçay, et cinq millions de legs
particuliers.

2. La manière dont il capta la bienveillance de M. de
Machault, le contrôleur général, est assez piquante.
M. de Machault avait perdu une levrette qu'il aimait
beaucoup. Bouret s'en procura une exactement semblable, et la dressa à saluer et à caresser un manne-
quin revêtu d'une simarre, ornement que portait toujours le contrôleur général, comme garde des sceaux.
Puis Bouret mena la levrette chez M. de Machault;
dès que l'animal voit le ministre, il saute à son cou et
lui fait mille caresses. Le haut fonctionnaire croit
reconnaître sa levrette perdue et exprime à Bouret sa
vive satisfaction. V. l'*Espion anglais*, t. I, p. 325.

acheté Mlle Aïssé à un marchand d'esclaves.
Bouret s'était poussé fort avant dans les bonnes
grâces de Louis XV, et il faisait sa cour au roi
d'une manière assez nouvelle. Ayant appris
qu'un certain coin de la forêt de Sénart plaisait au monarque, il l'acheta et y fit bâtir
par l'architecte Le Carpentier un pavillon magnifique, pour avoir l'honneur de recevoir son
maître et de lui offrir une pêche, pendant que
des créanciers impitoyables saisissaient à Paris
les meubles du parvenu. Morande passe en
revue les receveurs-généraux, les payeurs de
rentes, qui étaient « au nombre de 64 pour
payer environ 64 millions », et qui avaient chacun trente ou quarante mille lives de revenu.
L'abus était si manifeste que l'abbé Terray
s'en offusqua et supprima la moitié des bénéfices de ces officiers. Mais le type de financier
le plus piquant que nous offre le pinceau du
pamphlétaire, c'est Beaujon, le banquier de
la cour. « Le sieur Beaujon se couche ordinai-
rement sur les neuf heures ; alors il admet ce
qu'il appelle ses *berceuses.* Ce sont de jeunes
et jolies femmes qui viennent le caresser, lui
faire des contes et l'endormir. Elles sont au
nombre de cinq ou six, toutes femmes comme
il faut, mais bien payées pour cela ; et cette dépense coûte peut-être au financier 200,000 livres

de rente. Entre autres berceuses, on compte
la dame Du Lys, femme de l'ancien lieutenant-
criminel, la baronne de Cangé qui, grâce au
sieur Beaujon, a acheté cette terre à son mari,
ci-devant le sieur Fenouillot de Falbaire, auteur de l'*Honnête Criminel*. Quand le sieur
banquier est assoupi, on descend, on sert un
splendide souper et l'on s'amuse quelquefois
jusqu'au réveil du sieur Beaujeon, qui se lève
à quatre ou cinq heures du matin [1]. » On ne
dit pas que le sultan de Constantinople ait protesté par la voie diplomatique contre son concurrent français. Le fermier-général avait aussi
fait construire un ermitage près de la grille
de Chaillot. On y couchait dans des corbeilles
de fleurs, et la vue s'étendait sur un jardin de
cent arpents, dessiné à l'anglaise.

---

1. On peut lire le même passage dans l'*Espion anglais*, t. I, p. 336.

M. Ernest Boysse, dans son intéressante étude sur
les abonnés de l'Opéra, 1783-86 (Paris, Quantin, 1881),
cite, d'après la *Correspondance secrète*, deux traits de
bienfaisance qui font le plus grand honneur à Beaujon. On sait aussi que Beaujon fonda, en 1784, l'hôpital qui porte encore son nom. Les *Mémoires secrets*
(28 décembre 1772) prétendent que Beaujon « a pensé
être pendu en 1748 ». — Ailleurs, ce recueil traite Beaujon de « Turcaret sans grâces, sans aménité, nullement
décrassé comme les financiers modernes et très rustre »
(8 octobre 1773). Il mourut en décembre 1786.

Entre tous les mondes que Morande met en scène et qu'il fait revivre dans ses libelles, celui qu'il connaît le mieux, c'est assurément celui de la galanterie. Cette race des femmes de plaisir, il en est le peintre et le biographe. Il nous la montre dans la rue, au théâtre, dans le palais des grands seigneurs et dans les petites maisons des princes. Regardez : la voilà qui défile sur le boulevard de Paris, cette foule éblouissante et dangereuse. Morande, assis sur une chaise, ne laisse rien perdre du tableau : « Quelle satisfaction de voir cent mille beautés passer çà et là ; les unes coiffées en hérisson, d'autres portant coiffures à *l'enfant,* d'autres enfin couvertes de panaches énormes, vous clignoter d'un œil assassin ; une autre vous faire remarquer, en affectant de rire, une petite bouche qu'elle pince en retirant ses joues ; une autre serrant de ses deux mains son mantelet, pour montrer l'élégance de sa taille ; celle-ci dans sa voiture, un petit maître à sa portière qui, tout en ricanant, lui déclare le feu qu'elle a su lui inspirer, tandis que par-dessus sa tête, parfumée de l'odeur la plus forte et accompagnée de plusieurs boucles flottantes, elle fait des signes à d'autres qui passent devant elle. Quel agréable tableau ! O Athènes, tu crois ne plus exister, et l'on te

retrouve chaque jour sur nos boulevards [1] ! »
Les mœurs et la corruption élégante de la
Grèce ne renaissaient pas seulement sur les
boulevards de Paris. La galanterie envahissait
jusqu'aux églises et aux couvents. Il y avait
à Longchamps, dans le bois de Boulogne, une
abbaye de filles qui, au moment de la semaine
sainte, servait de but de promenade à la haute
société du temps. Comme l'abbaye possédait
de belles voix, on était censé aller à ténèbres.
Mais les fidèles prirent, en faisant leurs dévo-
tions, une attitude si inconvenante que l'église

1. Ce passage, que nous citons d'après la *Gazette
noire*, se trouve tout entier dans le *Chroniqueur désœuvré ou l'Espion du boulevard du Temple*. Londres,
1782, 2 vol. in-12. V. t. I, p. 15. La *Gazette noire* reproduit de même beaucoup d'autres passages du *Chroniqueur désœuvré*, sur lesquels nous aurons à revenir, à propos des cafés et des théâtres. Mais quelle
conclusion faut-il tirer de ce plagiat manifeste? Au
premier abord, on serait tenté d'admettre avec Quérard que le *Chroniqueur désœuvré* était l'œuvre de
Mayeur de Saint-Paul, cet acteur et directeur de
théâtre qui eut une vie si accidentée, joua à l'Ambigu
et chez Nicolet, passa en Amérique vers 1789, puis
revint fonder à Bordeaux le théâtre du Vaudeville;
enfin fut engagé à Paris, en 1795, au théâtre de la Cité,
et mourut à la fin de 1818. La délicatesse littéraire
de Morande qui, nous l'avons vu plus haut, s'approprie,
sans indiquer la source, un mémoire entier du Parlement, ne peut inspirer une confiance suffisante pour
détourner de lui toute accusation de plagiat. Cepen-

LA PROMENADE DES BOULEVARDS EN 1770
d'après l'esquisse originale de St Aubin
Musée Carnavalet

A Quantin imp Edit

dut être fermée. Chassés du temple, les Phari-
siens et les Parisiennes se donnèrent rendez-
vous dans les environs ; et c'est ainsi que le Bois
de Boulogne devint la grande promenade de
Paris, où les désœuvrés et les femmes de plaisir se rendront en foule, qui à cheval, qui en
équipage, pour faire assaut de luxe et de toi-
lettes.

Morande a la clef de toutes les alcôves ; il sait
que Mlle Le Vasseur, actrice fort laide, sèche,
mais pleine d'esprit et de talent, maîtresse
adorée du comte de Mercy-Argenteau, le grave
ambassadeur de l'Empereur, vient souper avec

dant il nous paraît peu probable que le Gazetier cuirassé ait osé, deux ans après la publication du *Chroniqueur désœuvré*, copier textuellement l'ouvrage d'un
autre dans sa *Gazette noire* qui a été imprimée au
début de 1784. On peut supposer que Morande est l'auteur du *Chroniqueur désœuvré* comme de la *Gazette
noire* et qu'il s'est servi deux fois des mêmes matériaux
pour battre monnaie et tirer à la ligne. Nous savons
qu'on a contesté à Morande jusqu'à la paternité de la
Gazette noire, que certains érudits attribuent à Lafitte
de Pelporce, l'auteur probable des *Petits Soupers de
l'hôtel de Bouillon* (V. une note de Quérard et Jannet,
Supercheries littéraires, t. II, p. 142). Mais rien ne
vient à l'appui de cette conjecture, et la préface de la
Gazette noire (où Morande annonce la mort du Gazetier cuirassé et la publication de ses œuvres posthumes,
alors que le gazetier était plus vivant que jamais), ne
laisse aucun doute sur la communauté d'origine du
Gazetier cuirassé et de la *Gazette noire*.

lui, à des jours marqués, sans que personne s'en doute dans la maison de Son Excellence. Il n'ignore pas que le comte d'Arande, ambassadeur d'Espagne, après avoir congédié Mlle Cléophile [1] pour faire sa cour au chaste Louis XVI, n'a pu s'empêcher de la reprendre. Il a feuilleté le carnet sur lequel Mlle Dubois, une fugitive de la Comédie-Française, inscrivait les noms de ses amants, et il a noté le total des heureux qu'elle avait faits : 16527 [2]. Il raconte, comme un beau trait de loyauté, que Mlle Grandi ayant eu avec son adorateur titulaire une petite querelle de ménage, fit monter son portier qui certifia sous serment qu'il n'était entré chez elle que six personnes suspectes dans toute la

.1. C'était une ancienne danseuse de l'Opéra. Elle eut beaucoup d'adorateurs, entre autres la Harpe qui s'éprit d'elle comme un jeune homme, bien que la santé de la belle fût sujette à caution, et qu'elle eût figuré dans le sérail du prince de Soubise. La Harpe s'afficha partout avec elle, au théâtre, à la Redoute et même à l'Académie. V. la *Correspondance* de Grimm, t. IX, p. 183.

2. Les *Mémoires secrets* (2 mars 1763) nous disent que Mlle Dubois n'avait pas de talent, mais était « une très-jolie créature ». Ailleurs cependant (4 mai 1762), on dit qu'elle louchait et que son visage ne pouvait rendre que les rôles de furies. En revanche, elle avait un très bel organe (*Mémoires secrets*, 20 août 1767). Mais ses grands bras étaient *insoutenables* (*Ibid.*, 1er mars 1769). Cela ne l'empêchait pas d'avoir une

matinée. A qui douterait de la munificence du comte de Sabr... le gazetier apprend que ce noble seigneur a donné des meubles à Mlles Testard et Thuillier, ainsi qu'à quelques autres filles moins connues qui ont vendu les leurs pour payer ses dettes, à plusieurs reprises. Il ne faut pas que M. le comte se fâche, ajoute le doux pamphlétaire ; il aurait bien tort, « car on n'a pas dit qu'il a vendu les meubles de sa femme, pendant qu'elle était à la campagne... et on aurait pu le dire parce que cela est vrai. »

Grâce à Morande, bien des petits scandales de la vie galante sont transmis à la postérité. C'est l'aventure du comte de P... [1] qui, surpris en tête à tête avec Mlle Du Thé, maîtresse du

grande influence à la Comédie-Française, vers 1770. Quand elle fit sa rentrée dans *Zaïre*, en décembre 1771, après une grave maladie, on lui fit une ovation triomphale. Elle se retira du théâtre en novembre 1772, après la mort du sieur Gauthier, son amant, qu'elle pleura avec affectation. Mlle Dubois mourut de la petite vérole en novembre 1779, laissant de 20 à 25,000 livres de rente. Sur Mlle Grandi et ses conquêtes, V. *Mémoires secrets*, 14 mars 1768.

1. Est-ce le même personnage auquel arriva la mésaventure que Manuel (*Police dévoilée*, p. 155) attribue au comte Matousky? « Le comte Matousky dormoit sur le sein de la Duthé, lorsque le duc de Durfort les éveille tous deux. Et le Polonois de se sauver et le François de le poursuivre jusque dans la rue. Le guet le rencontre en chemise et le couvre d'un manteau. »

duc de Durfort, se précipite dans la garde-robe
de cette fille célèbre et y prend un bain par-
fumé. C'est la singulière humiliation que subit
la même courtisane, proclamée par Morande
« l'héroïne de nos filles [1] ». Un jour, un équipage pompeux s'arrête à la porte de la belle.
On en voit descendre un jeune homme magni-
fiquement vêtu et entouré de valets de grand
style. Il monte, s'annonce pour un étranger de
la plus haute distinction, et fait à la Du Thé
les promesses les plus brillantes. Comment
résister à un si brillant cavalier, quand on n'est
pas une vertu farouche? L'étranger, n'ayant
plus rien à désirer, prend congé et dépose, en
partant, une lourde bourse sur la toilette; mais,
à peine le noble visiteur est-il remonté dans son
carrosse de gala, que la Du Thé ouvrit la bourse
et n'y trouva que des jetons de cuivre. On
apprit le lendemain que le prétendu prince
exotique n'était qu'un valet déguisé qui, avec
la complicité de ses camarades et grâce à l'indiscret emploi des habits et de la voiture de
son maître, avait imaginé cette comédie galante.

1. La même anecdote se trouve dans la *Chronique
scandaleuse*, t. I, p. 87, édit. de 1791. -- On peut lire
dans la *Gazette noire*, p. 199, et dans l'*Espion anglais*,
t. III, p. 291, une épître sur les courtisanes dédiée à
Mlle Du Thé.

La Du Thé pouvait d'ailleurs se consoler d'une mésaventure aussi douloureuse pour son amour-propre : les plus grands personnages se disputaient ses faveurs. Si l'on en croit l'*Espion anglais* et *la Police dévoilée*, elle aurait, étant encore simple *espalier d'opéra*, reçu du duc d'Orléans la délicate mission d'inculquer au duc de Chartres les premiers éléments de l'art d'aimer. Le comte d'Artois montra du goût pour elle. M. de Sartine l'honora de sa protection, ce qui permit à Morande de diffamer le ministre de la marine dans une brochure dont parle la *Correspondance secrète* (la Cassette verte, trouvée dans les papiers de Mlle Du Thé, 1779). La Du Thé étalait un luxe insolent et se montrait à Longchamps dans un équipage à six chevaux dont les harnais étaient en maroquin bleu, recouvert de plaques d'acier. Pendant son voyage en Angleterre, elle inspira une violente passion à Fox et à lord Sh*** qui, en un mois, dépensa pour elle 7,000 guinées. La femme de ce prodigue, passant devant la courtisane, à la sortie de la Comédie italienne, se contenta de dire au lord en souriant : « Oui, elle n'est pas mal. » Manuel attribue le même mot à la marquise de Genlis, lorsque le marquis, dont les mémoires du temps racontent les folies et les dissipations, osa présenter la Du Thé à sa femme.

Nous ne suivrons pas Morande dans ses excursions cyniques à travers les basses régions de la galanterie ou plutôt de la débauche publique. L'apothéose de la noble dame Gourdan, qu'on appelait dans le meilleur monde *la petite comtesse,* révolterait le goût délicat du lecteur moderne. Et pourtant cette « surintendante ou grande maîtresse des plaisirs de la cour et de la ville », pour nous servir des qualificatifs que Morande lui adresse, a joué un certain rôle dans l'histoire de son temps. Tous les jours, le lieutenant de police portait au roi Louis XV un extrait du livre de la comtesse : l'idée venait de Mme de Pompadour, et la Du Barry avait soigneusement maintenu cette tradition administrative. Le fait est qu'il se passait des choses bizarres dans cette maison de la comtesse que la *Gazette noire* décrit avec minutie, comme le plus merveilleux des édifices historiques. Le *Bien-Aimé* dut passer un moment agréable, en lisant dans les notes de police l'histoire des relations involontaires de la pauvre Mme d'Oppy avec la Gourdan.

Mme d'Oppy était une provinciale, habitant Paris, femme du grand bailli d'épée de la ville de Douai. Un certain aigrefin, chevalier de Saint-Louis, qui s'entendait avec le chevalier de Gricourt, beau-frère de la victime de cette intrigue, présenta à Mme d'Oppy la petite comtesse comme une femme de la plus haute condition, habituée à recevoir la meilleure compagnie. La femme du grand bailli, trompée par ces faux renseignements, accepta un souper chez la Gourdan; mais la police, prévenue par le chevalier de Gricourt, vint aussi au rendez-vous et envoya Mme d'Oppy à Saint-Lazare. De là scandale épouvantable. M. d'Oppy accourt à Paris, dépose une plainte en adultère contre sa naïve moitié et veut la faire enfermer dans un couvent pour la punir de ses imprudences. Mme d'Oppy se dérobe par la fuite aux persécutions de son Othello, et demande à la justice de prononcer la nullité de la plainte en adultère. Au fond, la vraie coupable c'était la petite comtesse, sans oublier les gentilshommes ses complices. Un arrêt la décréta de prise de corps, et la condamna à être promenée sur un âne, la tête tournée vers la queue; mais ses amis du Parlement la prévinrent à temps et elle put se mettre à l'abri; quant à son mobilier curieux et compliqué, il fut saisi et séquestré. Le gardien ne le montrait plus qu'aux personnes munies d'un permis du président de la

Tournelle, M. de Gourges[1]. Ce fut un grand deuil parmi les libertins du temps que cet exil de la petite comtesse qui fut d'ailleurs mise hors de cause le 19 août 1776[2]. Pour Morande, la Gourdan devient un type historique, comme la Macette pour Regnier. Autour d'elle, il groupe toutes les figures dégradées et grimaçantes du xviiie siècle qui s'achève. Il édite, en 1784, la prétendue « correspondance de Mme Gourdan, dite *la comtesse* », qui n'est autre chose que le recueil des lettres supposées de ses clients, lettres de remercîments, lettres de reproches et d'injures, suivant les cas. C'est dans ce singulier petit livre, qui excita un tel

---

1. Morande a emprunté ou fourni à l'*Espion anglais*, t. III, p. 71, la description de la maison de Mme Gourdan, ainsi que l'*Oraison funèbre de Mme Justine Paris, grande prêtresse de Cythère, Paphos, Amathonte, etc., prononcée le 14 novembre 1773 par Mme Gourdan sa coadjutrice, en présence de toutes les nymphes de Vénus. Espion anglais*, t. III, p. 90. Conf. *Gazette noire*, Édit. de 1784, p. 97 et suiv. et p. 116 pour l'oraison funèbre de Justine Paris. La *Gazette noire*, étant datée de 1784, doit être antérieure au t. III de l'*Espion anglais*, qui est daté de 1785. Mais il y a eu une réimpression de l'*Espion*. Qui est le plagiaire ?

2. Sous la date du 3 décembre 1783, les *Mémoires secrets* annoncent « que la *petite comtesse* a péri il y a peu de jours, de mort subite, presque violente. » On présume qu'elle a dû être empoisonnée. « Les rapports qu'avait cette appareilleuse avec ce qu'il y a de plus

scandale qu'on mit à l'amende trente-trois colporteurs, qu'on trouve « l'instruction pour la jeune demoiselle qui entre dans le monde et veut faire fortune avec les charmes qu'elle a reçus de la nature »; et autres jolies choses dont la lecture n'est pas encore autorisée dans les pensionnats de demoiselles. Toutes les catégories de débauchés y sont représentées par des spécimens littéraires parfaitement appropriés au caractère de chacun des correspondants : depuis le petit abbé qui, ayant éprouvé certaines inquiétudes de santé pour avoir trop fréquenté les élèves de la petite comtesse, lui écrit : « On a bien raison de dire qu'il n'y a plus de probité, et qu'on ne sait plus à qui se

grand, ajoutent les *Mémoires*, la mettaient dans le cas de se faire beaucoup d'amis et d'ennemis. »

Il n'est pas inutile de rappeler, à propos de Mme Gourdan, que, d'après l'auteur des *Anecdotes sur la comtesse Du Barry*, qui tenait ses renseignements de la Gourdan elle-même, la future maîtresse d'un roi fut pendant quelque temps la pensionnaire de la célèbre *appareilleuse*. La fille du commis Gomart de Vaubernier avait alors environ seize ans et sortait de chez Labille, marchand de modes, où elle portait le nom de Mlle *Lançon*. Elle se rencontra chez la Gourdan avec son parrain, M. Billard-Dumonceau qui fit une scène effroyable à la suite de laquelle la jeune fille n'osa plus rester pensionnaire de la petite comtesse. Mais le comte Du Barry, un peu plus tard, permit à sa protégée de faire plusieurs visites à la Gourdan.

fier », jusqu'à l'épais Allemand qui s'exprime
en ces termes galants : « Matame, que la mam-
zelle soit brune : moi l'aime pas les blondes;
l'y avoir la œil considérablement langoureux,
au lieu que la brune l'y afre l'œil plein d'a-
mour [1]. »

Malgré la bassesse de ses goûts, Morande
n'était pas un simple *naturaliste*, pour parler
le langage du jour. Faire la biographie, tracer
le portrait d'une fille publique et de son aimable entourage, ne lui paraissait pas le comble
de l'art. Toutefois, c'est évidemment un écrivain ennemi de la périphrase et du convenu.

[1]. Les *Mémoires secrets* annoncent le 8 juillet 1783 la
publication du *Portefeuille* de Mme G. On peut consulter sur la Gourdan l'*Espion anglais*, t. II, p. 136. Morande reproduit dans la *Gazette noire* la lettre VIII de
l'*Espion anglais*, qui est datée du 11 septembre 1775,
et notamment l'histoire de Mme d'Oppy, qui se trouve
aussi dans les *Mémoires secrets* du 20 juin 1776. On peut
y joindre la plaisante mésaventure de l'évêque de
Tarbes, M. de Lorry, qui avait recueilli dans son carrosse, les prenant pour d'honnêtes femmes, la Gourdan et deux de ses élèves dont la voiture s'était brisée
sur la route de Versailles. Mme Du Barry et le roi en
firent des gorges chaudes et reprochèrent au naïf pré-
lat, par l'intermédiaire du grand aumônier, de donner
l'exemple des mauvaises mœurs. « Pourtant, disent avec
raison les *Mémoires secrets* (31 janvier 1770), cette
anecdote, qui paroît sûre, fait infiniment d'honneur à
M. de Tarbes, dont les confrères n'auroient pas tous
également méconnu la célèbre entremetteuse. »

Il aime, lui aussi, le *document humain*. Il ne traduit pas les mœurs de son temps dans le style pompeux des *Belles infidèles*. Sa manière est nerveuse et cynique ; les mots piquants, les personnalités abondent. C'est surtout quand il parle des choses du théâtre que le pamphlétaire anonyme déploie ses qualités les plus incontestables : la verve et l'esprit. Aussi bien, il est là sur son terrain de prédilection, au milieu des roués et des femmes galantes, sur la lisière du grand monde et des bas-fonds interlopes de la société. Il savoure la jouissance intime de voir tous ces beaux seigneurs dupés par des cabotins et des actrices-courtisanes. Le *Gazetier cuirassé* prend une à une les princesses de la rampe, et, comme un montreur de lanterne magique, les donne tour à tour en spectacle, détaillant leurs traits, racontant leurs exploits et, entre temps, criblant de sarcasmes leurs illustres adorateurs.

Entrons, à la suite de Morande, dans ces coulisses qu'il connaît si bien, et commençons ce voyage au pays du Tendre en frappant à la porte de l'Opéra.

OPÉRA VERS 1786

A Quantin Imp Edit

CHAPITRE IV

L'OPÉRA

Morande et l'Opéra. — Les débuts de l'Opéra en France. — Tutelle de la Ville de Paris, puis de l'État. — Organisation de l'Opéra en 1776. — Papillon de la Ferté, intendant des menus plaisirs, et ses collaborateurs. — Notes du directeur Dauvergne. — Susceptibilités des artistes. — Morande biographe de l'Opéra. Les Danseurs : Vestris, son orgueil et ses mésaventures. — Facéties de Gardel, maître de ballet. — Les deux Vestris à Londres : leur humiliation et leur succès. — Dauberval, idole du beau sexe. — La souscription ouverte en sa faveur par Mme Du Barry. — Ses relations et son mariage avec Mlle Théodore. — Démêlés des époux avec le ministre Amelot. — Le beau Nivelon. — Son aventure avec le fils de M. de Sartine et M. de Clugny. — Les Danseuses : Mlle Guimard; sa vie fastueuse, son palais de la Chaussée-d'Antin; sa liaison avec M. de Jarente, évêque d'Orléans; ses vertus évangéliques. — Le foyer de l'Opéra et les mères d'artistes. — La galanterie à l'Opéra : le prince de Soubise et Mlle la Prairie; le duc de Bouillon et Mlle Laguerre. — Mot d'un lord anglais sur Mlle la Chanterie. — Le Chant : Mlle de Saint-Huberty; ses

débuts, ses principaux rôles; désordres de sa vie.
— Épître satirique sur la cantatrice. — Sa fin dramatique. — Rosalie Levasseur; ses relations diplomatiques et autres. — Son duel avec Mlle Sainte-
Marie. — Mlle Duplant et le boucher Colin. — Sophie
Arnould à son déclin; son salon; ses ennemis et
ses amis; sa liaison avec M. de Lauraguais. —
Mlle Raucourt (la grande louve) et la Comédie-Française. — Mlle Miré et la Comédie-Italienne.

ON sait que le genre de spectacle appelé
Opera fut introduit en France par des
gens d'Église. C'est Mazarin qui peut revendi-
quer l'honneur d'avoir habitué les Français à
goûter ce genre de plaisir. Il fit représenter avec
grand succès la pièce italienne d'*Orphée et Eu-
rydice*. Après le cardinal vint l'abbé Perrin qui,
en 1670, ouvrit une salle d'opéra rue Mazarine,
dans l'ancien local du Jeu de Paume, vis-à-vis
la rue Guénégaud. On joua dans cette salle la
pastorale de *Pomone* dont l'organiste Cambert
avait écrit la musique. Puis l'institution se
développe et s'affermit. Le marquis de Sour-
déac invente les machines. Lulli, en 1672,
évince l'abbé Perrin; il se fait donner un privilège portant autorisation de tenir une académie royale de musique, qui s'installe d'abord
au jeu de paume du Bel-Air, près le Luxembourg. Après la mort de Molière, l'opéra se
transporte au Palais-Royal, dont Lulli et

Quinault font les beaux jours. La danse et les décors ajoutent leur charme à la musique et à l'action dramatique. La mort de Lulli, que ses deux fils ne remplacent pas, ouvre une période critique. L'Opéra devient une ferme exploitée par des directeurs avides.

> Rien pour l'auteur de la musique,
> Pour l'auteur du poème rien ;
> Et le poète et le musicien
> Doivent mourir de faim, selon l'usage antique.

Enfin le roi prit l'Opéra sous sa protection et en confia l'administration au Prévôt des marchands, sous l'autorité d'un ministre. Cette situation provisoire dura jusqu'en 1776. Alors s'ouvre le règne de Papillon de la Ferté, intendant-contrôleur de l'argenterie et des menus plaisirs de la chambre du roi. Quatre ans plus tard, l'Opéra est définitivement soustrait à la tutelle de la Ville et l'on y substitue la tutelle de l'État. Il y a des institutions moins complexes que celle-là, pour qui ne se contente pas d'un coup d'œil superficiel sur les choses du passé. La hiérarchie de l'Académie royale de musique est savante. Au sommet, le ministre de la maison du roi ; au-dessous l'intendant des menus plaisirs ; au-dessous encore, le directeur général, qui n'a pas d'autorité effective, car il ne peut rien faire sans l'approbation d'un comité de six membres, composé, aux termes du règlement du 27 avril 1780, du directeur général, des deux premiers sujets du chant, des deux premiers sujets de la danse et d'un secrétaire. On devine tous les conflits que devait engendrer une pareille organisation. Les artistes voulaient se gouverneur eux-mêmes et rendaient la vie insupportable au directeur. Le malheureux Dauvergne, qui exerça longtemps ces délicates fonctions, sous l'autorité de l'intendant la Ferté, nous a laissé des notes bien curieuses sur ses administrés des deux sexes. Plusieurs fois, il fallut menacer telle actrice de la prison, si elle refusait de chanter. Par-dessus tout cela, des jalousies violentes, des prétentions incroyables, une avidité sans bornes ; et les ministres, les gentils-hommes venant à la traverse, poussant leurs maîtresses, épousant leurs querelles et mettant leur crédit aux pieds des danseuses : un chaos pétillant de gaieté, une avalanche de passions libertines, d'amours-propres en lutte ; un monde factice, éblouissant, plein de parfums suspects, tel était l'Opéra dans les premières années du règne de Louis XVI, au temps où Morande tenait la plume.

C'est principalement dans le *Vol plus haut*,

ou l'Espion des principaux théâtres de la capitale, petit opuscule anonyme, daté de 1784, que l'on trouve de piquantes révélations sur ce monde de l'Opéra, qui comprenait environ trois cents personnes [1]. L'auteur des *Petites Cardinal* aurait pu s'inspirer du *Vol plus haut,* s'il avait eu besoin de s'inspirer de quelqu'un, pour peindre les mœurs étranges des habitués du temple de la musique. Les voici tous; regardez-les. « Le lourd financier parle d'affaires; le militaire assiège la beauté qui ne capitule que par crainte; et l'abbé, tout en persiflant, se livre aux obligations de son état... » Il fait valoir aux Crésus les charmes des « tendres objets de leurs désirs ». L'abbé, dans ce que

1. Les érudits sont très divisés sur la question de savoir à qui doit être attribuée la paternité du *Vol plus haut,* dont voici le titre exact : « *Le Vol plus haut, ou l'Espion des principaux théâtres de la capitale,* contenant une histoire abrégée des acteurs et actrices des mêmes théâtres, enrichie d'observations philosophiques et d'anecdotes récréatives, dédié aux amateurs. A Memphis, chez Sincère, libraire, réfugié au puits de la Vérité. 1784. » Barbier pense que l'auteur est le comédien Dumont; mais il ne semble pas bien sûr de son fait, car il ajoute qu'on a aussi attribué le même livre à Mayeur de Saint-Paul, autre comédien-littérateur qui a commis quantité de petites pièces. Il nous paraît possible que le *Vol plus haut* ait été écrit par Theveneau de Morande. Ce qui nous porte à le croire, c'est que le *Vol plus haut* reproduit, presque mot pour mot,

Morande appelle « l'illustre emploi de Mer-
cure », a pour rival le danseur, qui se contente
de faibles appointements, « parce qu'il ne doit
qu'à sa maîtresse ses habits brodés, ses montres
et autres bijoux, fruits des différents sacrifices
qu'elle offre à la déesse des amours ».

Il ne faudrait pas trop médire des danseurs!
Sous l'ancien régime, c'étaient des hommes de
grande importance. Vestris ne voyait que deux
noms plus glorieux que le sien : Frédéric le
Grand et Voltaire. Le *diou* de la danse, comme
on l'avait surnommé, ne savait pas lire : c'est
ce qui permit à son camarade Gardel, maître
de ballet à l'Opéra, de lui jouer un tour pen-
dable. Comme Vestris montrait à tout le monde
un permis de chasse que le comte d'Artois lui

de nombreux passages de la *Gazette noire*, qui est due,
personne ne le conteste, à la plume de Morande. Il
nous suffira de citer l'oraison funèbre de Mme Paris
(*Gaz. n.*, p. 116), qui devient dans le *Vol plus haut*
(p. 72) l'oraison funèbre de « très sensible et très volup-
tueuse Laguerre, grande prêtresse de Vénus, etc. » Au
chap. xx du *Vol plus haut*, le libelliste anonyme réé-
dite aussi les détails donnés dans la *Gazette noire*
(p. 176) sur la passion qu'inspira la courtisane la
Prairie au prince de Soubise, sans oublier certain mot
de l'abbé Terray. Est-il supposable que le *Gazetier
cuirassé* ait osé piller aussi effrontément un autre
écrivain que lui-même? Nous croyons plutôt qu'il a
tiré deux moutures de son sac, par simple paresse ou
par spéculation.

avait accordé sur ses terres, et annonçait l'intention d'en profiter, Gardel substitua adroitement à ce vénérable parchemin un mémoire de blanchisseuse. Le lendemain Vestris part en guerre contre les lapins du comte d'Artois ; mais, quand le danseur fut requis par le premier garde d'exhiber son permis, on le prit pour un mauvais plaisant et on l'arrêta. Tout l'Opéra en fit des gorges chaudes. Vestris fils, qu'on appelait Vestr-Allard, parce qu'il était fils de Vestris et de Mlle Allard, avait hérité de l'orgueil paternel. Lorsqu'en février 1781, les deux Vestris allèrent donner à Londres une représentation extraordinaire, le Parlement, qui avait cependant à discuter un bill économique de Burke, se prorogea pour assister à la représentation. Mais les organisateurs avaient eu la maladresse d'élever outre mesure le prix des places : il y eut un effroyable tumulte. Vestr-Allard, assisté d'un interprète, se mit en devoir de haranguer le public ; mais les Anglais outrés le couvrirent de pommes et d'oranges, sans préjudice des sifflets et des huées. Le malheureux danseur dut rester prosterné devant le parterre pendant cinq minutes. Après quoi, le public s'apaisa, et les deux Vestris eurent un succès prodigieux, qui se chiffra par une recette de 1,200 guinées.

Dauberval a laissé un nom moins populaire que Vestris. Ses aventures valent néanmoins la peine d'être indiquées en quelques mots. Il avait débuté à l'Opéra, comme danseur, le 12 juin 1761, à l'âge de dix-neuf ans, dans l'opéra de *Zaïs*, de Cahusac et Rameau. Jamais homme de théâtre n'excita à ce point l'adoration du plus beau des sexes. A la suite d'une maladie grave qu'il fit en mars 1776, les femmes de la plus haute aristocratie lui envoyèrent force pâtisseries, pièces de volaille et vins généreux pour hâter sa convalescence [1]. C'était la Du Barry qui avait donné le mouvement, en ouvrant une souscription pour payer les dettes du danseur. Elle atteignit 90,000 livres, et Louis XV avait versé 10,000 livres pour sa part [2]. Successivement amant de la

1. « Vous serez affligé avec tout Paris, dit l'*Espion anglais*, de la maladie grave survenue au sieur Dauberval, qui fait désespérer qu'il puisse jamais reprendre le caractère de la danse avec cette vigueur et cette aisance qu'il réunissoit au suprême degré. » T. III, p. 273. — Lorsque Dauberval, en mars 1779, fut chassé de l'Opéra, sans retraite, par M. de Caumartin, prévôt des marchands, pour avoir avec Mlle Duplan, qui fut l'objet des mêmes sévérités, fomenté une rébellion contre la direction de l'Opéra, les princes, les ministres les duchesses prirent parti dans ce grave conflit. V. *Mémoires secrets*, 15 mars 1779. Mlle Duplan ne quitta l'Opéra qu'en avril 1785, avec Mlle Rosalie.

2. On peut lire la lettre de remercîment, que Dau-

Guimard, puis de Cécile, élève de Vestris, Dauberval se lia ensuite avec Mlle Crépé, dite Théodore, créature charmante et romanesque qui avait débuté en 1776 à l'Opéra comme surnuméraire de la danse. C'est elle qui demandait à Rousseau des conseils sur la manière de se conduire au théâtre et qui, costumée en amazone, se battit au pistolet avec une de ses camarades de l'Opéra, Mlle Beaumesnil, les quatre témoins appartenant au même sexe. L'énergique Théodore exerça aussi ses talents littéraires en écrivant plusieurs lettres où les ministres et la direction de l'Opéra n'étaient pas ménagés. Mal lui en prit, car Amelot, le ministre de la maison du roi, la fit arrêter par un agent de police dans un château de la Champagne où elle était allée vivre avec Dauberval. Ils ne tardèrent pas à se marier authentiquement et quittèrent l'Opéra pour courir la province. Ils devaient tous deux survivre à la Révolution [1].

berval écrivit à la Du Barry, le 10 avril 1774, dans les *Anecdotes secrètes sur la comtesse Du Barry*, édit. Uzanne, p. 259.

1. Après un caprice de six semaines pour le chevalier de N... Théodore revint à Dauberval et trouva cette excuse délicate : « C'est moi, c'est votre infidèle, si je le suis. Tu n'as donc pas remarqué que le chevalier a tous tes traits : mêmes yeux, même sourire : il

Nous citerons enfin un autre danseur, contemporain de Vestris et de Dauberval, et qui jouissait aussi d'une grande vogue. C'est *le beau* Nivelon, que Dauvergne, dans son rapport au comte de Villedeuil, qualifie de « danseur agréable dans la pantomime ». Nivelon fut, à ce que nous apprend l'auteur anonyme du *Vol plus haut* [1], le héros d'une mystification qui eut pour lui des conséquences assez cuisantes. Le fils de M. de Sartine et M. de Clugny, maître des requêtes, ayant obtenu, chacun de leur côté, un rendez-vous galant avec la Deville chez le suisse du Bois de Boulogne, au restaurant de la Porte-Maillot, commandèrent un souper délicat. A l'heure dite, ils arrivent, se rencontrent et, comme ils se connaissaient, se racontent mutuellement leur bonne fortune. Mais, au lieu de la belle, ce fut M. Amelot, fils du ministre et conseiller au Parlement comme le fils de M. de Sartine, qui fit son entrée chez le suisse. Lui aussi, avait un rendez-vous avec la Deville. Fureur des trois gentilshommes, qui comprennent qu'on les a joués. Ils s'attablent

n'a pas ton cœur, et je l'ai cru ; c'étoit toi que j'adorois dans lui ; je l'aimois pour t'aimer deux fois ; reste seul et tu me suffiras... » *Chron. scand.*, t. I, p. 201.

1. On trouve la même anecdote dans les *Mémoires secrets* (25 août 1780). Mlle Deville est appelée Mlle Ville.

pourtant, puis vont prendre le frais dans le
bois. Au détour d'une allée, les trois prome-
neurs entendent des éclats de rire. On allume
des torches, et qui trouve-t-on? Nivelon avec
la Deville. Elle en fut quitte pour une bordée
d'injures; mais Nivelon ne s'en tira pas à si bon
compte et reçut force coups de canne. Le danseur porta plainte au lieutenant de police, qui
en informa le roi. Ce fut le maître des requêtes,
M. de Clugny, qui paya pour les autres. Il fut
exilé en Bourgogne. « Quant aux deux camarades de M. Clugny, lit-on dans les *Mémoires
secrets,* moins coupables, les ministres, leurs
pères parent le coup et les semoncent vigou-
reusement. Ces deux-ci sont conseillers au Parlement; et la compagnie aurait trop à faire si
elle prenait garde aux étourderies scandaleuses
de tous ses membres, dont il y en a soixante
environ de cette espèce; il y en a bien quarante
parmi les maîtres des requêtes. Qu'on juge à
l'échantillon de tous ces magistrats et du bonheur d'avoir de pareils arbitres de la liberté et
de la vie des citoyens! »

Des danseurs aux danseuses la transition est
facile. Morande passe en revue cet escadron léger. En tête marchait la célèbre Guimard, l'une
des courtisanes les plus riches et les plus adu-
lées. « Cette demoiselle, écrivait Dauvergne, a

fait un service sans exemple depuis 1761 qu'elle
est entrée à l'Opéra », et la Ferté reconnaît
« qu'elle avait beaucoup de zèle et travaillait
très bien »; mais l'intendant des menus était
jaloux de l'influence que la danseuse avait su
acquérir. Il remarque avec une pointe d'aigreur
« qu'elle est d'une dépense immense pour
l'Opéra, où ses volontés sont suivies avec autant de respect que si elle en était directrice ».
Cette fascination s'exerçait même au dehors.
Le petit palais que la Guimard s'était fait bâtir
à la Chaussée d'Antin servait de rendez-vous à
toute la société galante [1]. Dans cette demeure
élégante, qu'on appelait « le temple de Terpsichore » [2], les comédiens français et italiens
venaient donner des représentations, en l'honneur de la déesse. L'auteur du *Vol plus haut*

1. Grimm, dans sa *Correspondance* (t. IX, p. 2), raconte une fête avortée qui devait avoir lieu chez la
Guimard. Cent gentilshommes, entre autres le comte
d'Artois et le duc de Chartres, avaient souscrit 5 louis
par tête. Mlles Du Thé et Dervieux devaient jouer la
pièce de *la Colonie*. Le programme comprenait encore
plusieurs pièces de Collé et un souper colossal où
était invitée « l'élite de nos jeunes nymphes ». Depuis
huit jours, les préparatifs se poursuivaient dans l'hôtel
de la Guimard, quand l'archevêque de Paris décida
le roi à interdire la fête, le matin même du jour fixé.
On distribua aux pauvres les apprêts du souper. V.
aussi *Mémoires secrets*, 24 février 1776.

2. Voici comment Grimm (t. VIII, p. 167 de la *Cor-*

s'en indigne : « nos meilleurs acteurs, écrit-il, fêtent une danseuse d'Opéra ; et que nous rapportent-ils ? Une constitution fatiguée, qui déguise totalement les rôles qu'ils ont à repré-

respondance) raconte la brouille de Mlle Guimard avec Fragonard, le décorateur de son temple :

« L'hôtel de Mlle Guimard est presque achevé ; si l'Amour en fit les frais, la Volupté même en dessina le plan, et cette divinité n'eut jamais en Grèce un temple plus digne de son culte. Le salon est tout en peintures ; Mlle Guimard y est représentée en Terpsichore, avec tous les attributs qui peuvent la caractériser, de la manière du monde la plus séduisante. Ces tableaux n'étaient pas encore finis lorsque, je ne sais à quel propos, elle s'est brouillée avec son peintre, M. Fragonard ; mais la querelle a été si vive qu'il a été renvoyé, et qu'on a fait marché avec un autre artiste. Depuis, curieux de savoir ce que devenait l'ouvrage entre les mains de son successeur, M. Fragonard a trouvé le moyen de s'introduire dans la maison. Il pénètre jusque dans le salon sans y rencontrer personne. Apercevant dans un coin une palette et des couleurs, il imagina sur-le-champ le moyen de se venger. En quatre coups de pinceau il efface le sourire des lèvres de Terpsichore et leur donne l'expression de la colère et de la fureur, sans rien ôter d'ailleurs au portrait de sa ressemblance. Le sacrilège consommé, il se sauve au plus vite, et le malheur veut que Mlle Guimard arrive elle-même quelques moments après avec plusieurs de ses amis qui venaient juger les talents du nouveau peintre. Quelle n'est pas son indignation en se voyant défigurée à ce point ! Mais, plus sa colère éclate, plus la charge devient ressemblante. Que de jolies découpures pour M. Huber ! Les épigrammes d'un peintre valent bien quelquefois celles d'un poète. »

senter. » La Guimard ne recevait pas que l'en-
cens de ses camarades. Elle avait des adorateurs plus lucratifs. L'Évêque d'Orléans, M. de
Jarente, qui avait la feuille des bénéfices [1],
affichait pour l'étoile de la danse une passion
ardente. C'est ce qui faisait dire à Mlle Arnould :
« Je ne conçois pas comment ce petit ver à
soie est si maigre : il vit sur une si bonne
feuille. » Pour se faire pardonner ses amours
profanes, la Guimard distribuait aux pauvres
d'abondantes aumônes. On la voyait sortir tous
les matins, à ce que nous apprend le *Vol plus
haut*, « embéguinée dans une coëffe noire avec
tout l'attirail d'une dévote consommée ». La
Chronique scandaleuse (t. Ier, p. 259) rapporte
même que la belle n'accordait son appui qu'à
des personnes d'une conduite immaculée. Un
jour, on lui annonce un jeune homme qui
venait lui demander sa protection pour avoir
une place dans les fermes. Elle se soulève sur
sa chaise longue et dit à son laquais : « Cet
homme a-t-il des mœurs ? » M. Grimm doute un

1. C'était un vrai ministre, nommant à tous les postes
de l'Église de France. « Peu de prélats, dit l'*Espion
anglais* de Pidansat de Mairobert, ont affiché le scandale avec plus d'éclat... Il avoit pour maîtresse en
titre sa propre nièce. » T. I, p. 255. Son secrétaire,
l'abbé de Foix, trafiquait impudemment des emplois
sacrés.

peu de la réalité de la légende qui veut que la
Guimard ait un jour distribué aux pauvres une
somme de 6,000 francs que le prince de Soubise
lui avait envoyée pour ses étrennes (Grimm,
t. V, p. 382). Aussi bien, ces vertus évangéliques ne cadraient pas absolument avec la vie
de la danseuse : lorsqu'éclatèrent ses violents
démêlés avec Mlle Dervieux [1], l'une de ses camarades de l'Opéra, le poète anonyme qui prit
la défense de la danseuse rivale, ne manqua pas
de tourner en crime la libéralité de la Guimard :

> .   .   .   .
> Actrice au pays des pantins,
> Dévote et courant l'aventure;
> Buvant du vin outre mesure,
> Devant à Dieu comme à ses saints.
>
> .   .   .   .

Le Vol plus haut remarque d'ailleurs équita-
blement qu'il est difficile de concilier le succès
et la réputation de la Guimard avec l'affreux

---

1. C'est la même Dervieux qu'épousa l'architecte
Bellanger, l'amant de Sophie Arnould. Dervieux avait
excité la verve de Dorat qui, nous dit Grimm (t. VII,
p. 67), est en possession d'adresser ses hommages à
toutes les beautés célèbres, sans les connaître. La jeune
danseuse s'était acheté en 1770, pour la somme de
60,000 livres, une maison située rue Sainte-Anne. Elle
avait débuté, en décembre 1767, dans le *Devin de village* avec grand succès, bien qu'elle n'eût pas même
quatorze ans.

portrait qu'en trace l'apologiste de Mlle Dervieux [1] :

            . . . .
        Elle a la taille de fuseau,
        Les os plus pointus qu'un squelette ;
        Le teint est couleur de noisette
        Et l'œil percé comme un pourceau.

Le foyer de l'Opéra, autrefois comme aujour-
d'hui, était le théâtre de scènes piquantes. Ce
type étrange, la mère d'actrice, y faisait parfois des incursions tumultueuses : on peut citer
l'aventure de Mlle Dorival que sa mère, une
pauvre journalière, voulait embrasser en plein
foyer. Mlle Dorival repousse la pauvre femme

1. « Vous retrouveriez encore dans Mlle Guimard,
lit-on dans le t. III de l'*Espion anglais*, cette danse
maniérée, pleine d'afféterie que je vous ai entendu lui
reprocher, et que tant de gens prennent pour des
grâces et de la volupté. C'est dans Mlle Dorival qu'on
admire ces qualités séduisantes que comportent sa
jeunesse, sa figure et sa fraîcheur. » Grimm était plus
indulgent pour Guimard, mais il écrivait ce qui suit
en 1768, c'est-à-dire une dizaine d'années avant l'*Espion anglais :* « Ce qu'il y a de certain, c'est que j'ai
toujours tendrement aimé Mlle Guimard et qu'il faut
qu'elle soit aimable, car elle a beaucoup d'amis, quoiqu'ils disent que son excessive maigreur la fasse res-
sembler à une araignée. On dit qu'elle a le son de
voix rauque et dur, et c'est un furieux tort à mes
oreilles ; mais, comme je ne l'ai jamais entendue parler,
ce défaut n'a pu diminuer ma passion pour elle. »
T. V, p. 382.

et l'appelle madame ; fureur de la mère qui se
met en devoir d'administrer à son ingrat reje-
ton une correction retentissante. Le marquis de
Chabrillant eut grand'peine à séparer les deux
interlocutrices et les ramena dans sa voiture.
Tous ces brillants gentilshommes qui encom-
braient les couloirs de l'Opéra n'étaient pas
attirés seulement par les charmes de la musique.
Guidés par les conseils intéressés du personnel
masculin des chœurs, ils prenaient l'Académie
royale pour une académie de galanterie, pour
une sorte de sérail à l'usage du grand monde.
C'est là que le prince de Soubise rencontrait
Mlle la Prairie, qui fit les beaux jours de la
petite maison de Pantin, avec ses camarades, Mlle Maillard et Coulon [1]. Chez le prince

1. Mlle Maillard avait débuté le 17 mai 1782, à l'Opéra,
dans le *Devin de village*. Elle obtint un grand succès
qui se confirma l'année suivante, quand elle joua l'un
des rôles secondaires de l'*Armide* de Sacchini. Elle
remplaça Mlle Laguerre dont la perte faisait un vide
dans la troupe de l'Opéra ; mais elle s'éleva difficilement aux premiers rôles, bien que M. de la Ferté,
son amant, eût essayé de lui donner ceux de Mme Saint-
Huberty. En septembre 1786, elle joua cependant avec
grand succès le personnage de Médée, dans l'Opéra de
la Conquête de la Toison d'Or. Quant à Mlle la Prairie,
elle était fille d'Audinot, le célèbre directeur de l'Ambigu. La sœur de la Prairie était aussi à l'Opéra. La
maîtresse du prince de Soubise fit une fin en épousant
Gardel l'aîné, maître des ballets de l'Opéra.

comme chez l'abbé Terray, les costumes se dis-
tinguaient par la simplicité. C'est là encore que
le prodigue duc de Bouillon se lia avec une actrice de l'Opéra, Mlle Laguerre [1], pour laquelle il

1. Mlle Laguerre causa plus d'un scandale. En août
1772, on la surprit en flagrant délit dans une loge, pendant une répétition. Le complice était le président de
Meslay, de la Chambre des comptes (*Mémoires secrets*,
27 août 1772). Les prodigalités du duc de Bouillon ache-
vèrent de mettre l'actrice sur un piédestal. La reine en
fut très indignée, d'autant plus que le duc avait dit
que sa maîtresse était plus désirable que la souveraine
elle-même (*Ibid.*, 21 juillet 1775), ce qui avait été
répété à Marie-Antoinette et n'avait que médiocrement
flatté son amour-propre. Laguerre avait d'ailleurs du
talent. Dans *Alceste*, elle obtint un grand succès qui
excita la jalousie de Sophie Arnould (*Ibid.*, 19 mai 1776).
En septembre 1778, le duc de Bouillon se réconcilia
avec Laguerre, qui l'avait trahi pour son laquais et, en
échange de nouveaux plaisirs qui ne durèrent qu'une
nuit, la gratifia d'un service en porcelaine, d'une bague
et d'une modeste somme de 1,000 louis (*Ibid.*, 13 septembre 1778). L'actrice ne prit pas pour cela plus de
considération pour la haute noblesse, car elle donna
toute son affection à l'apothicaire Cassaigne, qu'on surnommait, à l'Opéra, le premier commis *de la guerre*.
Le jour où il mourut, elle fut désolée et joua fort mal
son rôle dans l'opéra d'*Hellé* (5 janvier 1779). Elle
se dédommagea dans *Écho et Narcisse* en août 1780.
On s'accorda à vanter « sa voix touchante et sensible ».
D'ailleurs un cœur d'airain : le fermier général Hudry
de Soucy voulut la posséder. Elle lui répondit : « Je
ne vous en donne pas pour deux ans, et l'exemple du
duc de Bouillon doit vous instruire. » Le fermier général la prit au mot, et au bout de deux ans il avait

dépensa, en trois mois, plus de 800,000 livres,
sans qu'elle lui en sût le moindre gré. Le scandale fut si grand que le roi exila le duc dans
ses terres. Quant au public, il chansonna :

> Bouillon est preux et vaillant :
>   Il aime Laguerre.
> A tout autre amusement
>   Son cœur la préfère :
> Ma foi ! vive un chambellan
> Qui toujours s'en va disant :
> Moi j'aime Laguerre, ô gué,
>   Moi j'aime Laguerre [1].

Les étrangers aussi accouraient à la curée
galante, avides de plaisirs et semant l'or à plei-

fait banqueroute. Quand il fut bien ruiné, l'actrice le
mit à la porte (février 1781). Mlle Laguerre mourut
le 9 février 1783. « Elle fut regrettée, disent les *Mémoires secrets,* des amateurs de l'Opéra, pour la belle
qualité de sa voix et pour sa manière de chanter pure
et flatteuse. » Au moral, c'était un type de perversité.
Dans ses derniers instants, elle avait fait appeler le
curé de Saint-Nicolas des Champs. Le pasteur la trouva
dans une malpropreté dégoûtante et la croyait sans
ressources. Elle venait simplement de liquider le
mobilier donné par son dernier amant; elle laissait
300,000 livres de billets noirs et 30,000 livres de rentes.
Ses camarades de l'Opéra disaient qu'elle ne s'était
jamais débarrassée d'un grand vice : le goût du vol.

1. V. dans l'*Espion anglais,* t. II, p. 173, le *Dialogue entre le comte de Lauraguais et milord All Ear,
au sujet des filles les plus célèbres de la capitale.* Morande n'a fait que copier. Conf. *Gazette noire,* p. 169
et suiv.

nes mains. Il leur en cuisait parfois : témoin ce lord anglais qui avait gardé de ses relations avec la danseuse la Chanterie certains souvenirs désagréables. Un jour le noble insulaire, visitant une église, se trouve en présence d'un portrait de l'Immaculée Conception pour lequel la Chanterie avait servi de modèle au peintre. « En vérité, dit-il, frappé de la ressemblance, voilà la Vierge qui m'a... rendu si malade. »

Mais quittons les sujets de la danse et passons en revue ceux du chant.

L'étoile la plus brillante, à l'époque où écrivait Morande, c'est incontestablement Mlle de Saint-Huberty, dont la curieuse existence a déjà fixé l'attention de la critique [1]. Née à Toul, en 1756, d'une famille misérable, elle débuta à Varsovie où le musicien Lemoine lui donna des leçons, puis épousa à Berlin le chevalier de Croisy et, après des aventures variées, obtint, en juin 1777, un ordre de début pour l'Opéra de Paris. Son premier triomphe fut le rôle d'Angélique dans le *Roland* de Piccinni. Puis elle joua dans le *Thésée* de Gossec, dans *l'Électre*,

---

1. V. notamment le livre curieux de M. Adolphe Jullien : *l'Opéra secret au* XVIIIe *siècle de 1770 à 1790*, Paris, 1880, 1 vol. in-8°. Mais l'auteur ne fait pas mention des renseignements fournis par le *Vol plus haut* sur l'illustre cantatrice.

de son maître Lemoine. Dans l'opéra d'*Ariane,*
elle fit scandale, pour avoir eu l'audace de paraître
avec un costume grec dessiné par Moreau jeune,
les jambes nues et chaussées du brodequin. Le
rôle de Didon, dans l'opéra de Marmontel et
Piccinni, mit le comble à la réputation de la
Saint-Huberty. Les deux auteurs, saisis d'enthousiasme, se mirent à genoux devant elle et
lui baisèrent les mains. Cette admiration était
d'ailleurs partagée par la cour : Amelot enchaîna
l'artiste à l'Opéra pour huit ans, en lui faisant
des conditions superbes. Grimm dit d'elle, à
propos de la dernière représentation de la *Didon*
de Piccinni, en janvier 1784 : « C'est la voix de
Todi ; c'est le jeu de Clairon [1]. » Quant à l'au-

---

1. T. XII, p. 9. On jeta à l'actrice une couronne de
laurier, entourée d'un ruban blanc sur lequel on lisait :
« Didon et Saint-Huberty sont immortelles. » En août
1785, elle donna plusieurs représentations à Marseille.
Une fête digne de Cléopâtre couronna cette saison
théâtrale. Saint-Huberty se promena dans la rade sur
une gondole, armée de huit rameurs vêtus comme elle
à la grecque. 200 barques, chargées de ses admirateurs,
lui faisaient cortège. Arrivée à terre, elle se coucha
sur un divan et reçut les hommages du peuple. Il y
eut ensuite une représentation allégorique où Apol-
lon la sacra dixième muse ; enfin un souper de 60 couverts où l'actrice chanta en patois provençal. » Grimm
trouve ces honneurs exagérés et dit que Paris ne fêta
pas avec un pareil enthousiasme Lekain et Mlle Clairon, t. IX, p. 407.

teur du *Vol plus haut,* il laisse, bien entendu,
de côté les admirables talents de Saint-Huberty
et ne s'attache qu'à peindre ses passions et ses
vices. « Jamais, dit-il, l'Opéra n'avait fourni
l'exemple d'une pareille louve. » Et le libelliste
désigne ses amants par leurs noms : Frédéric,
Abraham et le Breton ; il raconte sa fantaisie
pour certain ami de Mlle Duverger, ses liaisons
avec le marquis de Louvois, avec Rameau et de
Deformery, du Concert spirituel. Il cite une
épître, adressée à l'actrice par un de ses prétendus admirateurs avec ce titre amphigouri-
que : « Épître du très soumis et très respectueux
seigneur de la Complaisance à la très aimable et
très recherchée de Saint-Huberty, ministre plénipotentiaire de l'Opéra, distribuant les pensions, les gratifications, formant les cabales et
les divisions, de concert avec Mlle Girardin, et
partageant avec cette femme adroite la fatigue
des plus fortes entreprises. » C'est en réalité
une satire assez fine du xviiie siècle à son déclin,
satire qui est bien dans le ton des autres œuvres
de Morande. « L'Hymen tourné en ridicule
ose à peine se montrer, écrit le pamphlétaire,
en s'adressant aux actrices et aux femmes galantes. Vous paraissez publiquement dans les
voitures de vos amants ; vous portez leurs li-
vrées, leurs couleurs et souvent les diamants de

leurs épouses. Vos petites maisons, faites des débris des grandes, forment par leur nombre, dans les faubourgs de la capitale et sur les boulevards, une espèce d'enceinte de circonvallation qui, la tenant bloquée, vous en assure à jamais l'empire... Oui, mesdemoiselles, vous êtes le véritable luxe nécessaire à un État; l'appât puissant qui lui attire un étranger, sa considération, son goût et ses guinées. Vingt modestes citoyennes valent moins au trésor royal qu'une seule d'entre vous : aussi êtes-vous hors de tous les états, de tous les rangs, et les femmes, par excellence, de tous les hommes [1]. »

En même temps que Saint-Huberty, d'autres cantatrices qui ont eu leurs moments de gloire figuraient dans la troupe de l'Opéra. On peut nommer d'abord Rosalie Levasseur, qui, en 1784, se trouvait au déclin de sa carrière, prolongée pendant dix-huit ans. La Ferté songeait

---

1. Quoi qu'en dise Morande, Saint-Huberty n'était pas une vulgaire courtisane. Après 1789, elle épousa le comte d'Antraigues et parcourut la Russie, l'Autriche, l'Italie. Elle reçut du comte de Provence le cordon de Saint-Michel, conspira avec son mari contre Napoléon et mit sur les dents la police de Fouché. Le ministre de l'empereur finit par faire assassiner Saint-Huberty et le comte son mari par un de leurs domestiques vendu à la police. Ce tragique évènement eut lieu en 1812. *Comediante, tragediante!*

à liquider sa pension de retraite ; et cependant l'*Espion anglais* dit encore, en parlant d'elle dans le courant de l'année 1785 : « Mlle Levasseur est celle qui brille davantage aujourd'hui. » En dehors du théâtre, Rosalie était devenue presque une puissance, par la passion violente qu'elle avait inspirée au comte de Mercy-Argenteau, l'ambassadeur de l'Empire près la cour de France. L'actrice demeurait dans une maison contiguë à l'hôtel du diplomate, et pouvait pénétrer chez lui sans être aperçue, au moyen d'une porte de communication. Pendant ces entrevues, l'ambassadeur était inaccessible et s'occupait, disaient ses gens, d'affaires d'État de la plus haute gravité[1]. La *Chronique scandaleuse* cite de l'ambassadeur un mot bien tendre : « Un beau soir d'été, les planètes brillaient au ciel, et surtout celle de Vénus éclipsoit

---

1. Est-ce à Rosalie Levasseur que se rapporte l'anecdote suivante, insérée dans la *Chronique scandaleuse*? « Il s'est passé au bal de l'Opéra une scène du genre de celles dont la halle est souvent le théâtre, mais dont les suites ont été plus plaisantes. Deux courtisanes, Rosalie et Sainte-Marie, se sont prises de propos : les injures, les invectives ou les vérités dures, ce qui est à peu près synonyme entre ces demoiselles, ont été prodiguées. Le lendemain, un jeune homme se présente chez Sainte-Marie, qui était encore couchée : la femme de chambre refuse la porte ; il insiste, enfin il pénètre dans la chambre où la belle reposait dans les bras de

les autres par son éclat. — Mon Dieu ! dit la nymphe, que cette étoile est brillante ! Il n'y a point de diamant qui approche de cela. — Ah ! ma chère amie, dit l'ambassadeur, je vous le demande en grâce, ne vantez pas tant cette étoile ; je ne peux point vous la donner. »

Avec la Saint-Huberty et Rosalie Levasseur, Mlle Duplant chantait les grands rôles. Tous les chroniqueurs du temps vantent la splendeur et la majesté de ses formes, bien que les sceptiques n'insistent que sur sa forte corpulence. Quoi qu'il en soit, après vingt-deux ans de services, elle plaisait encore au public. Les camarades de Mlle Duplant la plaisantaient beaucoup à cause de sa liaison avec le boucher Colin, qui d'ailleurs se ruina pour elle. Un jour, le chien du boucher s'aventura jusqu'à sur la scène de l'Opéra. « Tiens ! dit Sophie Arnould, voilà un

Morphée. Alors il ferme les verrous, il ouvre les rideaux avec fracas et se fait reconnaître. C'était Rosalie elle-même qui venait demander raison à son adversaire. Elle tire deux pistolets et les présente à Sainte-Marie qui, à peine éveillée, saute de son lit en chemise et tombe aux pieds de Rosalie pour lui demander grâce. Celle-ci offre l'arme blanche, également refusée. Rosalie, après avoir traité sa rivale de poltronne, tire une grosse poignée de verges qu'elle avait cachée sous sa redingote..... fustige Sainte-Marie jusqu'au sang et se retire, satisfaite de sa vengeance. » *Chronique scandaleuse*, édit. de 1791, t. I, p. 173.

courrier de ton amant que je te présente. »

Sophie Arnould! c'est un bon mot qui nous amène à parler d'elle; et aussi bien ne représente-t-elle pas tout l'esprit léger, sautillant, sceptique du xviiie siècle? Au moment où paraissait le *Vol plus haut,* c'est-à-dire en 1784, la célèbre actrice avait la quarantaine et ses débuts remontaient à l'an de grâce 1757. Sa carrière se terminait presque au moment où Saint-Huberty débutait [1]. Mais quelle longue suite de triomphes, depuis son rôle dans l'opéra

1. C'est en juillet 1775 que Sophie Arnould cessa de faire un service régulier à l'Opéra. Les directeurs lui offrirent de la payer au cachet, à tant par représentation. Après avoir menacé de se retirer définitivement, Sophie accepta l'arrangement, au mois de novembre de la même année. On lui accorda 100 francs par représentation, ce qui fut considéré comme énorme et provoqua la jalousie de Rosalie Levasseur et de Mlle Châteauvieux. C'est à ces démêlés qu'il faut attribuer la cause de la grande brouille de Sophie et de Rosalie, qui avait repris le rôle de sa camarade dans l'*Alceste* de Gluck. Sophie joua encore dans plusieurs opéras : *Euthyme et Lyris* de Deformeri, et dans *Iphigénie,* mais sans grand succès. Dans *Adèle de Ponthieu,* dès octobre 1775, on l'avait trouvée « vieille et sans voix » (*Mémoires secrets,* 23 octobre). Cependant son jeu était toujours aussi noble. La reine l'applaudit fort dans *Iphigénie* (23 février 1777); mais le public sifflait toujours. En août 1778, elle fut huée dans la représentation en l'honneur du duc de Chartres. Il fallait céder la place aux jeunes.

d'*Armide* et dans l'*Amour et Psyché* (1762),
jusqu'à celui de *Castor et Pollux*! Les pièces où
elle brilla dans toute sa gloire sont notamment :
*Alphée et Aréthuse, Philémon et Baucis, Ver-
tumne et Pomone, Dardanus* et tant d'autres.
Au premier concert de l'Opéra dans la salle du
Concert spirituel (avril 1763), Sophie Arnould
fait presque oublier que sa voix est faible par le
charme incomparable de son jeu. « Mlle Arnould
joue plus qu'elle ne chante, disent les *Mémoires secrets;* sa voix anéantie n'a pas assez de
force pour le lieu; mais elle répare cela par
une âme prodigieuse, une expression de geste
et d'yeux qu'elle ne peut contenir. » Tous les
poètes lui tressent des couronnes. Dorat trace
de son salon la plus séduisante peinture :

> . . . .
> Chez toi, l'on badine et l'on rit;
> La gêne y semble insupportable,
> Et l'on y cache son esprit
> Afin d'en être plus aimable.
>
> . . . .
> C'est là que sur une ottomane
> Qu'ombragent de légers festons,
> D'un vol errant et diaphane
> Volent les jeux et les baisers[1].

Jamais reine n'eut plus d'adorateurs. Elle

1. Sophie récompensa Dorat de ses épîtres enflam-
mées en disant de certains ouvrages du poète, assez

traite d'égal à égal avec les princes. Un soir, au milieu d'une représentation d'*Adèle de Ponthieu*, le public trouva indécent qu'elle regardât si familièrement le comte d'Artois, et la siffla. Une autre fois, elle offre au duc d'Orléans un feu d'artifice, en l'honneur de la naissance du duc de Valois. Le puissant duc de la Vrillière la menace du Fort-l'Évêque, si elle refuse de jouer, en prétextant des indispositions imaginaires. Elle ne faiblit pas et vient le soir dans la salle pour prendre, dit-elle, une leçon de Mlle Beaumesnil qui doublait son rôle « sans avoir l'âme nécessaire ». Le prince de Hénin est longtemps son fidèle [1], et Voltaire, en 1778, va lui rendre hommage, lui le dieu et

insignifiants, mais admirablement illustrés : « Dorat se sauve par les planches. »

1. En août 1774, Gluck eut une altercation avec le prince de Hénin chez Sophie Arnould. Le prince, qui ne quittait pas le salon de l'actrice, se plaisait à tenir des propos désagréables pour la musique et les musiciens. Il arrive un jour chez Sophie, alors que Gluck s'y trouvait. Le compositeur ne s'étant pas levé : « L'usage en France, s'écrie le prince, est de ne pas rester assis quand on voit entrer un homme d'importance. — L'usage en Allemagne, répliqua Gluck, est de ne se lever que pour les personnes qu'on estime. » Et Sophie ayant essayé de réparer cette impertinence, Gluck irrité lui déclara qu'il ne reviendrait plus chez elle, puisqu'elle n'y était pas la maîtresse et ne faisait pas respecter l'art.

l'idole du xviiie siècle. Sophie Arnould n'était
pas seulement une artiste merveilleuse, c'était
aussi un cœur passionné, aimant, quoique tra-
versé de caprices bizarres et de passions fou-
gueuses. Elle aima successivement le comte de
Lauraguais, Bellanger, le dessinateur des menus qui voulut l'épouser, et le comédien Florance qui supplanta Bellanger. Ce comte de
Lauraguais est le même qui traita Theveneau
de Morande d'une manière si cuisante et qui
s'illustra par ses excentricités. N'est-ce pas lui
qui, un beau jour, irrité de rencontrer constamment chez Sophie le prince de Hénin, appela
gravement quatre docteurs de la Faculté et leur
fit signer une consultation établissant par raison démonstrative qu'on pouvait périr d'ennui,
et qu'une femme exposée à mourir d'ennui
avait le droit incontestable de chasser de chez
elle un homme qui la faisait bâiller à toute
heure du jour? Puis, le comte adressa ladite
consultation à son rival, par ministère d'huissier. Lauraguais avait, du reste, la passion bien
tyrannique et l'actrice se révolta plusieurs fois.
Voulant en finir avec le jaloux, elle profita
d'une absence du comte, qui était allé à Genève
montrer à Voltaire une tragédie de sa façon, et
renvoya à Mme de Lauraguais tous les bijoux
qu'elle tenait de la libéralité du gentilhomme,

y compris deux enfants qu'elle avait de lui. A
son retour, M. de Lauraguais se signala par le
plus violent désespoir. Ce fut la clémente comtesse qui arrangea les choses et fit accepter à la
maîtresse délaissée de son mari un contrat de
deux mille écus de rente. Elle se chargeait aussi
des deux enfants. Bertin, le richissime trésorier
des parties casuelles, membre par surcroît de l'A-
cadémie des belles-lettres, essaya de remplacer
Lauraguais dans le cœur de Sophie… mais les largesses de Bertin ne servirent de rien. Le comte
et l'actrice oublièrent leurs griefs réciproques
et restaurèrent leur ménage irrégulier. Tout
Paris s'occupa de ces querelles d'amoureux.

Un autre adorateur de Sophie Arnould, c'est
M. de Murville, son poète ordinaire, qui nous
a laissé tant de dithyrambes sur elle; témoin ce
couplet qui se chantait en avril 1777, vers la
fin de la carrière artistique de la grande actrice :

> En vain l'envie aux triples dents,
>   Voulut blesser Sophie :
> Elle répand que ses talents
>   Semblent rose flétrie;
> Mais elle parut dans *Castor*
>   Si touchante et si belle
> Que chacun s'écria d'accord :
>   « C'est toujours, toujours elle ! »

C'est encore lui qui avait inscrit ce quatrain

au-dessous du buste de l'objet de son culte,
comme on disait en ce temps-là :

Ce buste nous enchante. Ah! fuyez, mes amis,
Fuyez! que de périls on court près du modèle!
Je n'ai jamais vu d'homme en sa présence admis
Qui n'entrât inconstant et ne sortît fidèle.

Murville [1] poussa le fanatisme pour Sophie
jusqu'à épouser, en 1780, la fille de l'actrice
qui n'était nullement jolie, et qui disait : « Ma
mère a un an de moins chaque année : si elle
continue, je deviendrai sa sœur aînée. » Sophie,
à tout le moins, restait toujours jeune par
l'esprit. Quand elle dut abandonner le théâtre,
son salon lui resta, avec une pléiade d'hommes
de génie ou de talent. Voltaire, Rousseau, Diderot, Sedaine, Beaumarchais, Dalembert, Duclos,
Helvétius, toute la fleur du xviiie siècle, y bril-
lèrent tour à tour. Et voilà ce que Morande,
parlant d'un lieu illuminé par tant de rayons
de gloire, appelle un sénat de tribades! Nous

1. En août 1785, les *Mémoires secrets* annoncent
qu'on va donner sous peu aux Français une comédie
de M. André de Murville, le gendre de Sophie. Les
trois personnages du drame étaient la belle-mère de
l'auteur, Bellanger et Florance. On peut consulter sur
la liaison de Sophie avec Bellanger la jolie étude des
frères de Goncourt : *Sophie Arnould, d'après sa correspondance et ses mémoires inédits*, Paris, 1 vol. in-12,
1861.

touchons ici à un point délicat : car Morande
pouvait rivaliser de méchanceté avec une
femme de théâtre, et il ne faut accepter ses médisances, empruntées pour la plupart à l'*Espion
anglais* [1], que sous bénéfice d'inventaire. Cependant la liaison de Sophie avec Mlle Raucourt
est trop bien constatée par les témoignages contemporains pour qu'on puisse la révoquer en
doute.

Qu'était-ce donc que Mlle Raucourt? C'était
la gloire de la Comédie-Française. Fille d'un
acteur de province, elle avait joué, encore enfant, de petits rôles sur le théâtre de Cadix.
Plus tard, elle prit des leçons de Brisart et de
Mlle Clairon. Grimm raconte avec enthousiasme ses débuts à la Comédie-Française, dans
une pièce de Lefranc de Pompignan, *Didon* :
« Les jours que Mlle Raucourt jouoit, les portes
de la Comédie étoient assiégées dès dix heures
du matin. On y étouffoit; les domestiques qu'on
envoyoit retenir des places couroient risque de
la vie... » Le roi donna 5o louis à la débutante.
Mme Du Barry, les princesses de Beauvau et
de Guéménée, la duchesse de Villeroy lui envoyèrent de magnifiques robes de théâtre. Le
banquier Beaujon mettait son hôtel à sa dispo-

1. V. l'*Espion anglais*. t. X, p. 254 et suivantes.

sition pour répéter ses rôles. Mais, hélas! tant
de témoignages d'admiration avaient gâté l'actrice. Elle ne sut pas résister à l'entraînement
de ses passions impétueuses et donna l'exemple
de tous les scandales. En peu de temps, elle fit
pour plus de cent mille écus de dettes, et, afin
d'échapper à ses créanciers, s'enfuit sous un
uniforme de dragon et gagna la frontière. Telle
était la femme qui fut successivement l'intime
amie et la violente ennemie de Sophie Arnould.
Morande, dans la *Gazette noire*, appelle Raucourt « la grande louve ou la laye des bois ».
Pourquoi? On le comprendra, sans que nous
insistions, en lisant dans les *Mémoires secrets*[1]
le récit de la grande querelle d'Arnould et de
Raucourt, à propos des différentes manières
de concevoir l'amour idéal[2]. Le marquis de

1. *Mémoires secrets*, 11 et 15 octobre 1774.
2. *L'Espion anglais*, dans l'*Apologie de la fête anan-
dryne* qu'il met dans la bouche de Mlle Raucourt (t. X,
p. 253), prête les goûts étranges de cette actrice à Sophie Arnould, à Mlle Clairon, à Mlle Souck, puis à des
femmes du monde, la duchesse de Urbsrex, la marquise
de Terracenès, la marquise de Téchul et enfin à Mme de
Furiel, femme du procureur général du Parlement
Maupeou. Mlle Souck était une étrange créature. Abî-
mée de dettes, ne pouvant plus rester à Paris où ses
créanciers lui réclamaient 400,000 livres, elle était allée
faire un tour à l'étranger et, au cours de ses voyages,
avait tourné la tête du prince Henri, frère du roi de

Villette tenait pour Raucourt et le dessinateur
Bellanger pour Arnould. Les deux chevaliers
faillirent en venir aux mains. On décida qu'ils
se rencontreraient, mettraient tous deux l'épée
à la main... puis qu'on les séparerait. Les cote-
ries adverses échangèrent longtemps les arguments et les injures, à l'instar des personnages
de Lucien. Comme le disent les *Mémoires
secrets,* il y eut « un schisme entre les deux

Prusse. Elle revint à Paris chargée des dépouilles de
l'Altesse. Quand Mlle Raucourt, réfugiée chez le prince
de Ligne, n'osait plus reparaître à la Comédie-Française, ce fut Mlle Souck et la reine Marie-Antoinette
qui offrirent de payer les dettes de l'actrice, qui s'éle-
vaient à 200,000 livres. V. *Mémoires secrets* du 9 nov.
1777. En juillet 1778, Souck et Raucourt étaient ensemble à Hombourg, où elles commirent plusieurs in-
délicatesses qui les firent condamner par la justice
locale au fouet, à la marque et au bannissement (*Ibid.*
15 juillet 1778). Les mémoires du temps ne nous disent
ni comment ni par qui la sentence fut exécutée; quoi
qu'il en soit, cette épreuve ne rompit pas la liaison de
Souck et Raucourt. Dans l'épître à *celle qui se recon-
naîtra* (*Mémoires secrets,* 15 octobre 1779), l'auteur
engage Mlle Raucourt à rester elle-même :

> N'obéis qu'à ta fantaisie,
> Garde ton essor cavalier,
> Et ton audace et ton génie,
> Et cet amour peu familier
> Dont le costume irrégulier
> Tente la bonne compagnie.
> Monte, le matin, un coursier
> D'Angleterre ou d'Andalousie;
> Aime, le soir, Souck et Julie.

sectes; de là des vers, des épigrammes, etc., ce qui amuse singulièrement les coulisses et la multitude de gens frivoles pour qui ces querelles sont des objets très importants ». Après la bataille, les deux rivales se réconcilièrent, et, lorsqu'au mois de septembre 1779 le roi autorisa Raucourt à faire sa rentrée à la Comédie-Française, elle descendit chez Sophie Arnould. Ce fut un évènement dans un certain monde. Mais l'ingrate Raucourt témoigna peu de reconnaissance à Sophie qui, à l'exemple de Louis XII, oubliait les anciennes injures. Elle lui enleva le prince de Hénin. Un trait si noir rendit furieuse l'aimable Sophie. Elle se serait portée sans doute à des extrémités violentes, si le prince et sa séductrice ne s'étaient pas réfugiés à Bagatelle, chez le comte d'Artois [1]. Raucourt ne se contenta pas de cette conquête masculine, et Morande, dans la *Gazette noire,* nous apprend qu'elle fit passer un peu plus tard dans son camp une jeune amie de Sophie qui s'appelait Mlle Virginie. Sophie Arnould, sans penser à mal, avait deux jours de réception, le mardi pour les femmes et le jeudi pour les hommes. Cela fait rougir l'auteur du *Vol plus haut;* mais le pamphlétaire avait beaucoup trop

---

1. *Mémoires secrets,* 6 janvier 1780.

d’imagination, et ses indignations font sourire, quand il s’agit de femmes adorables, idoles d’une société de beaux esprits qui ne prodiguait pas ses hommages.

Mlle Raucourt faisait partie de la troupe de la Comédie-Française, ainsi que la Préville et la Vestris, sans oublier les acteurs Préville, de la Rive, Grammont de Rozelli. Le rédacteur *du Vol plus haut*, dans sa préface, raconte que, « transporté en rêve au milieu du ridicule sénat de la Comédie-Française », il a assisté à la conférence des comédiens et comédiennes, qui l’ont défié de diriger contre eux ses traits satiriques. C’est Mlle Raucourt qui, dans cette vision fantastique, parle la dernière : « Il n’osera jamais, dit-elle —. Ah! je n’oserai jamais, s’écrie l’indiscret anonyme ; nous allons voir! » Alors il se réveille, s’assied « entre la Satyre et la Vérité » et commence son livre. A propos de la Comédie-Française, nous ne citerons qu’un passage où Morande, voulant démontrer que les théâtres privilégiés de la capitale étaient en pleine décadence, compare l’organisation de la Comédie, au temps de Molière, avec les nouveaux usages qui livrent la destinée des auteurs les plus éminents à la capricieuse influence des actrices : « L’admirable auteur du *Misanthrope* parlait ; on se soumettait, sans orgueil, à ses

décisions et l'on trouvait une sorte de gloire à
suivre ses avis... Dans le temps cité plus haut,
les femmes n'étaient point admises aux délibé-
rations; aujourd'hui, rien ne se décide sans
elles; elles font des réformes, établissent des
lois et, d'un moment à l'autre, changent la face
du général et décident, à tort et à travers, du
mérite de ceux ou de celles qui réclament l'espérance de posséder les mêmes places que les
anciens comédiens et comédiennes occupent.
C'est pourtant à la censure de pareils juges que
sont exposées les veilles littéraires de nos plus
estimables écrivains! Trop heureux encore, si
leurs productions ne deviennent en un moment
la proie d'un mauvois bon mot ou d'un plat
calembour, qui souvent ne doit son succès
qu'à la mine joliette de celle qui l'a prononcé. »

Les petits pamphlets attribués à Morande
parlent peu de la Comédie-Italienne. Tout au
plus la *Gazette noire* dit-elle quelques mots
de Mlle Miré, plus connue sous le nom de Colombe [1]. Elle avait débuté en septembre 1772,

1. Colombe, après avoir été abandonnée par le duc
de F***, se lia avec J***, maître des requêtes et roué
fort connu par ses aventures de tripot. La prétention
de ce gentilhomme était d'avoir deux maîtresses. Colombe émit alors la prétention d'avoir deux amants.
J***, furieux, cassa toutes les glaces de l'appartement
de Colombe; l'actrice alla froidement chez le maître

dans le *Huron* et dans *Tom Jones*. Il paraît
que « toutes les femmes chantantes » furent
exaspérées du succès prodigieux de la jeune
actrice et cabalèrent, si l'on en croit les *Mémoires secrets,* auprès des gentilshommes de
la Chambre pour empêcher qu'elle ne fût reçue.
Cette jalousie ne nuisit pas à Colombe : dix
ans après, on la chantait encore [1].

On trouve, en revanche, dans les œuvres du
libelliste des renseignements nombreux et

de requêtes et brisa à son tour toutes les glaces du
logis, en laissant sur une carte deux vers que nous
tairons. J*** mit fin à ce duel, en constituant à l'adversaire un contrat de rente de 2,000 écus. — *L'Alma-
nach des adresses des demoiselles de Paris,* qui porte
la date de 1792, parle encore de Mlle Miré et de ses
120 maris. En 1784, lorsque parut la *Gazette noire,* la
brûlante courtisane avait déjà mis au tombeau plusieurs de ses adorateurs qui s'étaient épuisés pour lui
plaire. On grava sur le monument funèbre de l'un
deux :

La Miré la, mi, la.

V. la même anecdote dans la *Chron. scand.* t. I, p. 201
et dans l'*Espion anglais,* t. II. p. 197.

1.   Circé, changeant l'homme en dieu,
               D'un seul coup de baguette
          Fournit la femelle au moineau,
               Le mâle à la fauvette.
          Chez elle, il faut s'appareiller :
               Si dans ses mains je tombe,
          Qu'elle me transforme en ramier,
               Car j'aime *la Colombe.*

piquants sur les petits théâtres du Boulevard.
Il n'est pas impossible de reconstituer ainsi,
en utilisant çà et là des pièces qui dorment
oubliées dans la poussière des bibliothèques,
tout un côté vivant et original du Paris de
l'ancien régime, à la veille de la Révolution.

CHAPITRE V

LES THÉATRES DU BOULEVARD

Morande et les théâtres du boulevard. — Régime général des petits théâtres sous l'ancienne monarchie. — Privilège des comédiens du roi. — En 1764, Nicolet et Audinot entrent en scène.   Théâtre de Nicolet. — Parades et pantomimes. — Les grands danseurs du roi. — Nicolet joue de véritables comédies. — Protestations furieuses de la Comédie-Française, qui saisit le Parlement. — Composition de la troupe de Nicolet. — Jugements et médisances de Morande. — Mme Nicolet. — La belle la Forest. — Mlle la France. — L'acteur Nouvel. — Mayeur. — Théâtre de l'Ambigu comique. — Audinot. — Les bamboches ou comédiens de bois. — Ballets d'action. — La troupe d'enfants. — Les pantomimes. — Le théâtre des Variétés amusantes. — L'Opéra, la Comédie-Française et les Italiens persécutent Audinot. — Gaillard et Dorfeuille obtiennent l'entreprise de l'Ambigu et des Variétés. — Audinot rachète le bail de ses concurrents. — Violentes critiques de Morande contre Audinot. — Le faux d'Audinot. — Les acteurs de l'Ambigu. — Les acteurs des Variétés amusantes — Les Variétés au Palais-Royal. — La lutte des petits théâtres contre les théâtres privilégiés. — Le

14.

THÉATRE DES ASSOCIÉS : Visage et Salé. — La boutique de Curtius. — Lettre inédite de Curtius aux administrateurs de Paris. — Le cabinet de physique de Comus. — Les cafés du boulevard. — Les vielleuses. — Les tripots et leurs directrices.

IL s'en fallait de beaucoup que l'industrie des entrepreneurs de spectacles fût libre et sans entraves, sous l'ancienne monarchie. N'avait pas qui voulait le droit d'amuser ses semblables. L'ordonnance du 22 octobre 1680, signée de Louis XIV et de Colbert, avait accordé à la troupe de Molière, fondue avec celle de l'hôtel de Bourgogne, le privilège de jouer la comédie à Paris, à l'exclusion de tous les autres comédiens français. Ce privilège exorbitant fut maintenu, tant bien que mal, jusqu'en 1764. Mais alors surgit une concurrence formidable. Nicolet et Audinot entrent en scène avec leurs marionnettes et leurs *bamboches* ou *comédiens de bois.* Il faut étudier successivement ces deux personnages, que Morande a couverts de boue dans la *Gazette noire* et le *Chroniqueur désœuvré,* mais qui ont largement contribué, — il est juste de le reconnaître, — à l'émancipation du théâtre dans notre pays.

Le théâtre de Nicolet était le plus ancien des théâtres du Boulevard. Nicolet père dirigeait depuis trente ans un théâtre de marionnettes aux diverses foires de Paris, lorsque Nicolet fils, — celui qui devait illustrer la dynastie des Nicolet, — loua, en 1760, une salle construite par Fourré, élève de Servandoni, sur le terrain qu'occupe actuellement l'Ambigu-Comique. Un peu plus tard, en 1764, il fit construire une nouvelle salle sur des terrains loués à M. de Chavannes. Dans cette salle, la troupe de Nicolet s'était bornée, au commencement, à ne jouer que des parades et des pantomimes. Les ordres de la police enjoignaient aux acteurs forains de s'abstenir de *parler* et de *chanter*. Mais peu à peu ils s'enhardirent : le souverain lui-même les encourageait et leur avait permis de prendre le titre de *grands danseurs du roi*. Ils en vinrent à jouer de véritables comédies. Nicolet eut bientôt trente acteurs appointés, vingt instrumentistes dans son orchestre, soixante danseurs et deux cent cinquante pièces à son répertoire. Le public prenait goût au nouveau genre de spectacle, un peu grossier, mais parlant aux sens. Alors la Comédie-Française s'émeut et saisit le Parlement [1]. Elle

1. Les petits théâtres donnaient, en général, deux représentations, l'une l'après-dîner, l'autre la nuit : on y construisait de petites loges qu'on louait d'avance à des personnages souvent haut placés. Enfin les théâtres des boulevards ne fermaient que le dimanche des Ra-

invoque ses vieux privilèges et signifie aux
directeurs des théâtres du Boulevard des conclusions tendant « à ce que les arrêts de la
Cour du 22 février 1707, 21 mars 1708 et
27 janvier 1709 soient exécutés selon leur
forme et teneur; en conséquence, que défenses
leur soient faites et à tous autres de plus, à
l'avenir, employer leurs théâtres à d'autres
usages que ceux pour lesquels ils sont établis,
ni d'y jouer autre chose que des jeux et danses
de corde, de simples parades et pantomimes...
que défenses leur soient pareillement faites de
prendre à l'avenir plus de 12 sols pour les premières places et d'avoir plus de six violons et
de dix danseurs : le tout à peine de 3,000 livres
d'amende et de démolition de leur théâtre ».
Ce qui portait la Comédie-Française à ces extrémités, c'était le succès de Nicolet et de ses confrères. « Pendant un temps, on vit le théâtre
de la Nation, quoique dans sa plus grande
force, tenir à peine contre celui de Nicolet.
Les auteurs et les acteurs furent en foule essayer
sur les tréteaux de ces entrepreneurs des talents
et des productions précoces. Le public se laissa

meaux, au lieu que les grands spectacles fermaient dès
le dimanche de la Passion. Tous rouvraient le lendemain du dimanche de Quasimodo. V. l'*Espion anglais*
t. X, p. 11.

entraîner à ces nouveautés, et la préférence
qu'il donna aux obscénités et aux frivolités de
ce spectacle fut telle que les trois grands spectacles de Paris devinrent, à cette époque, presque déserts. La Comédie-Française, en particulier, fut obligée de fermer plusieurs fois
pendant la semaine, faute de spectateurs [1].

Cette vogue du théâtre des *grands danseurs
du roi* s'expliquerait difficilement si l'on adop-
tait, sans y regarder à deux fois, les allégations
de Morande qui, dans la *Gazette noire*, traite
Nicolet avec un parfait dédain. Ce n'était pas
un homme de lettres, écrit le pamphlétaire,
puisqu'il ne savait ni lire ni écrire; ce n'était
pas non plus un musicien, puisqu'il ne savait
pas distinguer la différence de la clef de sa
chambre avec la clef de *sol*. Il faudrait lui
appliquer ce mot fait sur un acteur de province : « Il jouait les financiers comme les arlequins, et les arlequins comme les financiers. »
Quant à Mme Nicolet, le gazetier ne la ménage
pas davantage. « Elle ne joue plus, dit-il; elle

1. *Mémoire et consultation sur la cause pendante en
la Grand'Chambre du Parlement entre les comédiens
français, le sieur Nicolet et les autres entrepreneurs
de spectacles forains,* 28 mai 1785. Ce mémoire était
suivi de l'approbation de Gerbier, Coqueley de Chaus-
sepierre, Japineau de la Voute, Hardouin de la Rey-
nerie.

vient de se retirer depuis peu, quoique ses
attraits le fussent déjà depuis longtemps... »
Elle veut se consacrer tout entière à ses plaisirs, qui avaient une certaine analogie avec les
passe-temps de Mlle Raucourt[1]. Elle avait été
remplacée par la belle la Forest qui, de 1778
à 1780, fit une longue éclipse, motivée par sa
liaison intéressée avec Bertin, le ministre des
parties casuelles. Bertin avait été précédé dans
les bonnes grâces de l'actrice par le sieur La
Rousse, ancien fruitier, qu'on avait surnommé
le marquis des Poirées; le ministre resta maître
de la place, moyennant un hôtel qu'il offrit à
la Forest, rue Popincourt, avec 60,000 francs
de meubles; mais, au bout de deux ans de cette
existence dorée, la belle actrice quitta Bertin,
jura de nouveau fidélité à son pseudo-marquis,
et fit sa rentrée au théâtre des grands danseurs dont elle faisait l'un des plus précieux
ornements. A côté de la Forest, manœuvrait

1. Les *Pantins du Boulevard* (petit libelle plus que
léger qui porte la date de 1791) font allusion à la
passion témoignée par Mme Nicolet à l'abbé Robineau
de Beaunoir, sous-bibliothécaire de la Bibliothèque
du Roi. On prétend dans le même ouvrage que M. de
Sartine avait vivement influencé Nicolet pour l'amener à un mariage qui ne mit sur son front aucune
auréole, mais qui était commode pour le lieutenant de
police.

sur les planches de Nicolet un petit escadron d'actrices : Mlles Rosalie, soubrette, « petite bamboche de trois pieds et demi de haut »; Langlois, Fournier, Bellingant, Alphonsine, et cette demoiselle la France qui jouait les rôles d'Arlequin. Morande n'en trace pas un portrait bien séduisant : « Grande, sèche, noire, barbue, la denture puante, marchant comme une oie... voilà son physique. » Quant aux acteurs du *Théâtre des grands danseurs,* il faut citer les noms de Talon, de Nouvel, de Mayeur. Nouvel était cet étrange admirateur de Mlle Raucourt qui, pour avoir confondu le jardin des Tuileries avec les bosquets de la Grèce antique, fut obligé de s'expatrier en Suède. Le *chroniqueur désœuvré* cite une curieuse pièce de vers qu'il suppose adressée par Nouvel à Mlle Raucourt. La morale en est édifiante :

> Le caprice est ce qui nous meut;
> Le diable emporte les scrupules!
> Tout le monde a des ridicules,
> Mais n'a pas des vices qui veut.
>
> . . . .
> . . . .
>
> Va, dans ce siècle du bon ton,
> Les mœurs sont une singerie
> Et la sagesse une folie :
> Nous sommes libertins à fond.

Enfin Mayeur est ce même personnage auquel plusieurs érudits, Barbier notamment[1], attribuent la paternité du *Chroniqueur dé-sœuvré* et du *Désœuvré mis en œuvre*[2]. Cette hypothèse nous semble bien dépourvue de vraisemblance, car l'auteur anonyme du *Chroniqueur désœuvré* traite Mayeur avec un mépris peu dissimulé : « Comment ne saurais-je pas, écrit-il dans sa préface, que Mayeur est une poupée pleine de ridicules ? Je lui ai vu mettre

1. *Dict. des ouvrages anonymes* t. I, p. 910.

2. QUÉRARD (*France littéraire*, v^{os} *Dumont et Mayeur*) désigne ce Dumont, d'après le dire de Mayeur, comme étant le véritable auteur du *Vol plus haut*, du *Chroniqueur désœuvré* et du *Désœuvré mis en œuvre*. En ce qui touche le *Vol plus haut*, nous renvoyons à la note de la p. 125, et, quant au *Chroniqueur désœuvré*, nous ne pouvons accepter l'hypothèse de QUÉRARD, par les raisons déduites à la note de la p. 108. Enfin il suffit de parcourir le *Désœuvré mis en œuvre* pour reconnaitre que ce livre est une réfutation et non une suite du *Chroniqueur désœuvré*. Le 2ᵉ tome du *Chroniqueur* réplique même à la réfutation du 1ᵉʳ tome. Si l'on admettait que Dumont fût le véritable auteur du *Chroniqueur désœuvré*, il faudrait avouer que Dumont n'a pas dû se réfuter lui-même en écrivant le *Désœuvré mis en œuvre*. Ce dernier libelle est d'ailleurs d'une telle platitude qu'il ne peut émaner de la plume qui a écrit le *Chroniqueur désœuvré* et le *Vol plus haut*. Il nous parait donc plus probable que Dumont ne doit endosser que la paternité du *Désœuvré mis en œuvre*, et que le *Chroniqueur désœuvré* revient à Morande, à l'exclusion de Mayeur et Dumont, comme nous l'avons soutenu dans la note de la p. 108.

du rouge pour aller faire une visite : je dînais
ce jour-là chez lui. » Plus loin, en passant en
revue les différents sujets de la troupe de Nicolet, l'anonyme trace de nouveau le portrait de
Mayeur dans des termes aussi peu flatteurs :
« Peindrai-je sa suffisance ? Ce défaut qu'il possède au suprême degré est si généralement
connu que ma peinture serait inutile et dé-
placée. Arrêtons-nous seulement sur les bonnes
fortunes de ce morveux. Qui croirait, en effet,
que nos élégantes françaises, si connaisseuses
en vrai mérite, puissent s'arrêter un moment
à la chétive apparence de Mayeur, et que cette
Alphonsine, si connue, si renommée pour toujours viser à l'essentiel, ait pu l'adorer pendant
quinze jours au moins ? » On comprendrait, à
la rigueur, qu'un fat, désireux de vanter ses
bonnes fortunes, les mît en relief, sous couleur
de s'en étonner ; mais ce qu'on voit plus rarement, c'est un auteur dépréciant ses propres
ouvrages. Or le chroniqueur anonyme reproche
à Mayeur d'avoir maladroitement copié un
roman de l'abbé Prévost. Il repousse d'ailleurs
formellement l'accusation d'avoir écrit le *Chroniqueur désœuvré* : « Quand mon premier
volume fut jeté comme une bombe au milieu
de tout ce peuple histrion, les différents éclats
qui se dispersèrent donnèrent lieu à mille con-

jectures différentes ; Mayeur soupçonné pensa
recevoir une remontrance manuelle ; moi-
même, j'échauffais les esprits et n'aurais pas été
fâché de voir passer à un autre le fruit mérité de
mon travail. »

Nicolet avait un concurrent redoutable dans
la personne d'Audinot, fondateur du théâtre de
l'Ambigu-Comique.

Audinot avait débuté fort jeune à l'Opéra-
Comique et à la Comédie-Italienne. Un moment, en 1767-68, il exploite le théâtre de Versailles ; puis, ambitieux, avide de succès, il
revient à Paris et obtient de M. de Sartine l'autorisation de créer un nouveau genre de spectacle : *les bamboches* ou *comédiens de bois*[1].
C'étaient des pantins, assez bien faits et représentant les acteurs de la Comédie-Italienne. Le
succès fut immense. De la foire Saint-Germain,
Audinot transporta ses exhibitions au boulevard du Temple, et inaugura sa nouvelle salle

1. Le théâtre d'Audinot avait excité les plaintes de
l'archevêque de Paris, qui était scandalisé de voir qu'on
y employait des petits enfants et qu'on y parodiait
quelquefois les cérémonies de l'Église (notamment
dans *Alceste, ou la Force de l'amour et de l'amitié*, paroles d'Arnauld, musique de Pupavoine). On calma
l'archevêque en faisant payer le droit des pauvres aux
théâtres forains, qui jusque-là en avaient été exempts.
Eleemosynis redime peccata, conclut l'*Espion anglais*,
t. X, p. 14.

AMBIGU VERS 1786

A. Quantin Imp. Edit.

en juillet 1769. L'année suivante, il donne à son théâtre le nom d'*Ambigu-Comique*, mais le public continue à l'appeler le *théâtre d'Audinot*. Aux marionnettes s'ajoutent des ballets d'action, tels que *Polyphème, Acis et Galatée*. Bientôt, les acteurs de bois font place à une troupe d'enfants qui jouent des scènes épisodiques. *Sicut infantes audi nos*, disaient les prospectus. Enfin viennent des pantomimes : *Alceste, le Pouvoir de l'amour*, la *Belle au bois dormant*, le *Capitaine Cook*, le *Masque de fer*, etc. La vogue s'accentue, et l'ancien théâtre des *bamboches* fait des recettes miraculeuses : il faut agrandir la salle en 1773. Mais le succès d'Audinot ne pouvait manquer de lui attirer bien des jaloux, bien des concurrents. Lecluse, comme lui ancien acteur de l'Opéra-Comique, élève, à côté de l'Ambigu, le théâtre des *Variétés amusantes*. L'Opéra, s'appuyant sur l'arrêt du Conseil du 11 avril 1784 qui lui avait accordé une autorité discrétionnaire sur les spectacles forains, force Audinot à lui payer une redevance annuelle et à ne monter aucun des opéras joués depuis dix ans à l'Opéra ou à la Comédie-Italienne. La Comédie-Française et les Italiens réclament à leur tour et se font attribuer le droit exorbitant de modifier et de remanier les pièces de l'Ambigu. Audinot est assujetti à verser le quart de ses recettes pour les pauvres. Enfin le lieutenant de police l'oblige à construire une salle à la foire Saint-Ovide, puis une autre à la foire Saint-Laurent. Celle de la foire Saint-Germain fut rebâtie à quatre reprises différentes. Audinot n'était pas au bout de ses épreuves [1]. En janvier 1785, les sieurs Gaillard et Dorfeuille, anciens directeurs de théâtre à Lyon et à Bordeaux, amenèrent l'Opéra, moyennant promesse d'une prestation annuelle de 30,000 livres, à rompre le contrat passé avec Audinot [2]. Gaillard et Dorfeuille

1. Audinot a raconté lui-même l'histoire de ses succès et de ses luttes dans le mémoire intitulé : « Mémoire et consultation pour le sieur Nicolas-Médard Audinot, propriétaire et directeur du spectacle de l'Ambigu-Comique, demandeur, contre les sieurs Gaillard et Dorfeuille, locataires du privilège des spectacles de l'Ambigu-Comique et des Variétés amusantes, défendeurs. A Paris, de l'imprimerie de la veuve Hérissart, rue Neuve-Notre-Dame, 1785. »

2. On lit dans les *Mémoires secrets*, sous la date du 1er Janvier 1785 : « C'est hier que le sieur Audinot, dont le spectacle, ainsi qu'on l'a dit, va être dirigé par les mêmes administrateurs des *Variétés*, a donné pour la dernière fois. On y jouoit « *La Fin couronne l'œuvre ou les Adieux* », proverbe épisodique, en un acte, relatif à la circonstance. Il a eu le plus grand succès; tout le monde a été attendri jusques aux larmes. On a demandé le sieur Audinot, qui est venu, le mouchoir à la main, ainsi que ses acteurs, et n'a pu dire autre chose, sinon en montrant ses camarades et lui :

obtinrent l'entreprise non seulement de l'Ambigu, mais des Variétés amusantes, pour la somme totale de 60,000 francs par an. Ils furent, de plus, affranchis de l'obligation de suivre les foires, obligation qui avait pesé d'une

Messieurs, voilà notre compliment. C'est la première fois qu'un théâtre forain offre une pareille scène. Il est certain que le sieur Audinot est le père et le créateur de cette sorte de spectacles. Avant lui, les honnêtes gens n'osoient y aller; ils étoient réservés à la canaille, aux filles, aux libertins; les turlupinades, l'indécence, la crapule y régnoient. Il a monté le sien peu à peu sur un ton plus honnête. Ses confrères se sont piqués d'émulation, et le Boulevard est presque devenu l'école des bonnes mœurs, tandis que les autres théâtres se dégradoient. Ce directeur devroit se retirer fort riche; mais son inconduite l'a fait manger à mesure qu'il gagnoit, et il ne lui reste que de quoi vivre bourgeoisement, ce dont ne se contente pas aujourd'hui le plus mauvais farceur. »

Les *Mémoires secrets* ont d'ailleurs raconté toutes les phases de la lutte d'Audinot contre Gaillard, Dorfeuille, Parisau. Sous la date du 26 octobre 1785, les continuateurs de Bachaumont annoncent que, grâce à la protection du comte d'Artois et du nouveau lieutenant de police, Audinot va reprendre possession de sa salle de l'Ambigu sur les boulevards et y monter *l'Impromptu du moment,* nouveauté, avec une reprise de la célèbre pantomime *les Bons et les Méchants,* pièce du répertoire de l'Ambigu qui avait eu tant de vogue que l'Opéra, jaloux de ce succès, avait demandé la suppression de l'ouvrage. Au mois de novembre de la même année, Audinot, associé au sieur Arnould, reprit en effet la direction de son théâtre, à la grande satisfaction du public.

façon si dure sur le pauvre Audinot. Ce qui irrita le directeur dépouillé, plus encore que les manœuvres de ses concurrents [1], ce fut l'attitude de Nicolet qu'il accuse « de lui avoir lâchement porté les derniers coups... J'ai souffert avec courage, écrit Audinot, les atteintes des sieur Gaillard et Dorfeuille, même celle de Parisau. J'ai eu, à leur égard, la fermeté du lion mourant; mais, comme lui aussi, j'éprouve tout à coup le même découragement et j'avouerai, que je n'ai pas assez de force pour résister au coup de pied de Nicolet ». Ce beau désespoir ne dura pas, et Audinot, dès le mois d'octobre 1785, racheta le bail des concurrents qui l'avaient supplanté.

Morande n'aimait pas Audinot. Il affirme

1. On a conservé le mémoire en réponse des sieurs Gaillard et Dorfeuille. Ils établissent qu'Audinot ne tenait son spectacle que d'une permission annale du lieutenant-général de police, et que l'Opéra avait le droit de mettre aux enchères l'entreprise des théâtres forains ; que, du reste, Audinot aurait pu, s'il l'eût voulu, conserver son théâtre, à l'exemple de Nicolet qui avait fait une soumission de 24,000 livres afin de garder la direction de sa troupe. Mais Audinot s'était borné à offrir à l'Opéra de lui verser chaque année le dixième de sa recette nette. Pierre-Germain Parisau, ancien associé d'Audinot, passé, il est vrai, dans le camp ennemi, confirme sur tous ces points les assertions de Gaillard et Dorfeuille (v. le *Mémoire pour Parisau* du 30 mars 1785).

dans la *Gazette noire*[1] qu'il est, lui Morande,
le véritable auteur d'une brochure diffamatoire
spécialement dirigée contre le directeur de
l'Ambigu[2]. « Disons d'abord un mot du directeur du théâtre de l'Ambigu-Comique. J'avais
donné, il y a quelques années, sa confession ;
mais la police m'en ayant réprimandé, je trouve
ici le moyen de me venger. » Et le bienveillant
pamphlétaire se venge jusqu'à satiété de ne
pas avoir dit assez de mal de sa victime ! On
peut compléter l'exécution d'Audinot par un
passage de la *Chronique scandaleuse*[3] qui
raconte les mésaventures conjugales du directeur de l'Ambigu : « Le directeur d'un tripot
de saltimbanques qu'on nomme la troupe
d'Audinot (c'est Audinot lui-même) a essuyé
un petit désagrément. Il vivoit depuis longtemps en concubinage avec une femme dont
il avoit plusieurs enfans. Ce galant homme,
imbu de l'esprit comique, avoit fabriqué à sa
guise les extraits baptistaires de ces enfans,
en s'y reconnoissant le mari de sa maîtresse,
qui en avoit cependant un autre nommé *la
Prairie*. Une fille, assez célèbre à Paris par les

1. P. 234.
2. *Confession générale d'Audinot ; à Genève, chez les
frères Crammer et ici sous le manteau,* 1774.
3. Édit. de 1791, t. I, p. 165.

agrémens de sa figure et par ses liaisons avec
le prince de Conti, est le fruit de ces belles
amours. Elle s'est avisée de consulter un jour
son extrait baptistaire, et y voyant un nom
étranger qu'avoit imaginé Audinot pour remplacer celui de Mme la Prairie, qui étoit la
véritable mère, a attaqué le directeur de troupe
en justice. Elle l'avoit fait sommer de lui déclarer où étoit sa mère et, si elle étoit morte,
de lui rendre compte de ses biens. Audinot a
rendu naïvement compte de sa conduite et du
faux qu'il avoit commis. Cette plaisanterie lui
a valu quelques jours de prison et *le blâme*
dont il se moque, aussi bien que l'a fait B*** [1].
Ces deux personnages sont assez de l'avis du
cocher de fiacre auquel un premier président
faisoit cette petite cérémonie : elle consiste en
ces mots, qui se disent à l'audience au coupable
humblement prosterné, tête nue : « La Cour te
blâme et te déclare infâme! » A ces mots, le cocher tout ému s'écria : Monseigneur, cela va
donc m'empêcher de conduire mon carrosse?
— Non, lui répondit-on. — Sur ce pied-là, je
m'en... moque, reprit le fiacre. On ajoute que le
président s'en alla, en disant : Et moi aussi. »

1. Il s'agit évidemment de Beaumarchais, qui, nous
l'avons déjà dit (p. 42), avait été condamné au blâme
par arrêt du Parlement, en date du 26 février 1774.

Parlerons-nous des acteurs de l'Ambigu
qui entouraient Audinot ? L'Emery, Saint-
Aubin, Bithemer, Moreau, Micheau, Picardeau [1], ont laissé peu de traces dans l'histoire
du théâtre. La personnalité bruyante du directeur éclipsait et résumait toute la troupe.

Le succès de Nicolet et d'Audinot avait suscité des entreprises rivales. Ainsi le théâtre des
Variétés amusantes, dirigé par les trois frères
Malter. A en croire le *Chroniqueur désœuvré*,
on ne jouait aux *Variétés amusantes* que des
pièces ridicules. « Choix des sujets, choix des
pièces, tout est affreux. » Quant aux acteurs,
il les accable d'épithètes injurieuses. Beaulieu
aurait été chassé du salon de l'ambassadeur de
Venise, pour avoir été surpris trichant au jeu ;
il aurait de plus recueilli « l'héritage de Chris-
tophe Colomb » ; Bordier et Volanges, le désespoir des huissiers ; et de francs polissons :
Dodinet, « un détestable sujet tant au théâtre
que dans la société civile » ; Daubigny, un
ancien garçon perruquier ; Dorvigny, un fat
qui se faisait passer pour bâtard de Louis XV ;
Barotteau, un franc-maçon débauché. Enfin,
d'après le chroniqueur implacable, les actrices

1. Picardeau est le seul artiste de l'Ambigu qui figure encore dans la troupe en 1791, lorsque parurent
les Pantins du Boulevard.

Vermeille et Prieur auraient été de dignes élèves de Sappho, et il cite des fragments de la correspondance de ces deux femmes.

Que les mœurs de la troupe des Variétés laissassent à désirer, cela est fort vraisemblable; mais il est permis de penser que le répertoire de ce théâtre ne se composait pas exclusivement de pièces *ridicules :* car elles eurent l'honneur d'exciter la colère de la Comédie-Française, et ce fut même l'installation des Variétés au Palais-Royal qui provoqua la déclaration de guerre des artistes privilégiés à ceux des petits théâtres. Les acteurs des Variétés firent tête résolument aux attaques de la Comédie-Française. Dans leur mémoire en défense [1], ils discutent avec finesse l'ordonnance de 1680, non enregistrée du reste, et font remarquer qu'en défendant alors à d'autres comédiens qu'aux comédiens du roi de s'établir dans la ville et faubourgs de Paris, le souverain n'avait pas dû se lier les mains pour l'avenir et s'était réservé pour lui-même ou ses successeurs le droit d'autoriser de nouvelles troupes à ouvrir d'autres théâtres. « Comment, au surplus, seroit-il possible, écrivent les entre-

1. V. *Mémoire en réponse et consultation pour les entrepreneurs du spectacle des Variétés contre les Comédiens français.* 14 juillet 1785.

preneurs des Variétés, de n'admettre à toujours
qu'un seul théâtre français dans Paris? Il faut,
a dit l'un des écrivains les plus éloquents du
siècle, des spectacles aux hommes corrompus;
nous nous contenterons de dire qu'il faut des
spectacles au peuple nombreux d'une capitale
telle que la nôtre. » Un autre mémoire [1], écrit
dans une forme assez vive, insiste sur la même
nécessité et plaide avec chaleur la cause des
petits théâtres : « Si vous brisez les petits théâtres où la moitié de ce million d'habitants vient
prendre les distractions nécessaires à son existence, comme un délassement de ses travaux,
où fuira-t-elle ? Il faudra donc qu'elle s'entasse
dans les tavernes, qu'elle s'abrutisse et se ronge
dans ces lieux publics où la débauche prodigue
ses poisons; et n'aurez-vous point à craindre
ces émotions populaires dont l'oisiveté et le
choc de tant d'autres passions deviennent quelquefois le germe? » Enfin, pour réfuter les
déclamations des comédiens privilégiés, qui
signalaient avec indignation la prétendue im-
moralité des pièces jouées sur les petits théâtres, l'avocat des scènes de second ordre répond :
Mais vous jouez bien *Georges Dandin,* œuvre

1. *Observations pour les entrepreneurs de spectacles
forains sur l'imprimé intitulé : Mémoire et consultation pour les Comédiens français.*

bien autrement immorale que nos farces, puisqu'elle tend à faire considérer l'adultère comme
une *gentillesse*.

Lorsque Offenbach mit à la mode, grâce à
sa musique endiablée, la parodie des héros et
celle des dieux de l'Olympe, peut-être ne se
doutait-il pas qu'il avait eu des précurseurs au
xviii° siècle. Deux anciens employés de Nicolet,
Visage et Salé, avaient fondé ce qu'on appela
le *Théâtre des Associés*. Ils firent fureur, en
jouant en charge *Alzire*, le *Cid*, *Mahomet*.
Le *Chroniqueur désœuvré* les avait traités
d'*aboyeurs*. « Avec sa voix de taureau (disait-
il, en parlant de Visage, surnommé Beau-Visage
à cause de sa laideur), ce gredin-là braille, à
se faire entendre du boulevard du Temple à
Ménilmontant. » Visage trouva moyen de se
faire une réclame, en relevant, sur son théâtre,
la critique dirigée contre la puissance de sa
voix. Il arrivait en scène, tenant à la main la
brochure du *Chroniqueur désœuvré* et s'adressait à l'acteur son compère : « Monsieur, con-
naissez-vous ce livre-ci? — L'acolyte, après
l'avoir parcouru, répondait : Non, Monsieur,
mais j'en ai entendu parler comme d'une brochure diffamatoire, indigne d'occuper les honnêtes gens.

Visage. Vous dites vrai : eh bien! dans ce

libelle on ose me taxer d'étre un braillard qu'on entend d'une lieue à la ronde.

L'acolyte. Vous, Monsieur, un braillard!... quelle calomnie!... Il est vrai que vous avez l'organe mâle, mais il est plein et sonore... »

Et l'auditoire d'applaudir. C'est ainsi que Beau-Visage mettait les rieurs de son côté. Il avait d'ailleurs des moyens infaillibles pour attirer le public dans son théâtre. Les filles et les libertins se portaient en foule aux représentations de nuit : les petites loges étaient disposées tout exprès pour favoriser la conversation [1]. La police finit par interdire ces représentations de nuit, qui scandalisaient les gens vertueux.

Le Paris du XVIIIe siècle avait des plaisirs pour toutes les classes et pour toutes les bourses. Ceux qui restaient à la porte des théâtres pouvaient entrer dans la boutique de Curtius. « Curtius, dit Morande dans la *Gazette noire,* a modelé les rois, les grands écrivains, les jolies femmes et les fameux voleurs. On y voit

1. En 1791, les *Pantins du Boulevard* donnent la composition de la troupe du théâtre des Associés dont Sallé était resté l'unique directeur. *Actrices :* Mesdames Sallé, Babet, Allier, Maisonneuve, Chassinet, Léger, Pompée, Fleury aînée et Fleury cadette. *Acteurs :* Messieurs Julien, ancien jockey du marquis de Villette, Alexandre, Verneuil et Dorfeuil.

Jeannot, Desrues, le comte d'Estaing et Linguet; on y voit la famille royale assise à un banquet artificiel; l'empereur est à côté du roi. Le crieur s'égosille à la porte : Entrez, entrez, Messieurs; venez voir le grand couvert; entrez, c'est tout comme à Versailles. On donne deux sols par personne... et le sieur Curtius fait quelquefois jusqu'à cent écus par jour avec la montre de ces mannequins enluminés [1]. »

1. Voici une lettre assez curieuse et que nous croyons inédite, qui montre Curtius, au lendemain de la Révolution, sous sa nouvelle incarnation de « volontaire de la Bastille ». On sait que, dans la journée du 12 juillet 1789, la foule, surexcitée par la nouvelle du renvoi de Necker, se précipita dans l'établissement de Curtius et y enleva les bustes de Necker et du duc d'Orléans pour les promener en triomphe. Celui du duc fut remis à un colporteur nommé Pépin.

La lettre ci-dessous, dont nous respectons l'orthographe, est adressée par Curtius, le 11 novembre 1789, aux nouveaux administrateurs de Paris :

MESSIEURS,

En rendant justice à vos lumières et faisant l'éloge de votre dernier arrêté pour la police du boulevard du Temple, j'ai conçu un projet que j'ai l'honneur de vous adresser.

Le boulevard du Temple est, dans l'été, la plus belle des promenades et, dans l'hiver, la plus *dangereuse*. Cette vérité vous est sans doute connue. Pour obvier promptement à l'indécence des filles publiques et aux tapages qui se font dans deux cafés en mauvais renom, je pense qu'il serait de votre sagesse d'établir un corps de garde qui serait placé au milieu de ce bou-

Le boulevard offrait encore aux badauds plusieurs autres curiosités : le cabinet de physique

levard, en face de la ligne habitée. Ce corps de garde serait bâti à l'instar de ceux qu'on voit à l'Hôtel de Ville. La ville même ne se refuserait pas à désigner le lieu de son emplacement parce que la ville, qui sans doute ne désire que l'utilité et la tranquilité du citoyen, ne peut que protéger les bonnes vues d'un zélé patriote. La crainte des malfaiteurs et des incendiaires, qui a causé tant d'allarmes aux habitans du boulevard, serait un assés puissant motif pour faire adopter ce projet. En conséquence, Messieurs, je propose une contribution volontaire pour construire ce corps de garde. Je serai le premier à payer ma taxe et je ne crois pas qu'aucun habitant du boulevard se refuse à un établissement aussi pressant que nécessaire. Je laisse à vos réflexions judicieuses, messieurs, à décider de l'importance de mon projet et à presser son exécution. Malgré que je n'aye plus l'honneur d'être membre du district, je vous prie de ne pas m'épargner en ce que je pourrai pour vous plaire, et vous témoigner l'attachement respectueux avec lequel je suis, en attendant l'honneur de votre réponse,

Votre très humble et très obéissant serviteur

CURTIUS,
Volontaire de la Bastille.

Malgré vos deffenses, Messieurs, la grosse caisse continue au café Yon. Je pense qu'il est très nécessaire de vous élever contre cette désobéissance, et de deffendre absolument la danse dans les cafés du boulevard ; cette permission, accordée, je ne sais pourquoi, par l'ancienne police, a fait de ces endroits, autrefois charmants, le rendez-vous de la plus mauvaise société.

de Comus, « insigne escamoteur, dit la *Gazette noire*, qui a donné des leçons au duc de Chartres... » ; la naine, la géante et Noël, chez qui l'on pouvait admirer « le siège et l'attaque de Gibraltar, exécutés par un mécanicien qui n'a jamais fait dans sa vie que des moulins de carton ».

Plusieurs cafés s'étaient installés sur le boulevard sans préjudice des cafés de théâtres [1]. Les plus fréquentés étaient, vers 1782-84, le café Turc, le café des Babillards, le café Sergent, le café Yong, dont parle Curtius dans la lettre que nous avons citée, le café Tassin, le café Armand et le café Alexandre. Ce dernier était particulièrement fréquenté par les disciples d'Alcibiade. D'ailleurs, presque tous les cafés et les maisons des traiteurs ne différaient que par une nuance des maisons de débauche. « On avait jadis contraint les traiteurs, écrit Morande, à mettre des rideaux aux fenêtres ; mais, voyant que leurs pratiques à parties fines se trouvaient ainsi obligées d'aller plus loin, ils ont oublié l'ordre de la police et ont mis des

1. La *Gazette noire* a copié tout le chapitre VI du *Chroniqueur désœuvré* sur les traiteurs et les cafés. C'est un argument de plus à l'appui de l'hypothèse que nous avons développée plus haut. V. la note de la p. 108 et celle de la page 168.

CAFÉ ALEXANDRE VERS 1782

A Quantin Imp. Edit

jalousies qu'on peut fermer à volonté et qui vous mettent dans le cas de faire tout ce que vous jugerez à propos. » C'était une mode assez répandue d'installer dans ces établissements équivoques des *vielleuses*, pleines de bonne volonté, qui par leurs chansons plus que légères remettaient en belle humeur les clients engourdis. La *Gazette noire* et le *Chroniqueur* fournissent des échantillons du genre de poésies que cultivaient les *vielleuses* : nous nous faisons un devoir de les laisser dans une ombre discrète. Au café de la rue de Saintonge, les charmes du personnel féminin étaient honnétement tarifés et une salle basse offrait aux clients du lieu toutes les facilités désirables.

A côté des libertins, les joueurs. Nous avons indiqué plus haut [1] à quels scandales la passion du jeu avait donné lieu et quels ravages elle produisait dans la plus brillante aristocratie. On a vu que les tripots étaient placés sous la surveillance directe de la police qui, par l'intermédiaire du caissier des jeux, centralisait les opérations quotidiennes des différents établissements et prélevait une prime sur les gains des banquiers. Morande, dans la *Gazette noire,* et Manuel, dans la *Police dévoilée,* ont recons-

1. V. p. 100 et suiv.

titué la biographie peu édifiante des directrices des différents tripots.

La plus célèbre était cette demoiselle Lacour que Morande connaissait bien, puisqu'elle lui avait accordé ses faveurs [1]. Fille d'un laquais du premier président au Parlement, Étienne-François d'Aligre, elle eut de ce grave personnage deux filles et une recommandation pour M. de Sartine. Ce dernier donna à l'intéressante famille Lacour l'autorisation d'ouvrir un tripot qui fut pour la police une source précieuse d'informations. M. Lenoir, qui remplaça M. de Sartine, et administra la police de 1774 à 1785, ne témoigna pas moins de bienveillance aux Lacour, qui reçurent un privilège de jeux de hasard et tinrent successivement le *Biribi*, le *Pharaon* et la *Bouillotte*. La belle Lacour, rongée par une maladie peu avouable, avait un palais d'argent [2], ce qui ne l'empêcha pas de faire d'illustres conquêtes. Elle ensorcela notamment M. Magon de la Balue; et le prince Belosenski lui offrit un jour, craignant un refus, un collier de diamants de 15,000 livres,

1. Manuel l'affirme dans la *Police dévoilée*. V. plus haut p. 12.

2. Nous avons vu plus haut (p. 14) que, d'après les *Mémoires secrets* (du 7 avril 1768), la belle Lacour avait un *palais d'or*, mais peu importe le métal.

une robe de velours garnie de queues de marte,
100 pistoles par mois et 300 louis d'épingles.
« Elle accepta tout, dit Manuel, excepté les
épingles, car elle ne vouloit point en mettre
avec lui. » Il y avait bien d'autres tripots, dirigés par la Desmahis, la Druot, la Montaigne,
la Demare, la Duffaillant et ses deux nièces,
la Dupré, la Salle-Sarou, la Morelle, la Bigot,
la Gérard, la Denain, la l'Estang, la Poinçot;
les trois dernières étaient mariées à des chevaliers de Saint-Louis. Liennette Dufresne, fille
d'un savetier de Lyon et ancienne maîtresse
du puissant duc de la Vrillière, dont elle prétendait avoir trois enfants, avait aussi obtenu,
grâce à ses hautes relations, une permission de
jeu. Sa maison était située rue de Richelieu et
comprenait un établissement annexe sur la
nature duquel il est inutile d'insister. Quant
à Mlle Laforét, autre banquière célèbre, elle
avait laissé à Morande des souvenirs très cui-
sants. On disait d'elle : « La Grenade a coûté
moins de soldats à l'Angleterre qu'il ne s'est
empoisonné d'Anglais dans ses bras[1]. » Les

1. Conf., sur les directrices de tripot, les *Mémoires
secrets*, 6 juillet 1782. Mlle Laforêt fut quelque temps
la maîtresse du malheureux prince de Lamballe. Quand
le duc de Penthièvre, indigné de la conduite de son
fils, se plaignit au roi et fit arrêter plusieurs des créa-

dépouilles de ses clients permettaient à Laforêt de mener grand train. Un jour, elle fit demander à l'inspecteur Marais si l'on ne trouverait pas mauvais qu'elle menât son carrosse à six chevaux à la revue du roi. On lui conseilla d'être modeste, « c'est-à-dire de ne se faire tirer que par quatre chevaux, parce qu'il vaut mieux faire pitié que de faire envie ». Cette princesse de rencontre, qui éblouissait Paris par le luxe de ses attelages et le nombre de ses gens, avait pour père un pauvre balayeur de Lyon, nommé Parabeau, et elle avait accordé ses premières faveurs aux voleurs de grand chemin. Qu'on prétende encore que, sous l'ancien régime, les roturiers ou roturières n'arrivaient à rien !

Le plus important de tous les tripots de la capitale était, sans contredit, celui de la Cardonne qui disposait des grâces du premier président, de l'avocat général Séguier et du Procureur du roi. Il n'y a donc pas lieu de s'étonner que le Parlement ait voté des remerciements à Lenoir pour son excellente organisation des tripots.

tures que recherchait le prince, Mlle Laforêt jugea prudent de s'éclipser. *Mémoires secrets* du 26 septembre 1767.

CHAPITRE VI

MORANDE ET CAGLIOSTRO

Morande met sa plume au service de la cour. — Son
rôle au *Courrier de l'Europe*. -- Il sert d'instrument
aux rancunes du pouvoir. — Attaque de Morande
contre Linguet. — Le *Bonhomme anglais;* on attribue
cette brochure à Morande inspiré par le ministère.
— Ouverture de la campagne de Morande contre
Cagliostro, après l'issue de l'affaire du collier. —
Rigueurs administratives contre le cardinal de Rohan.
— Cagliostro banni se réfugie à Londres. — M. d'Epres-
ménil le protège. — Le Parlement demande au roi
la levée de la lettre de cachet contre Seraphina Feliciani, femme de Cagliostro. — Énergique attitude
du charlatan. — Il assigne au Châtelet M. de Launay
et le commissaire Chenon. — Lettre de Cagliostro
contre le baron de Breteuil. — La cour charge Morande de déconsidérer Cagliostro. — Morande commence dans le *Courrier de l'Europe : l'aperçu sur
les voyages du sieur Cagliostro, avant son arrivée en
France.* — Cagliostro fils du cocher Cicho. — Il devient
valet de chambre du charlatan Cosmopolito. — Incarnations successives de Cagliostro. — Ses voyages. —
Il prend à Londres le nom de Balsamo. — Ses escro-

queries. — Il est incarcéré à la prison de Kings'
Bench et condamné à restituer un collier de brillants. — Cagliostro à Strasbourg, en 1780. — Ses
soins et ses fourberies. — Pièce de vers contre lui.
— Cagliostro répond à Morande. — La lettre aux
Anglais. — Le cartel proposé à Morande. — Duel
au cochon empoisonné. — Morande, condamné par
l'opinion publique, termine sa campagne contre Cagliostro. — Fuite du charlatan.

Nous avons précisé le rôle de Theveneau
de Morande dans les diverses phases de sa
carrière de pamphlétaire anonyme. C'est, à vrai
dire, le côté le plus curieux d'une étude biogra-
phique sur cet homme étrange : car on peut, en
suivant la trace du personnage, saisir sur le
vif tout ce que les coulisses de l'histoire secrète
du xviiie siècle ont de captivant, d'inouï et d'in-
vraisemblable dans la vérité. Il reste à peindre
l'évolution de Morande, devenu agent de cette
monarchie française dont, plus que personne, il
avait ébranlé les fondements.

Après sa conversion obtenue par Beaumarchais, nous avons dit comment l'ex-*gazetier
cuirassé* avait essayé de prendre les apparen-
ces d'un honnête homme. Il se marie à une
Anglaise estimable, Élisabeth Saint-Clair, sans
que son abnégation aille d'ailleurs jusqu'à la
rendre heureuse, établit sa maison sur un pied
décent et collabore assidûment au *Courrier*

de l'Europe [1]. S'il faut en croire Brissot [2], Morande aurait joué au *Courrier* le rôle d'agent secret du ministère français, « déchirant dans la feuille qu'il dirigeait les écrivains et les hommes les plus estimables, espionnant tous les Français qui se rendaient ou voyageaient à Londres, fabriquant ou faisant fabriquer des pièces pour perdre ceux qu'il redoutait ». Il nous semble probable, en effet, que Morande n'a pas dû, par simple scrupule de conscience, mettre au service de la cour cette plume naguère encore si redoutable. Il a beau dire, dans sa réplique à Brissot : « Je défie qui que ce soit de prouver que, depuis le jour où je réussis à arrêter la censure de cette feuille, le *Courrier de l'Europe,* elle ait été subordonnée entre mes mains à aucun pouvoir »; cette circonstance seule que Morande réussit à soustraire le journal à la censure de l'abbé Aubert et à conserver ainsi les souscriptions de ses 4,000 abonnés de France, serait déjà très singulière, si le rédacteur du *Courrier* avait été libre de tout lien avec le ministère et la police de Louis XVI. Mais, quand on y regarde d'un peu près, on

1. Sur le *Courrier de l'Europe,* v. p. 60.
2. V. *Réponse de Jacques-Pierre Brissot à tous les libellistes qui ont attaqué et attaquent sa vie passée.* Paris, 10 août 1791.

reconnaît que le *Courrier de l'Europe* a servi
d'organe et d'instrument aux représailles de la
cour contre tous les personnages hostiles ou
suspects. C'est ainsi que le *Courrier* tourne en
dérision Linguet, à propos de son dessein d'en-
treprendre une édition de Voltaire *purgé* [1].
Criblé de sarcasmes et giflé par Morande,
voyant de plus son journal arrêté à la frontière,
tandis que le *Courrier de l'Europe* passait
librement, Linguet cria bien haut que le ministère des affaires étrangères avait une part
dans les bénéfices du *Courrier* [2]. Un peu plus
tard, le continuateur des *Mémoires secrets*
annonce la mise en circulation d'une brochure
anonyme, intitulée le *Bonhomme anglais,* et il
fait à cette occasion les réflexions qui suivent :

« Une brochure intitulée le *Bonhomme anglais,* quoique timbrée de 1783 et destinée à
la circulation, ne nous tombe que depuis peu
sous la main. Il paroît qu'en effet l'auteur, tel
qu'il soit, ne l'a point composée *proprio motu*
et y a été excité par quelque autorité puissante.
D'abord, ce n'est ni un *Anglais,* ni un *bon-*

---

1. Ce fut le point de départ de la violente querelle
de Morande avec Linguet, querelle qui se termina par
un soufflet donné publiquement par le premier au
second.

2. V. les *Mémoires secrets,* 3 avril 1785.

homme; c'est un Français très méchant, qui attaque, il est vrai, un autre méchant homme,
M⁰ Linguet. Il le connoît très bien, quoiqu'il
dise ne l'avoir jamais vu, et le peint à merveille.
Il est surtout question dans ce pamphlet de
son *Histoire de la Bastille,* et de sa détention
dans cette prison. Le défenseur du ministère
de France se décèle sans doute, non seulement
pour n'être pas Anglais, mais même pour ne
pas sentir la dignité de son être, en approuvant
une captivité qui, fût-elle motivée sur des délits avérés, devient injuste dès qu'elle est illé-
gale. Au principe près, il dit des choses assez
judicieuses. On y en rencontre qui ne peuvent
guère lui avoir été suggérées que par le ministère. Une anecdote que l'écrivain saisit avec
complaisance, qu'on avait regardée comme une
fable, acquiert plus de vraisemblance, puisque
M⁰ Linguet s'est déclaré ouvertement et à toute
outrance l'apologiste de l'Empereur dans l'affaire de l'Escaut. Cette anecdote consiste dans
l'envoi, fait par le journaliste à ce souverain, de
mémoires politiques qui pourroient bien contenir le germe de réclamations que nous avons
vu éclore depuis. L'obstination de l'auteur du
pamphlet à vouloir attribuer à cette cause la
punition de M⁰ Linguet, prouve de plus en
plus qu'il étoit soufflé par l'autorité, qui étoit

bien aise de se disculper d'une détention qu'on avoit regardée généralement comme accordée à la vengeance du maréchal duc de Duras. La violence de la brochure fait soupçonner que le sieur Morande en pourroit être l'auteur. On y verroit alors tout naturellement le germe de la querelle entre ces deux journalistes, et l'opinion qu'on y annonce de la poltronnerie de M⁰ Linguet expliqueroit l'audace de son ennemi à l'outrager aussi fortement qu'il l'a fait. De quelque part qu'il vienne, ce pamphlet est curieux et se fait lire avec avidité. »

Le *Courrier de l'Europe* contient aussi, dans les numéros de septembre à décembre 1786, les plus violentes attaques contre cet étrange personnage de Cagliostro [1], qui a si vivement intéressé les romanciers et les amateurs du mer-

---

1. Grimm, dans sa *Correspondance*, parle assez longuement de Cagliostro (t. X, p. 448). Il raconte qu'on l'a cru successivement valet de chambre du comte de Saint-Germain, puis fils d'un directeur des mines de Lima. « Un jour qu'on le pressait, chez Mme la comtesse de Brienne, de s'expliquer sur l'origine d'une existence si surprenante et si mystérieuse, il répondit en riant : Tout ce que je puis dire, c'est que je suis né au milieu de la mer Rouge et que j'ai été élevé sous les ruines d'une pyramide d'Égypte; c'est là qu'abandonné de mes parents, j'ai trouvé un bon vieillard qui a pris soin de moi; je tiens de lui tout ce que je sais. *Credat alter*, conclut le sceptique Grimm. »

veilleux. Morande ouvre et mène une véritable
campagne contre le célèbre thaumaturge, qui
s'était réfugié en Angleterre à la suite de l'arrêt
rendu par le Parlement le 31 mai 1786 dans
l'affaire du collier [1]. On sait quelle fut la colère
de la reine, quand elle apprit l'acquittement du
cardinal et de Cagliostro. Le coup était d'autant plus sensible pour Marie-Antoinette que
la foule avait accueilli avec des transports de
joie la solution du grand procès [2]. A titre de
représailles, la reine avait fait notifier au cardinal une lettre de cachet l'exilant à son abbaye
de la Chaise-Dieu en Auvergne. Quant à Cagliostro, qui s'était défendu avec une grande
énergie et avait pris lui-même le rôle de plai-
gnant [3], il reçut, le 5 juin 1786, l'ordre de quit-

1. L'arrêt déchargeait Cagliostro de l'accusation,
ainsi que le cardinal de Rohan.

2. « *2 juin 1786*. M. le cardinal de Rohan n'est sorti
de la Bastille qu'hier entre neuf et dix heures du soir,
pour rentrer dans son hôtel. Beaucoup de peuple l'at-
tendoit; et il a été obligé de se montrer sur son bal-
con, afin de remercier le public de l'intérêt qu'il a pris
à lui. Les voisins vouloient illuminer; mais la police
l'a vraisemblablement empêché. Le comte de Cagliostro
n'est rentré qu'entre onze heures du soir et minuit;
il y avoit aussi une grande foule sur son passage, et
sa reconnoissance envers le public l'a également forcé
de paroître sur sa terrasse et de saluer tout le monde. »
Mémoires secrets, t. XXXII, p. 91.

3. Dans une *requête* à ses juges, Cagliostro avait pré-

ter Paris et le royaume à bref délai. Il se rendit à Londres avec sa femme. Seraphina Feliciani sortait elle-même de prison. Détenue et mise au secret depuis le 22 août 1785, la compagne de Cagliostro avait trouvé de puissants protecteurs, notamment M. d'Éprémesnil, qui appuya avec la plus vive sollicitude la requête adressée au Parlement par le charlatan pour obtenir la liberté de la prisonnière. Après un vif débat, le Parlement avait délégué M. d'Ormesson auprès du roi pour obtenir la levée de la lettre de cachet qui concernait Seraphina; mais Louis XVI répondit que le meilleur moyen d'arriver au résultat désiré était que le Parlement ne s'occupât pas de l'affaire. Cependant Mme de Cagliostro fut élargie en avril 1786, et

tendu que le commissaire Chenon, chargé de l'arrêter, n'avait pas mis les scellés sur ses meubles, de telle sorte qu'on y avait soustrait des sommes et des valeurs très importantes. Il accusait, en outre, M. de Launay, gouverneur de la Bastille, d'avoir forcé Mme de Cagliostro à signer un acte par lequel elle reconnaissait avoir reçu l'argent et les diamants qu'on lui avait enlevés, alors qu'elle les avait réclamés inutilement depuis le 26 mars, jour de sa sortie. La cause fut évoquée au Conseil en juillet 1786. Il va sans dire que le Conseil des dépêches déclara Cagliostro non recevable et non fondé dans toutes ses demandes, tant contre de Launay que contre le commissaire Chenon (arrêt du 14 juillet 1786).

M. de Launay lui rendit une partie de ses
bijoux. Elle put donc accompagner à Londres
son mari, qui conservait dans son exil tout le
prestige qui s'attache aux victimes de la raison
d'État. Mais Cagliostro, en sûreté sur la terre
britannique, semblait plus redoutable que jamais. Me Thilorier, son avocat, qui l'avait
rejoint à Londres, lui continuait la précieuse
assistance de sa plume et de ses conseils. Le
banni lançait contre M. de Launay et le commissaire Chenon [1] une assignation au Châtelet,
réclamait au premier 100,000 livres, comme
équivalent des valeurs et objets que la police
lui avait volés, et au second 50,000 livres de
dommages-intérêts. Il publiait, en outre, une
lettre des plus virulentes contre le baron de
Breteuil, l'instigateur principal des persécutions qu'il avait subies et le confident de la
reine. Enfin il réclamait, par l'intermédiaire
de M. d'Éprémesnil, une expédition de l'arrêt
qui l'avait acquitté. C'est dans ces circonstances que la cour lança contre la personnalité
bruyante et habile de Cagliostro l'homme au-

1. Le commissaire Chenon apportait une certaine
violence dans l'accomplissement de ses missions policières. En mars 1786 il mit au pillage la maison du
libraire Goujon à Saint-Germain en Laye, le tout pour
enlever quelques livres prohibés. V. *Mémoires secrets,*
18 mars 1786.

quel on avait recours dans les cas embarras-
sants, le bravo littéraire qui se prêtait à toutes
les besognes, pourvu qu'on ne lésinât pas sur le
prix.

Morande ouvre le feu dans le numéro du *Courrier de l'Europe,* qui porte la date du 1er septembre 1786, très peu de jours après la publication de la lettre de Cagliostro contre le baron
de Breteuil [1]. Sous la rubrique de *Mélanges
de littérature, politique, etc.,* il développe ce
qu'il appelle un *aperçu sur les voyages du*

---

1. Les *Mémoires secrets* en donnent les paragraphes
principaux, sous la date du 10 août 1786. L'auteur de
cette lettre s'élève en termes indignés contre l'abus
des lettres de cachet et contre les horreurs de la Bastille : « Toutes les prisons d'État ressemblent-elles à
la Bastille ? Vous n'avez pas d'idée des horreurs de
celle-ci... J'étois depuis six mois à quinze pieds de ma
femme, et je l'ignorois. D'autres y sont ensevelis depuis
trente ans, réputés morts, malheureux de ne pas l'être !
n'ayant, comme les damnés de Milton, de jour dans
leur abîme que ce qu'il en faut pour apercevoir l'im-
pénétrable épaisseur des ténèbres qui les enveloppent :
ils seroient seuls dans l'univers, si l'Éternel n'existoit
pas. Oui, mon ami, je l'ai dit captif, et, libre, je le
répète : il n'est pas de crime qui ne soit expié par un
mois de Bastille. » On avait d'abord pensé que Cagliostro n'était pas le véritable auteur de ces imprécations, mais le rédacteur des *Mémoires secrets* revient,
à la date indiquée, sur sa première opinion et écrit :
« On assure aujourd'hui que le comte de Cagliostro
avoue la lettre. »

sieur Cagliostro avant son arrivée en France.
Et de suite, sans désemparer, le libelliste vénal,
aux gages de la cour de France, consacre, dans
presque tous les numéros de son journal, depuis
le 1ᵉʳ septembre jusqu'au 1ᵉʳ décembre 1786,
une longue série d'articles à salir, à calomnier
et à ridiculiser l'ami du cardinal de Rohan et
le protégé du Parlement.

Après avoir traité de fables ridicules les récits,
d'ailleurs suspects, du charlatan sur sa mystérieuse naissance, Morande affirme que Cagliostro était tout simplement Napolitain et fils
d'un cocher du duc de Castropignani [1], nommé
Cicho. Devenu ensuite valet de chambre du
fameux Graccy, plus connu en Italie sous le
nom de *Cosmopolito,* il aurait appris de son
maître plusieurs de ses remèdes; puis, s'étant
séparé de lui, il aurait visité l'Espagne, l'Italie,
la Russie, sous diverses incarnations, tantôt
colonel espagnol, tantôt colonel prussien, ici
comte, là marquis, et toujours charlatan. En
1771, on signale sa présence à Londres, où il

---

1. Il est bon de remarquer que les prétendues révélations de Morande sur la naissance et les aventures
de Cagliostro semblent en partie copiées sur le mémoire produit en avril 1786 au nom de la comtesse
de la Motte. Ce mémoire a pour objet de rejeter sur
Cagliostro toute la responsabilité des manœuvres im-
putées à la comtesse et au cardinal de Rohan.

vit avec peine du produit de son crayon. Après
d'autres pérégrinations, il reparaît en Angleterre, sous le nom de *Balsamo,* en 1776. Il est
convaincu d'escroquerie, incarcéré à la prison
de King's Bench et condamné à restituer à la
dame Fry un collier de brillants et une tabatière d'or qu'il s'était fait remettre par cette
femme crédule. Morande retrace ensuite l'arrivée de Cagliostro à Strasbourg, en septembre 1780; là il gagne la confiance du banquier
Sarrazin en lui donnant une recette pour devenir père, et fait d'innombrables dupes qu'é-
blouissent l'étalage pompeux de ses largesses
envers les pauvres et la singularité de ses manières; enfin, le journaliste prétend que Cagliostro
n'était nullement l'initié de la franc-maçonnerie
égyptienne, mais qu'il avait été reçu maçon à
Londres, en 1777, dans la loge de l'Espérance,
où ne se réunissaient guère que des gens de
petit état, cordonniers, perruquiers, tailleurs.
A l'appui de son dire, Morande reproduit une
petite pièce de vers assez curieuse, gravée en
tête d'une estampe qui représentait Balsamo et
émanait d'un frère maçon. La voici :

> Né Dieu sait où, maintenu Dieu sait comme,
> Maître ou valet, manant ou gentilhomme,
> Voilà l'ami du lord G***e G***n.
> Voilà celui qui fut reçu maçon

Sous un faux nom, Enfant de l'imposture,
Il dit : « Je souis le fils de la nature ;
Voyez en moi l'innocent Acharat,
Fénix, Anna, le marquis de Harat ;
Je fas dou bien, j'ai l'âme caritable ;
J'ai le secret de rendre l'or potable.
Je guarris tout avec mon Balsamo ;
Ce n'est pas tout, je suis pourissimo. »

Cagliostro n'était pas homme à perdre contenance et à baisser pavillon devant le libelliste qui, avec son impudence ordinaire, et après en avoir donné au ministère français pour son argent, n'avait pas craint de proposer à Cagliostro de lui vendre le silence du *Courrier* [1]. Aidé de Me Thilorier, le thaumaturge adressa une « lettre au peuple anglais », qui jetait à la face du *Gazetier cuirassé* tous les scandales et toutes les hontes de sa vie passée. Morande, éludant à cet égard un débat qui n'aurait pas tourné à son avantage, se contenta de dire, en substance, à son adversaire : « Au lieu de montrer qu'on vous a compté de vilaines histoires sur mon compte, prouvez que vous n'avez pas volé un collier de diamants et une boîte d'or à la dame Fry ; prouvez qu'on ne vous a pas convaincu en Russie de port illégal du titre et

1. V. la lettre de Cagliostro à Morande, dans le numéro du *Courrier de l'Europe*, qui porte la date du 3 septembre 1786.

de l'uniforme de colonel espagnol, etc. ». De
son côté, Cagliostro, pour réfuter l'accusation de
charlatanisme que son adversaire lançait contre
lui, adressa à Morande la lettre ci-dessous, qui
n'est pas dépourvue d'agrément :

« De toutes les bonnes histoires que vous
faites sur mon compte, la meilleure sans contredit est celle du cochon engraissé d'arsenic,
qui empoisonna les lions, les tigres et les léo-
pards des forêts de Médine. Je vais, monsieur
le railleur, vous mettre à portée de plaisanter
en connaissance de cause. En fait de physique
et de chimie, les raisonnements prouvent peu
de chose, le persiflage ne prouve rien; l'expérience est tout. Permettez-moi donc de vous
proposer une petite expérience dont l'évènement divertira le public, soit à vos dépens,
soit aux miens. Je vous invite à déjeuner pour
le 9 novembre prochain (1786), à neuf heures
du matin; vous fournirez le vin et tous les
accessoires; moi, je fournirai seulement un plat
de ma façon : ce sera un petit cochon de lait,
engraissé selon ma méthode. Deux heures avant
le déjeuner, je vous le présenterai en vie, bien
gras et bien portant. Vous vous chargerez de le
faire tuer et de le faire apprêter et je n'en ap-
procherai plus jusqu'au moment où on le servira sur table. Vous le couperez vous-même

en quatre parties égales; vous choisirez celle
qui flattera le plus votre appétit et vous me
servirez celle que vous jugerez à propos. Le
lendemain de ce déjeuner, il sera arrivé de
quatre choses l'une : ou nous serons morts
tous les deux, ou nous ne serons morts ni l'un
ni l'autre, ou je serai mort et vous ne le serez
pas, ou vous serez mort et je ne le serai pas.
Sur ces quatre chances, je vous en donne trois,
et je parie 5,ooo guinées que le lendemain, au
déjeuner, vous serez mort et que je me porterai
bien. »

Morande se garda bien d'accepter le défi; il
déclara qu'il ne refusait pas à Cagliostro la
qualité d'empoisonneur, mais qu'il ne consen-
tirait à tenir le pari que si l'épreuve avait lieu
en pleine place publique, sur un tréteau, et si
Cagliostro prenait pour commensal un carnivore quelconque. Enfin Morande, toujours pratique, demandait qui se chargeait de fournir
les 5,ooo guinées formant l'enjeu de son adversaire. Celui-ci répliqua sur le même ton dans
le *Public advertiser* du 9 septembre : « Vous
refusez le déjeuner auquel je vous invite et vous
me proposez de faire remplir votre place par
un animal carnivore. Ce n'est pas là mon
compte. Un semblable convive ne vous repré-
senterait que très imparfaitement. Où trouve-

riez-vous un animal carnivore qui fût, parmi les animaux de son espèce, ce que vous êtes parmi les hommes? »

L'agent de la cour de France sentit que l'homme qu'on lui avait donné la mission de pourfendre de sa plume venimeuse mettait les rieurs de son côté. Le public [1] trouvait la prose de Morande « imprégnée de maximes ministé-rielles, de principes despotiques qui annoncent et caractérisent un mercenaire, un esclave dans l'écrivain ». On disait : « Il est temps que la correspondance s'arrête, car le sieur Morande, après avoir d'abord excité la curiosité, à cause de la singularité du personnage et de ses aven-tures, finirait par ennuyer et dégoûter ses lec-teurs [2]. » Les ennemis de la cour ajoutaient que Morande n'avait écrit ses articles contre Ca-gliostro que pour discréditer et faire avorter la demande en justice formée contre le gouverneur de la Bastille et le commissaire Chenon; ils disaient bien haut qu'à leur avis Cagliostro avait démontré, dans la *Lettre au peuple an-glais* « que le sieur Morande n'est qu'un vil calomniateur, soudoyé par ses ennemis, tou-jours pour le diffamer et en le diffamant, en le

1. V. les *Mémoires secrets,* sous la date du 8 et du 9 octobre 1786.
2. *Ibid.*

peignant comme un homme sans fortune et sans honneur, pour détruire dans l'esprit des magistrats et du public l'impression que ses réclamations y avaient produite [1]. »

Morande pouvait avoir beaucoup de défauts, mais il ne manquait pas d'esprit. Il vit que le moment était venu d'arrêter là sa campagne ; et, après avoir engagé celui qu'il appelle son *cher don Joseph* à observer désormais plus de modestie et à profiter de la leçon qu'on venait de lui donner, il s'excusa auprès de ses lecteurs « de les avoir entretenus si longtemps d'un sujet si futile [2]. »

1. *Mémoires secrets,* 28 décembre 1786.
2. *Courrier de l'Europe* numéro du 31 octobre 1786. Il est bon d'ajouter, à titre d'épilogue de cette polémique, que la suite sembla donner raison aux violentes attaques de Morande contre Cagliostro : car, s'il faut en croire les *Mémoires secrets* (26 avril 1787), M. de la Borde et son beau-frère, M. de Vismes, revinrent d'Angleterre complètement désabusés sur le compte du charlatan, qui aurait quitté Londres avec les diamants de sa femme et la laissant dans la misère. Seraphina Feliciani aurait avoué que son mari n'était autre que le Balsamo dont le *Courrier de l'Europe* avait tracé un portrait si flatteur. Dans le numéro du *Courrier de l'Europe* du 24 août 1787, Morande, après avoir de nouveau soutenu qu'il n'avait jamais reçu d'argent pour attaquer Cagliostro, nous apprend que le charlatan « qu'il a réussi, dit-il, à chasser d'Angleterre », s'est réfugié, vers juillet 1787, dans la petite île de Brienne où il vit d'une pension faite par M. Sarazin, de Bâle.

CHAPITRE VII

MORANDE ET LE DUC DE CHARTRES

Comment Morande devient le biographe du duc de
Chartres. — Antécédents du duc. — Il s'associe aux
remontrances du nouveau Parlement. — Mœurs du
duc. — Son portrait. — Son rôle au combat d'Ouessant.
— Revirements de l'opinion publique. — Capitole et
roche Tarpéienne. — La reine refuse au duc la survivance de la charge de grand amiral et un nouveau
commandement. — Lettre injurieuse de Marie-Antoinette. — Rupture violente. — Morande écrit « *La
vie privée du très sérénissime prince monseigneur le
duc de Chartres* ». — Monsieur en reçoit le premier
exemplaire. — Appréciation des *Mémoires secrets*
sur ce livre. — Violence du pamphlet. — Procédé
perfide de l'auteur. — Analyse de l'ouvrage. — Calomnies sur la naissance du duc. — Louise-Henriette
de Bourbon. — La mort du prince de Lamballe. —
Les passe-temps d'un prince du sang au château de
la Folie. — Le duc de Chartres spéculateur. — Les
constructions du Palais-Royal. — Suppression des
jardins. — Désolation des filles. — L'arbre de Cracovie. — Mécontentement du public et du roi. — Passion du duc pour les paris, les courses de chevaux,

les jockeys et les grooms. —Introduction des joueurs
au Palais-Royal. — Le duc franc-maçon. — Les talents militaires du duc de Chartres. — Commentaires sur l'affaire d'Ouessant. —L'ovation de l'Opéra.
— L'illumination du Palais-Royal. — La calomnie
officielle. — Le duc déconsidéré par les courtisans.
— Le duc en ballon. — Un accident. — Le voyage
forcé. — Les complaintes satiriques. — Joie de la
cour. —Le déluge approche. —Situation de la France.

Dans ce duel de plume engagé contre Cagliostro, l'ex-gazetier cuirassé avait com-
battu à visage découvert, bien que les hauts personnages qui lui mettaient la plume à la main
fussent restés dans l'ombre. Mais lorsqu'il
s'agissait d'atteindre un prince du sang, il y
mettait plus d'artifice et prenait le masque de
l'anonyme. Presque tous les bibliographes [1] attribuent à Morande la curieuse brochure qui
porte ce titre : « *Vie privée de très sérénissime
prince, Mgr le duc de Chartres, contre un libel
(sic) diffamatoire écrit en 1781, mais qui n'a
point paru, à cause des menaces que nous
avons faites à l'auteur de le déceler. Par une
société des amis du prince.* » Cette prétendue
apologie du duc de Chartres, qui parut à Londres, en 1784, n'est au fond qu'un violent pamphlet contre le prince qui devait garder dans

1. V. notamment QUÉRARD, *France littéraire*, t. XI,
p. 412, col. 2.

l'histoire le nom de *Philippe-Égalité*. Nous
ne referons pas ici sa biographie ; mais il est
nécessaire de rappeler en peu de mots les antécédents de l'arrière-petit-fils du régent. Dès 1771,
il avait pris parti contre la cour, en protestant
avec le duc d'Orléans, son père, contre la suppression du Parlement et l'œuvre du chancelier
Maupeou. Lors de l'avènement de Louis XVI
et du rappel des anciens parlementaires par
Maurepas, le duc de Chartres s'était associé
aux premières remontrances des *revenants*.
Puis, quelques années se passent. Beau [1], adroit
à tous les exercices du corps, avide de plaisirs
et de nouveautés, le duc ne paraissait ni disposé
ni apte à jouer dans l'État un grand rôle politique. Il s'occupait de chiens, de chevaux, et,
malgré son mariage, n'avait nullement renoncé
à la fréquentation des filles. Ses soupers étaient

1. Il ne faut pas prendre à la lettre les affreux portraits que les ennemis du prince traçaient de sa personne. Le royaliste Montjoie, l'auteur si partial de la
conjuration de Louis-Philippe-Joseph d'Orléans (3 vol.
in-8°, 1796) avoue lui-même que le prince était bel
homme, bien fait et adroit. Le duc de Saxe-Teschen,
qui vint en France en 1786, avec sa femme l'archidu-
chesse Marie-Christine, sœur de Marie-Antoinette, trace,
de son côté, du duc de Chartres (devenu duc d'Orléans
en novembre 1785), et de sa femme Louise de Bourbon, fille du duc de Penthièvre, ces curieux portraits :
« La duchesse d'Orléans, princesse respectable... por-

célèbres. Il ressuscitait depuis longtemps les traditions de la régence avec les Lamballe[1], Lauzun, Fronsac, Fitz-James, Conflans, Laval, Clermont, Coigny et tant d'autres. Mais quand la guerre avec l'Angleterre éclate, en juin 1778, le duc secoue un moment sa torpeur licencieuse, prend du service et commande une des trois escadres de la flotte française, au combat d'Ouessant. Son attitude dans cette journée, dont l'issue resta indécise, comme on sait, fut violemment discutée ; et les jugements de la cour eurent sur la conduite ultérieure du prince une influence directe et néfaste. Nous discuterons tout à l'heure les allégations injurieuses qui furent dirigées contre le duc de Chartres, à la suite de sa première action de guerre ; il suffira de dire en ce moment que le roi, après

toit sur elle l'empreinte de la bonté et de la douceur qui lui avoient acquis une affection générale dans ce pays-là (*la France*). Il n'en étoit pas de même du duc que je n'ai pu connoître que de vue, mais dont la face bourgeonnée et le regard hagard et féroce, qui détruisoient *tout le brillant de sa figure avantageuse*, dénotoient visiblement son abandon à la crapule et le caractère vicieux qui l'a entraîné en tant de démarches coupables. » V. *Lettres de Louis XVI et de Marie-Antoinette*, publiées par M. Feuillet de Conches, t. III, p. 135.

1. V. Manuel, t. II, p. 118. Le prince de Lamballe, usé par la débauche, était mort le 7 mai 1768.

avoir loué comme tout Paris la conduite de son parent, laissa ensuite Marie-Antoinette donner aux courtisans le signal des épigrammes et des quolibets contre celui qu'on avait d'abord félicité comme un héros. Il désirait la survivance de la charge de grand-amiral occupée par le duc de Penthièvre, son beau-père : le roi la lui refusa, tout en reconnaissant par une lettre qu'il « était également content du zèle et de la capacité que le duc avait montrés pour son service dans toutes les occasions et particulièrement au combat d'Ouessant du 27 juillet dernier [1]. » Mais ces bonnes paroles, la création même de la charge de colonel général des hussards, qu'on accorda au duc comme par grâce et sur sa prière [2], ne compensaient pas les injures amères dont le malheureux prince était poursuivi par les courtisans de la reine. Pour se ménager une revanche et trouver l'occasion de mettre son courage hors de contestation, le duc de Chartres demanda, l'année suivante, un nouveau commandement. Ce fut Marie-Antoinette qui se chargea elle-même de la réponse, dans les termes suivants :

1. V. *Correspondance de Louis-Philippe-Joseph d'Or-léans avec Louis XVI et la reine.* Paris 1801, p. 26.
2. V. la lettre adressée au roi par le duc. *Ibid.,* p. 17.

« *Ce* 20 *juillet.* Le roi est informé et mécontent, Monsieur, de la disposition où vous êtes de vous joindre à son armée. Le refus constant qu'il a cru devoir faire aux instances les plus vives de ce qui le touche de plus près, les suites qu'aura votre exemple ne me laissent que trop voir qu'il n'admettra ni excuse ni indulgence. La peine que j'en ai, m'a déterminée à accepter la commission de vous faire connaître ses intentions qui sont très positives. Il a pensé qu'en vous épargnant la forme sévère d'un ordre, il diminuerait le chagrin de la contradiction, sans retarder votre soumission. Le tems vous prouvera que je n'ai consulté que votre véritable intérêt, et qu'en cette occasion, comme en toute autre, je chercherai toujours, Monsieur, à vous prouver mon sincère attachement.

« Marie-Antoinette. »

C'était une déclaration de guerre. Le duc de Chartres l'accepta et fut dès lors l'implacable ennemi de Louis XVI et de la reine. Nous n'avons pas à écrire l'histoire de cette scission violente de la famille royale, déjà en butte à tant de haines et de colères ; mais nous trouvons une manifestation et comme un résumé des calomnies ou des médisances dont la cour se faisait volontiers une arme contre le duc, dans le pamphlet de Morande auquel nous avons fait plus haut allusion. Il parut à Londres, vers le commencement de 1784, et l'on dit que le premier exemplaire fut envoyé à Monsieur, qui le plaça avec joie dans sa bibliothèque[1]. « M. le duc de Chartres, dit le continuateur de Bachaumont, s'est fait tant d'ennemis par ses nouveaux bâtiments que le libelle nouveau contre lui est couru avec fureur et conséquemment se vend très cher. Il n'a que deux cents pages et coûte douze livres. On en parle assez hautement dans toutes les conversations : chacun en cite des traits, et comme l'ouvrage est traité ironiquement, c'est-à-dire en forme d'apologie, cette tournure prête à la gaieté. Au reste, il y a beaucoup de faits et d'anecdotes, et l'auteur paraît avoir fouillé assez avant dans la vie de son héros. »

On ne croit pas se tromper en disant que jamais pamphlétaire n'a pris des formes plus perfides pour accomplir une basse mission de diffamation et d'injure. Le pseudo-apologiste du duc de Chartres commence par incriminer les mœurs du duc et de la duchesse d'Orléans. La duchesse surtout est fort maltraitée, bien qu'elle fût morte depuis vingt-cinq ans. Morande reproche à Louise-Henriette de Bourbon-Conti d'avoir vécu publiquement avec le comte

---

1. V. les *Mémoires secrets,* 27 décembre 1783 et 9 janvier 1784.

de P***, « animal qui n'avait d'homme que la figure », et, en l'absence du comte, d'avoir eu pour
amant le cocher Lefranc. Il a même l'audace
d'insinuer que ce Lefranc pourrait bien être
le vrai père du duc de Chartres [1] ; et voyez avec
quel raffinement de méchanceté perverse le
gazetier cuirassé distille son poison : « Si l'on
était assez faible pour se laisser séduire par
l'éloquence séductrice de la calomnie, on soup-
çonnerait, si même on n'était pas persuadé que
c'est aux doux ébats de ce Lefranc que le duc
de Chartres doit son existence. Mais plus d'une
raison milite glorieusement contre cette sup-
position. » Et, il disserte, avec un redoublement
d'ironie, en invoquant la règle : *Pater is est
quem nuptiæ demonstrant.*

Le procédé est le même à toutes les pages
de l'*Apologie*. Il déclare, par exemple, que, s'il
est vrai qu'on ait accusé le duc de Chartres [2]
d'avoir provoqué la mort du prince de Lam-

1. Montjoie, dans son *Histoire de la conspiration de
Louis-Philippe-Joseph d'Orléans*, reproduit les mêmes
imputations odieuses. Il traite Louise-Henriette de
Messaline et ajoute : « Le bruit public voulait que
Louis-Philippe-Joseph fût le fruit des amours de cette
princesse avec un valet d'écurie. » Louis d'Orléans,
l'hôte austère de l'abbaye de Sainte-Geneviève, avait
toujours renié son petit-fils.

2. Conf. *Mémoires secrets* du 26 sept. 1767. « M. le

balle, fils du duc de Penthièvre, « pour s'approprier les biens et dignités de la puissante maison de Penthièvre, « l'enfer seul a pu produire cette diffamation »; mais il ne néglige pas d'ajouter que le duc de Chartres a débauché son ami et l'a conduit dans les lieux impurs où le jeune prince contracta l'affreuse maladie dont il mourut. Un peu plus loin, passant à la description des orgies du duc, Morande adopte un système commode : « Comme *historiens,* dit-il, nous rapportons fidèlement des faits, et, comme *apologistes,* nous les justifions, quand il nous est possible. » On devine bien que l'historien s'avoue « forcé d'avouer en cette circonstance, que les mœurs et la conduite du duc de Chartres, bien loin de mériter qu'on les admire et qu'on les imite, ne sauraient inspirer que du mépris et de l'horreur aux honnêtes gens ». Puis viennent des détails, d'une liberté inouïe, sur les prétendues scènes de libertinage grossier qui avaient lieu dans la propriété du duc appelée la *Folie,* « le temple

prince de Lamballe, qui a épousé l'hiver dernier une princesse aimable et jolie, s'étant laissé aller à la facilité de son caractère, un autre prince, M. le duc de Chartres, a abusé de son amour du plaisir pour lui donner des goûts fort contraires à ceux qu'il devoit avoir; du moins on l'en accuse. »

de la Vénus impure » [1]. A en croire Morande,
le duc ne se plaisait que dans la société des plus
viles courtisanes de la rue Maubuée ou de la
rue du Pélican. Quand les reines de la galanterie, la Michelot, la du Thé, venaient lui faire
visite, il bâillait... et allait retrouver sa femme,
Louise de Bourbon, la vertueuse fille du duc
de Penthièvre.

L'apologiste met ensuite en relief la prétendue
avarice et le continuel besoin d'argent du prince.
Il le montre introduisant les joueurs et les histrions au Palais-Royal, ouvrant boutique dans
les nouveaux bâtiments qu'il avait fait construire sur l'emplacement des anciens jardins
du palais (ce qui fit dire que le Palais-Royal
n'était plus ni *palais* ni *royal*, et inspira au
comte d'Artois une saillie assez spirituelle) [2].
Morande peint la colère du public, chassé des

1. Conf. *Mémoires secrets* du 3 octobre 1783 et *Police dévoilée*, t. II, p. 118.

2. La reine ayant témoigné sa surprise de ne point
voir le duc à son bal des mercredis, le comte d'Artois
répondit : « Madame, ne vous étonnez pas, vous ne
l'aurez guère les jours ouvriers : notre cousin est aujourd'hui en boutique. » Un peu plus tard, en juin
1784, le duc de Chartres se remit à flot, au moyen d'un
prêt de 4 millions que lui fit M. de Calonne, à imputer
sur ce qui serait dû à la maison d'Orléans, lorsque, à
défaut d'hoirs mâles, le Palais-Royal reviendrait à la
couronne.

jardins par les maçons, et la détresse des filles, qui se trouvent privées du théâtre ordinaire de leurs conquêtes et adressent au duc une épître suppliante :

Où pourrons-nous, hélas! mettre à l'encan nos charmes?

Le duc ne se laissait pas attendrir. Peu lui importait qu'on l'appelât le *prévôt des marchands*, pourvu que les spéculations auxquelles il se livrait fussent largement lucratives. Sur la proposition de son confident Séguin, il demandait au Conseil des lettres patentes portant autorisation d'ouvrir trois rues sur les terrains du Palais-Royal. Ce fut dans le public un *tolle* général. « Il sortait mille sarcasmes, écrit Morande, mille injures, mille imprécations de dessous les racines de chaque arbre qui était arraché. Le fameux arbre de Cracovie fit verser dans sa chute les larmes de cent vieux radoteurs; sa destruction fut annoncée dans les journaux, et les plus mauvais burins de la capitale ont été employés à faire gémir le cuivre pour en perpétuer le souvenir à la postérité la plus reculée. » Et le doux apologiste console tous ces vieillards qui venaient chercher au Palais-Royal un peu d'ombrage, en leur faisant espérer que les arbres

« du petit jardin déjà formé » donneront à
leur tour un peu d'ombre, dans une vingtaine
d'années. La clameur publique monta jusqu'au
roi, qui témoigna au duc son mécontentement. A propos du comble qu'on venait de
poser sur la portion des bâtiments du côté
de la rue des *Bons-Enfants*, on disait : « Le
prince a mis le comble à ses sottises. » Il y
eut aussi des mauvais plaisants qui affichèrent
en haut du grand escalier du Palais-Royal un
placard « dans lequel on lui donnait l'idée
d'ouvrir une souscription qui lui fournirait
l'argent nécessaire pour bâtir les rues proje-
tées; et on lui assurait que, si chaque personne
dont il était méprisé fournissait seulement un
écu, il aurait de quoi bâtir même une ville
considérable ».

On accumulait encore d'autres griefs contre
le duc : sa passion pour les jeux et les paris,
son engouement pour les courses de chevaux
et de chiens, les jockeys et les grooms. Morande
lui reproche de faire proposer sous main des
paris inégaux, dans lesquels il s'intéressait d'un
dixième, tandis qu'il était de moitié dans le
parti contraire. Le biographe du prince le
justifie en disant que les grands seigneurs « se
trompent toujours et *réciproquement* dans le
commerce qu'ils font actuellement de leurs

chevaux et de leurs voitures [1] ». Un tort plus
grave, c'était l'introduction de joueurs de profession dans les appartements du Palais-Royal [2].
Le duc d'Orléans fut même, à ce que rapporte
le pamphlétaire, si indigné des escroqueries
qui se commettaient chez son fils, qu'il demandait « que les coquins qui toléraient les jeux
fussent arrêtés, fouettés et conduits aux galères ».

Que ne dit pas Morande pour charger son
héros ? Il lui reproche son affiliation à la franc-
maçonnerie et arrange à sa manière ce qui
donna aux francs-maçons l'idée de le prendre
pour chef. A la mort du comte de Clermont,
les francs-maçons étaient désolés. « Il étoit
effectivement très difficile de rencontrer autant
d'ineptie, jointe à la débauche la plus effrénée.
Il est rare de trouver tant de prérogatives de
cette espèce réunies, surtout dans des princes.
Cependant on jeta les yeux sur le duc de Char-

1. Le public ne pardonnait pas non plus au duc ses
liaisons avec les joueurs et les entrepreneurs de courses.
On lit dans les *Mémoires secrets*, sous la date du
23 juin 1783 : « Dans le *Mariage de Figaro* il y a une
tirade contre les princes qui donnent à jouer, qui font
des courses, et elle est si sensible que M. le duc de
Chartres, qui étoit à la répétition, fut regardé par toute
l'assemblée et en quelque sorte décontenancé de voir
tous les yeux se fixer sur lui. »
2. V. plus haut, p. 101.

tres, et, d'une voix unanime, il fut nommé successeur du défunt grand-maître. » L'apologiste ajoute que le duc ne tarda pas à trouver que l'honneur de diriger la franc-maçonnerie coûtait trop cher. Il céda la charge de grand-maître au comte d'Artois son cousin, moyennant la somme de 32,000 livres, dont 20,000 furent dépensées au Vauxhall pour les fêtes de la réception du comte. Quant au surplus, le duc de Chartres le garda.

Morande insiste davantage sur les débuts guerriers du duc de Chartres, et cette partie de l'*apologie* mérite qu'on s'y arrête.

Le 17 juin 1778, l'amiral anglais Keppel avait engagé de fait la guerre avec la France, en canonnant la frégate *la Licorne*. Quelques jours après, les flottes des deux pays se trouvaient en présence, entre l'île d'Ouessant et les Sorlingues. De chaque côté, plus de trente vaisseaux. Le lieutenant-général d'Orvilliers avait sous lui trois escadres dont l'une était commandée par le jeune duc de Chartres, ayant pour conseil le brave amiral Lamotte-Piquet. Quand le combat s'engagea, le 27 juillet au matin, le duc montait le *Saint-Esprit*. Au fort de l'engagement, d'Orvilliers fit une tentative hardie pour couper la flotte ennemie. Mais le duc de Chartres ne comprit pas ses signaux et par un retard malheureux compromit le succès de la journée. Les commentaires les plus variés caractérisèrent l'attitude du duc de Chartres pendant la bataille d'Ouessant, et ce qu'il y a de singulier, c'est que l'opinion publique alla successivement d'un extrême à l'autre. Lorsque le duc vint à Paris, le 2 août, peu de temps après le combat, tout le monde portait aux nues la valeur qu'il avait déployée [1]. Louis XVI et la cour le reçurent froidement, non sans une pointe de dépit. Mais à l'Opéra on lui fit une véritable ovation. L'acteur Larrivée, au milieu de la représentation d'*Ermelinde*, se tourna vers le duc et lui adressa ces mauvais vers de la pièce, en lui présentant une couronne :

Jeune et brave guerrier, c'est à votre valeur
    Que nous devons cet avantage;
Recevez ce laurier, il est votre partage :
Ce fut toujours le prix qu'on accorde au vainqueur.

Après la représentation, le triomphe continua. Les jardins du Palais-Royal furent ouverts au peuple, et Mlle Arnould vint chanter dans les salons du prince que chacun accablait de félici-

1. Sur le rôle du duc de Chartres au combat d'Ouessant, on peut consulter l'*Espion anglais*, t. IX, p. 321 et suiv.

tations. Mais cet enthousiasme dura peu. Le duc
de Chartres était allé rejoindre la flotte à Brest.
Ses ennemis et ses envieux profitèrent de son
absence pour substituer à la légende héroïque
les calomnies les plus outrageantes. D'Orvilliers
disait bien haut que, sans les fausses manœuvres de l'escadre commandée par le duc, la
victoire eût été complète. D'autres ajoutaient
que non seulement le prince avait été incapable, mais qu'il avait fait preuve d'une extrême
lâcheté[1]. Morande adopte, bien entendu, cette
seconde version, et il affirme que pendant le
combat le duc de Chartres se tint à fond de
cale « entre les bras du comte de Genlis, son
tendre ami, lequel, peu accoutumé aux con-
certs de semblables instruments, faisait avec
lui un duo de crainte ». Hâtons-nous d'ajouter
que cette accusation ne repose sur aucun fondement. Il est possible que les premiers en-
thousiasmes des Parisiens aient dépassé la
mesure, comme il arrive souvent dans notre

1. Les provinciaux furent plus équitables pour le
duc. On peut lire dans l'*Espion anglais* plusieurs couplets où son courage est vanté, entre autres celui-ci,
qui a pour auteur un sieur Peziey, de Bordeaux :

. . . .

> D'Orléans qui vient combattre,
> Faisant pointer ses canons,
> Se bat comme un Henri Quatre :
> C'est l'usage des Bourbons.

pays [1], mais le venimeux apologiste pourrait être facilement convaincu de mauvaise foi, car il reproche au duc d'avoir commandé lui-même la manœuvre, au lieu de laisser ce soin à Lamotte-Piquet. On ne s'explique pas dès lors qu'il ait pu commander la manœuvre et rester en même temps à fond de cale. D'ailleurs les historiens royalistes démentent eux-mêmes les assertions calomnieuses de Morande. « Des témoins oculaires m'ont affirmé, écrit Montjoie, que le duc se tint constamment pendant la bataille sur le tillac, exposé au feu ennemi, et même que, voulant s'assurer si ses confidens avoient bien entendu le sens des signaux, il s'étoit jeté dans une chaloupe et avoit été, pour s'assurer de la vérité, se présenter au vaisseau que montoit le comte d'Orvilliers, qui lui avoit répondu avec humeur qu'il venoit trop tard, que le mal n'étoit pas réparable [2]. »

1. Suivant l'habitude du temps, on rima la déconvenue nationale. Voici un couplet assez joli :

> Les catins en firent la fête :
> On dansa au Palais-Royal.
> Les sots, au bruit de la conquête,
> Criaient au héros sans égal.
> Mais la nouvelle de la guerre
> Répétait, la nuit et le jour :
> Il a vendu la peau de l'ours,
> Sans l'avoir pu jeter par terre.

2. *Histoire de la conjuration de Louis-Philippe-Jo-*

Quoi qu'il en soit, les ennemis et les calomniateurs du duc de Chartres avaient réussi à le déconsidérer. A la suite du refus de Louis XVI de lui donner la survivance de la charge de grand amiral, sa situation à la cour devenait presque insoutenable. Les courtisans et leurs femmes ne lui épargnaient aucune humiliation. Un jour qu'on discutait sur le signalement d'une femme que le duc rangeait dans la catégorie des *abominables*, Mme de Flesselles, qui avait des raisons de croire que le prince l'avait classée elle-même dans cette catégorie, s'écria

seph d'Orléans, surnommé *Égalité.* De son côté, l'*Espion anglais* (dans le chapitre intitulé : *Dialogue entre divers fameux nouvellistes du Palais-Royal, au sujet du combat d'Ouessant et de ses suites* (t. IX, p. 339), fait dire à un des interlocuteurs : « On a trop exalté le duc de Chartres, et l'on le déprime trop aujourd'hui : on va jusqu'à attaquer sa bravoure personnelle. On dit qu'il avoit une peur du diable, qu'il se faisoit bastinguer de tous côtés, qu'il demandoit force matelots. Moi, j'ai vu une lettre du capitaine de grenadiers de son régiment qui écrivoit : « C'est M. le duc de Chartres qui, avec sa gaieté et sa vivacité ordinaire, a engagé le combat en faisant tirer la première bordée. Il a enchanté tout le monde par sa contenance, pendant qu'il a essuyé le feu de trois vaisseaux anglois dont un à trois ponts. » V. aussi, *ibid.*, t. IX, p. 43, la lettre de La Motte-Piquet au comte de Genlis. Le brave marin dit que le duc « a donné le plus bel exemple ». Il ajoute : « Je n'oublierai jamais l'air de tranquillité et d'assurance qu'il a eu pendant tout le combat, et combien il nous inspiroit d'ardeur, et à l'équipage. »

devant une nombreuse assistance : « Il ne faut
pas contredire Monseigneur : il connaît beaucoup mieux les signalements que les signaux. »
Et, lorsqu'il monta dans le ballon des deux
Robert, la duchesse de Vergennes dit ce mot :
« Apparemment M. le duc de Chartres veut
se mettre ainsi au-dessus de ses affaires. »
Comme l'aérostat s'élevait trop haut, le duc
fut saisi par le froid et fit éventrer le ballon
pour redescendre plus vite. Malgré les rames
et le gouvernail de l'appareil, il s'abattit brusquement dans un étang. On chansonna :

Chartres ne se vouloit élever qu'un instant;
Loin du prudent Genlis, il espéroit le faire :
Mais, par malheur pour lui, la grêle et le tonnerre
Retracent à ses yeux le combat d'Ouessant.
Le prince effrayé dit : Qu'on me remette à terre;
J'aime mieux n'être rien sur aucun élément.

Dans une autre complainte, on plaisante
plus amèrement encore sur sa chute piteuse :

Mais quel soudain revers, hélas!
Ne vois-je pas mon prince en bas?
Comme il est fait! comme il se pâme!
On dirait qu'il va rendre l'âme...
— L'âme? oh! qu'il n'est pas dans ce cas!
Peut-on rendre ce qu'on n'a pas?

Le duc sentit l'opportunité de se soustraire
à tant de quolibets et d'outrages et fit part

au roi de sa résolution de faire un voyage en
Italie. Louis XVI, à ce que rapporte le bienveillant Morande, ne retint pas le prince et lui
dit : « J'ai un dauphin. Madame peut être
grosse. M. le comte d'Artois a plusieurs princes. Je ne vois pas en quoi vous pouvez être
utile à la patrie : ainsi, partez quand vous
voudrez, et que votre retour s'exécute quand
bon vous semblera. » Après avoir confié ses
enfants à la comtesse de Genlis, le duc prit
pour compagnons de voyage le prince de Guéménée et le duc de Fitz-James, puis alla se
faire oublier en Italie. Comme trait du Parthe,
on décocha encore des couplets satiriques au
noble voyageur :

> Grâce à Dieu, dans l'Italie
> Il est allé voyager :
> Mais le peuple ne l'oublie
> Et veut toujours en parler.
> Il le déteste de sorte
> Qu'il dit dans son souvenir :
> « Que le diable l'emporte!
> C'est notre plus grand désir. »

Morande enregistre tout cela avec délices et
remplit en conscience sa tâche de diffamateur
vénal. La cour, tout entière à des sentiments
de mesquine rancune, ne voyait pas qu'en
ayant recours à de tels auxiliaires et en usant

de telles armes pour ruiner la réputation d'un prince de sang royal, elle se faisait d'abord un ennemi irréconciliable et détruisait du même coup le prestige, déjà bien affaibli, de la monarchie traditionnelle.

Le temps marchait, et chaque jour, chaque heure rendaient la catastrophe plus inévitable. Après l'orgie financière du ministère de Calonne, après la scandaleuse affaire du *Collier*, voici que la grande voix de la nation commence à se faire entendre, aidée par la maladresse et l'imprévoyance du gouvernement. L'Assemblée des Notables, convoquée par Calonne, c'est déjà la préface des États-Généraux et de l'Assemblée Nationale. Tous ces courtisans, toutes ces belles femmes poudrées et fardées qui remplissent encore les salons de Versailles, dans l'enivrement de leur dernière fête, commencent à entrevoir le suprême dénouement, le *déluge* prédit par Louis XV. Le vieux Richelieu plaisante et le jeune Ségur s'indigne. Il n'y a plus ni autorité ni pouvoir. Qu'est-ce qu'un roi comme Louis XVI, en face de tout un peuple qui ne veut plus de la livrée ? Qu'est-ce qu'une cour qui s'appuie sur des Brienne pour détourner la tempéte ? La France passe « du chaos tranquille au chaos agité », comme disait Mirabeau. Chose étrange ! les vieilles institu-

tions monarchiques se dérobent sous la main
du prince affolé. Les Parlements refusent l'en-
registrement des édits et se font exiler. L'assemblée du clergé refuse à un ministre archevêque de quoi faire vivre la couronne une
heure de plus. Quand Necker rentre aux
affaires, le trouble moral est déjà dans toutes
les âmes. En haut, préjugés, incohérence, fai-
blesse incurable, traversée d'impuissantes colères; en bas, aspirations confuses mais infinies,
irrésistible élan vers un nouvel ordre de choses,
réveil immense d'une nation tout entière qui,
de ses mains inhabiles et violentes, veut toucher au problème de ses destinées.

CHAPITRE VIII

MORANDE ET BEAUMARCHAIS

Morande continue à soutenir la cour. — Motifs de sa conduite. — L'Affaire Kornmann. — Alliance de Morande et de Beaumarchais. — Les mésaventures conjugales du banquier Kornmann. — Son procès contre Beaumarchais, Daudet de Jossan, le prince de Nassau et M. Le Noir, ancien lieutenant général de police. — L'avocat Bergasse et ses mémoires pour Kornmann. — L'opinion publique défavorable à Beaumarchais. — Arrêt du Parlement. — Morande, dans le *Courrier de l'Europe*, prend le parti de Beaumarchais. — Lettre apocryphe, publiée sous le nom de Morande; il est accusé de vénalité. — Indignation du gazetier. — Il se décide à quitter l'Angleterre. — Fin de sa collaboration au *Courrier de l'Europe*. — Morande revient en France.

Au milieu de ces hautes péripéties d'une révolution à son début, quel rôle va jouer ce chétif pamphlétaire dont la plume a porté naguère les premiers coups à la monarchie? Morande va-t-il encore une fois changer d'attitude et, de précurseur de la Révolution devenu auxiliaire et agent de la cour, se tourner vers le plus fort, vers le parti populaire ? Non : il ne changera plus désormais. M. de Loménie lui en fait honneur et le félicite de « s'être montré plein de respect pour Louis XVI, dans un temps où le meilleur des rois était déjà en proie aux plus infâmes outrages [1] ». Il n'est pas impossible en effet que l'ex *gazetier cuirassé* ait éprouvé un secret remords de son ancien métier de libelliste et un réel sentiment de fidélité pour les personnes royales ; mais on a le droit de supposer aussi que ce sentiment n'avait rien de chevaleresque, et que Morande ne s'est pas un moment départi de son principe essentiel : gagner avec sa plume le plus d'argent possible. Mirabeau, malgré son génie et son tempérament révolutionnaire, devait se vendre à la cour : Morande, qui ne brillait pas par les scrupules et n'avait jamais obéi qu'aux mobiles les plus bas, restait fidèle à la monarchie parce que la monarchie pouvait payer encore. Jusqu'au 10 août, les pamphlets contre-révolutionnaires de Paris et de Coblenz furent payés par la liste civile [2].

D'ailleurs, Morande prenait de toutes mains.

1. *Beaumarchais et son temps*, t. I, p. 383.
2. Les papiers trouvés aux Tuileries et lus à l'As-

Il est bon de noter au passage le rôle qu'il joua dans l'affaire Kornmann, d'abord parce que l'affaire en elle-même est assez piquante, et ensuite parce que le premier protecteur de Morande, le spirituel et immoral Beaumarchais, s'est trouvé encore une fois, dans cette circonstance, rapproché de l'ancien biographe de Mme Du Barry.

Au mois de mai 1787, Guillaume Kornmann, ancien banquier à Paris, portait plainte au Châtelet contre sa femme, convaincue d'une série d'adultères, contre le sieur Daudet de Jossan, Beaumarchais, le prince de Nassau et M. Le Noir, ancien lieutenant-général de police. L'ex-banquier accusait ces quatre personnages de tous les crimes imaginables. A l'en croire, Daudet de Jossan [1], favori du prince de Mont-barey, l'ancien ministre de la guerre, aurait

semblée Nationale dans les séances des 15, 16 et 17 août ne laissent aucun doute sur ce point.

1. Daudet de Jossan s'était fait connâître par quelques ouvrages littéraires, notamment par ses critiques sur les salons. Il était fort intrigant. Éconduit par le duc de Chartres, par le duc d'Aiguillon, il avait fini par gagner la confiance du prince de Montbarey, auquel il servit d'agent dans les négociations pour le mariage de la fille du ministre avec le prince de Nassau. En récompense, Daudet fut nommé syndic de la ville de Strasbourg, ce qui causa un grand scandale, car le corps municipal de Strasbourg était composé de la plus haute noblesse.

séduit Mme Kornmann et l'aurait rendue grosse.
Plainte du mari contre l'épouse, qui, en vertu
d'une lettre de cachet, est enfermée chez les
dames Douzi, maison de correction destinée aux
femmes coupables. Alors intervient Beaumarchais qui, à la sollicitation de son ami le prince
de Nassau-Siegen, prend la belle sous sa protection et, en décembre 1781, obtient de M. Le
Noir l'ordre de la faire mettre en liberté. Fureur
de l'époux et déluge de mémoires, rédigés sous
son inspiration par le jeune avocat Bergasse,
qui voit dans ce scandale une occasion d'asseoir
sa réputation. Sans parler de Daudet, qui avait
bien réellement débauché Mme Kornmann, on
accusait Beaumarchais d'avoir lui-même goûté
à ce fruit défendu et d'en avoir laissé une part
à Le Noir, pour obtenir son concours bienveillant. On a cherché à justifier Beaumarchais
d'une intervention au moins inutile ; on a prétendu qu'il n'avait agi dans cette affaire qu'avec
les intentions les plus pures [1]. Tel n'était pas
l'avis des contemporains, et les continuateurs
de Bachaumont [2] n'hésitent pas à penser que
Daudet et Beaumarchais sont « fort capables

---

1. V. notamment *Beaumarchais et son temps* de
M. de Loménie, t. II, p. 381.

2. *Mémoires secrets*, 20 mai 1787 et *passim* jusqu'au 26 octobre.

des atrocités qu'on leur impute ». Ils ajoutent que l'auteur du *Mariage de Figaro* « est connu et que sa réputation en scélératesse n'est point équivoque ». Nous savons que le Parlement a donné raison à Beaumarchais en condamnant Kornmann, par arrêt du 2 avril 1789, à payer à son adversaire mille livres de dommages-intérêts ; mais il y a lieu de croire que le Parlement a tenu principalement à rendre justice à M. Le Noir, qui, lui, avait été calomnié par Bergasse et son client d'une façon ridicule [1]. Beaumarchais vieilli avait contre lui l'immense force qu'il avait de son côté dans l'affaire Goëzman : l'opinion publique. On le qualifiait couramment de moderne *Verrès* et de *scélérat* ; on plaignait Le Noir de l'avoir pour *acolyte* ; on chantait :

> L'étrange auteur de *Tarare*,
> Pour un bon mot, l'an dernier,
> De l'ordre de Saint-Lazare
> Fut fait simple chevalier.
> Le procès qu'il se prépare
> Pourroit bien, cette fois,
> Lui mériter la grand'croix.

Déconcerté, étourdi par le torrent des sar-

1. Le 22 septembre 1787, un arrêt du Conseil du roi, rendu sur l'avis du garde des sceaux, avait déjà supprimé comme libelles les mémoires de Kornmann, par ce motif qu'ils contenaient des imputations fausses

casmes, Beaumarchais, qui venait déjà d'essuyer sans mot dire les invectives de Mirabeau à propos des spéculations de la *Compagnie des Eaux de Paris*, Beaumarchais, auquel ce redoutable adversaire avait publiquement reproché l'*opprobre* de ses relations avec Morande, n'hésita pas à réclamer encore le concours intéressé de l'ex-Gazetier. Dans ses nos des 8, 12 et 15 juin 1787, le *Courrier de l'Europe* prit violemment parti contre Kornmann, et le correspondant de Beaumarchais rédigea pour lui une diatribe dont les *Mémoires secrets* annoncent, le 6 juillet, la prochaine publication. Il est plaisant de voir l'athlète fatigué, qui avait autrefois bravé le Parlement Maupeou, emprunter maintenant pour se défendre la plume d'un homme aussi méprisé que Morande. Au reste, le public jugeait avec dédain les nombreux mémoires publiés par Beaumarchais contre Kornmann. Tandis qu'on trouve que Bergasse « a le style noble,

et calomnieuses contre M. Le Noir. L'arrêt du Parlement n'est qu'une conséquence de l'arrêt du Conseil dont M. de Loménie ne parle pas. V. *Mémoires secrets,* 11 oct. 1787. L'arrêt du Conseil supprimait, en même temps que les mémoires de Bergasse et Kornmann, un vrai libelle intitulé *L'an 1787,* précis de l'administration de la Bibliothèque du Roi sous M. Le Noir. *Mémoires secrets,* 13 oct. 1787.

plein [1], ferme », la réponse de son adversaire est
qualifiée de « gâchis... Des injures grossières, de
mauvaises plaisanteries, voilà ce qui le caractérise : ce sont les grimaces d'un singe méchant
qui, fouaillé rigoureusement, affecte encore de
rire pour déguiser son châtiment et sa rage. »
L'intervention de Morande fit aussi le plus
déplorable effet. On savait si bien de quelle
manière il fallait s'y prendre pour obtenir le
concours de cette plume vénale ! Un mauvais
plaisant mit en circulation une prétendue lettre
de « M. de Morande, auteur et rédacteur du
Courrier de l'Europe », à M. de Beaumarchais.

Dans cette lettre, apocryphe comme on pense,
Morande est censé s'adresser à Beaumarchais,
« pour être garanti de tout évènement »,
M. Kornmann ayant porté plainte contre lui, à
cause de quelques articles insérés dans le *Cour-*
rier de l'Europe. Il est bien juste que Beaumarchais prenne la responsabilité des articles
dont il s'agit, puisque c'est lui qui les a rédigés.
« Vous savez, monsieur, écrit le pseudo-Mo-
rande, que par vos lettres des 4, 13, 19, 27 mai

1. *Mémoires secrets,* 20 mai 1787 2 juin. Il est curieux d'entendre M. de Loménie qualifier de *galimatias*
le mémoire de Bergasse. Après tout, les deux mémoires peuvent sans doute être renvoyés dos à dos.

et 6 juin derniers, vous m'avez prié d'insérer dans le *Courier de l'Europe* plusieurs articles que vous avez composés vous-même, auxquels articles vous m'avez défendu de rien changer; que vous avez cependant exigé que le tout fût imprimé sans guillemets, afin que l'on ne soupçonnât pas qu'autre que moi en fût l'auteur. Quatre de ces articles étaient contre M. Guillaume Kornmann; vous me les avez payés à raison d'une guinée par chaque ligne. Je ne me plains pas du prix : il était raisonnable. » Mais quoi! Le *Courrier de l'Europe* a 4,000 souscripteurs en France; s'il allait être interdit à la frontière française, le rédacteur n'aurait plus qu'à se jeter dans la Tamise, car il n'a pas d'autre corde à son arc. « Si je savais faire autre chose, s'écrie-t-il, à la bonne heure, je me consolerais; mais je ne sais que libeller, c'est mon unique métier. » Ah! continue le faux Morande, on a bien rarement l'occasion de traiter une bonne affaire. On n'a pas tous les jours sous la main des personnages comme Cagliostro. Kornmann ne le vaut pas, à beaucoup près. C'est un *domicilié*. « S'il n'était que passager, voyageur, comme l'était Cagliostro... Ah! comme j'aurais gagné de l'argent! Entre nous, ce Cagliostro est le roi des hommes, mais il était étranger et on lui a jeté la pierre : au fond, c'est juste, les domiciliés méritent quelques préférences. Les domiciliés paient la capitation, la taille, le brevet, les corvées, les ustensiles; que sais-je, moi? Ce sont des hommes précieux au trésor royal que des domiciliés : au lieu qu'un étranger est... un étranger et ne paie rien. A propos de ce Cagliostro, tenez, monsieur de Beaumarchais, vous me croirez si vous voulez : il m'a valu bien gros. J'ai eu, depuis quelques années, de bonnes aubaines, et, si j'avais su un peu me conduire, je serais riche maintenant, et très riche; mais il y a un chien de proverbe qu'il m'a toujours été impossible de faire mentir, et une sorte de fatalité a toujours voulu que ce qui venoit de la flûte retournât au tambour ». Et puis le métier d'entrepreneur de chantage comporte bien des désagréments. Par exemple, le Sosie de Morande a offert ses services au marquis de Saint-Hurugue, et ce gentilhomme a répondu d'un ton superbe, en montrant sa bourse, qui contenait 3oo guinées : « Monsieur, cet or est pour les misérables et non pour les méchants. » Hélas! pourquoi Beaumarchais n'a-t-il pas stylé ce farouche marquis? Il n'est personne qui sache mieux que Beaumarchais faire gagner de l'argent aux hommes de lettres. Il devrait laisser un enseignement à la postérité et écrire lui-même sa vie :

« Pour dire ce qu'il est, il faut être lui-même. »

En terminant, le Morande imaginaire souhaite à son protecteur de découvrir « quelque Figaro qui puisse faire la barbe à ce M. Bergasse qui le combat à toute outrance ». Linguet aurait bien convenu pour remplir cette mission, mais Beaumarchais a commis l'imprudence de se brouiller avec lui [1].

Ainsi s'égayaient les frondeurs aux dépens des deux amis.

L'ex-Gazetier cuirassé prit fort mal la plaisanterie. L'accusation de vénalité l'exaspérait, et pour cause. Il nie avec assurance avoir reçu de l'argent pour attaquer Cagliostro et se trouve assez payé, puisqu'il « a réussi à chasser cet empirique d'Angleterre » [2]. Quant aux paroles

1. La *Correspondance de Grimm* (édit. Taschereau, t. XIII, p. 372), après avoir parlé de l'affaire Kornmann, donne des couplets satiriques, composés à ce propos, sur le malheureux Beaumarchais. Nous n'en citerons qu'un, à titre d'exemple :

> Kornmann contre toi publie
> Un factum rempli d'infamie ;
> Il est l'écho de Mirabeau.
> Ah! Beaumarchais povero !
> A ce mémoire véridique
> Réponds en style marotique,
> En calembours de *Figaro*.
> Ah! Beaumarchais, bravo, bravo! (*bis*).

2. *Courrier de l'Europe,* n° du 24 août 1787.

sévères qu'on prête au marquis de Saint-Hurugue, elles sont invraisemblables, puisque le
marquis n'a jamais eu 500 guinées dans sa
bourse. Morande dissimule son dépit sous une
gravité d'emprunt et fait la leçon sans rire au
pauvre Kornmann : « Il seroit ridicule de s'inscrire en faux contre une absurdité, mais il est
à propos d'observer que c'est un malheur pour
M. Kornmann, qui est sûrement étranger à
tous les écrits clandestins publiés en sa faveur,
depuis son premier mémoire, que des avocats
anonymes adoptent des moyens aussi peu dignes
de lui pour le défendre. »

Il y avait cependant une part de vérité dans
les allégations ironiques de la lettre apocryphe
de Morande à Beaumarchais. Le malheureux
libelliste trouvait plus difficilement à gagner
sa vie en Angleterre : et, après tout, puisqu'il
était obligé de vivre à peu près honnêtement,
mieux valait revenir sur la terre de France,
où les évènements pouvaient fournir à un
homme de ressource comme lui bien des occasions de percer. Morande quitta brusquement le *Courrier de l'Europe*, le 14 mai
1791, et se rendit à Paris [1]. Quelques jours

1. C'est dans la *Réplique à Brissot* que Morande
donne la date du jour où il se sépara de ses collaborateurs du *Courrier de l'Europe*. Rien dans les numé-

après, il fondait un nouveau journal : *l'Argus patriote*.

ros du mois de mai, et notamment dans ceux du 10 et du 13, n'indique le départ d'un rédacteur aussi important. Mais le passage de la *Réplique à Brissot*, p. 25, est très précis : « Je prie, dit-il, les personnes qui ont la collection du *Courrier de l'Europe*, depuis le 20 janvier *1784 jusqu'au 14 mai 1791*, ce qui fait bien en effet sept ans et demi et donne, à deux volumes par an, quinze volumes in-4° *faits par moi*, de vouloir bien y jeter les yeux. Ces personnes verront que, quoique je ne donne pas comme Brissot une longue liste de pesants travaux, je pourrais donner à une immensité d'articles qui se trouvent dans le *Courrier* le titre de *Mes Œuvres*. »

CHAPITRE IX

MORANDE ET LA RÉVOLUTION

Mort de Mirabeau. — Morande reprend son programme
et fonde l'*Argus patriote*. — Situation de la cour. —
Morande accepte la mission de défendre la monarchie
constitutionnelle. — Il se prononce contre les émigrés et les princes étrangers. — Ses efforts pour
expliquer la fuite de Varennes. — Louis XVI enlevé
malgré lui. — Pétion et Brissot réclament la pro-
clamation de la République. — Furieuse campagne
de Morande contre Brissot. — Objections contre le
régime républicain. — Robespierre et Condorcet
qualifiés de naïfs. — Morande blâme les prétentions
de la noblesse et du clergé, en même temps que les
doctrines des Jacobins. — Il encourage le club des
Feuillants à résister aux anarchistes- — Inertie de
Louis XVI; maladresse des députés de la droite. —
Énergie de Morande. — Il se rattache à la Constitution. — Brissot désigné par la cour aux coups de
Morande. — Motifs de haine entre les deux adversaires. — Réponse de Brissot à Morande. — Résumé
des accusations dirigées contre le *Gazetier cuirassé*
par les contemporains. — Réplique de Morande à
Brissot. — Accusations contre Brissot. — Ses aventures à Londres. — Élections pour l'Assemblée légis-

de Morande. — Erreurs accréditées sur la fin de sa vie. — Généalogie de sa famille. — Appréciation générale sur le rôle de Morande.

Quelle était à cette époque la situation de la France et de son gouvernement? Mirabeau venait de mourir (2 avril), emportant avec lui, comme il le disait à son lit de mort « le deuil de la monarchie française ». Louis XVI, bloqué par le peuple aux Tuileries, essayait de tromper l'opinion par les déclarations officielles des ministres; mais, tandis que Montmorin envoyait aux puissances la circulaire du 23 avril, les dépêches secrètes au roi de Prusse et à la gouvernante de Belgique protestaient contre les actes de la Constituante et déclaraient nulle toute sanction donnée par Louis XVI aux décrets de la représentation nationale. Au sein de l'Assemblée, l'influence de Robespierre grandissait. Il venait de faire voter qu'aucun membre de l'Assemblée ne pourrait être réélu à l'Assemblée prochaine. Marat applaudissait à l'invention du docteur-député Guillotin et au maintien de la peine de mort, voté par les représentants du peuple. Marie-Antoinette méditait, avec son conseiller et correspondant le comte de Merci, des plans d'évasion.

C'est dans ces circonstances que Theveneau de Morande publia, le 8 juin 1791, le premier

numéro de sa nouvelle feuille. Il était précédé
d'un prospectus, dans lequel le publiciste explique le titre du journal : « En prenant celui de
l'*Argus patriote*, je m'impose le devoir de
veiller aux intérêts du patriotisme, en même
temps que je me destine à en propager les principes. Je ne marcherai sur les traces d'aucun
des journalistes qui se sont élevés depuis la
Révolution. Je serai libre dans mes opinions
et aucun parti ne me subjuguera. » Morande
ne néglige pas de soumettre sa propre apologie
à ses futurs lecteurs. Il se présente comme un
précurseur de la Révolution, comme un ennemi
résolu des abus de l'ancien régime. « Voué depuis longtemps à la cause de la liberté, j'ai
anticipé sur les évènements dont la France a
été témoin, pour manifester le désir de la voir
libre et le despotisme ministériel abattu. » Il
a même l'audace de rappeler comme un titre
de gloire la honteuse tentative de chantage
contre la Du Barry, tentative qui lui avait rapporté de si beaux bénéfices. « J'ai été, dit-il,
une des victimes de l'autorité arbitraire, mais je
me suis vengé en mettant en question la toute-
puissance des ministres de Louis XV, à une
époque où rien ne pouvait leur résister. » Maintenant, la France a brisé ses chaînes ; les écrivains peuvent exprimer leurs opinions avec

plus de sûreté qu'en Angleterre. « Après avoir
vu expirer la liberté de la presse en Angleterre,
je l'ai vue renaître en France, et j'ai abandonné
le cadavre aux vers qui le rongent pour me rap-
procher d'un nourrisson sain et vigoureux qui
jouit de la santé la plus robuste. » Ces phrases
et ces métaphores ne constituaient pas un programme. Cependant, il y avait un programme
dans cette préface de l'*Argus;* car Morande,
en finissant, promet d'attaquer les *intrigues* et
de signaler ceux qu'il importerait d'exclure de
la nouvelle législature. Il devait effectivement
réaliser ces promesses, en dirigeant contre Brissot les plus furieuses attaques.

L'*Argus* a paru tous les quatre jours, à peu
près régulièrement, depuis le 8 juin 1791 jusqu'au 26 mai 1792, c'est-à-dire presque jusqu'à
la veille de la dissolution de la garde du roi. On
peut étudier, en feuilletant le journal de Morande, toute une année de l'histoire de la Révolution; mais, en évitant de nous perdre dans
le détail de faits historiques qui sont dans toutes
les mémoires, nous nous attacherons seulement
aux polémiques qui peuvent donner une idée
exacte de la nouvelle attitude de Morande, et
du caractère d'un journal qui, à notre connaissance du moins, n'a pas encore été l'objet d'une
analyse approfondie.

21.

Il n'y a pas à s'y méprendre. Le diable s'est fait ermite : l'ancien ennemi du trône en est devenu le défenseur respectueux. Toutefois, on ne doit pas le confondre avec ces fanatiques du droit divin qui, par les exagérations de leur plume ou de leur action politique, ont fait tant de mal à la cause de la monarchie mourante. Sur la question de l'intervention étrangère, par exemple, il se montre très catégorique. L'*Argus*, dès le 8 juin, se prononce nettement contre les intrigues des princes allemands et des émigrés français : « Voici le moment le plus important de la Révolution. Jusqu'à ce jour, elle n'a produit que des crimes isolés ou de lâches complots. Si elle prenait un autre caractère, ce serait celui de la plus atroce férocité. Le peuple se croirait permis de repousser les crimes que l'on voudrait commettre par des représailles qui seraient tout aussi criminelles... L'entrée des troupes dans le royaume ferait couler le sang dans toutes les parties de l'empire. » Et Morande invitait les princes émigrés à rentrer dans leur patrie. Il va même jusqu'à approuver la convocation des gardes nationales par l'Assemblée.

Un peu plus tard, après la fuite de Varennes et l'arrestation du roi, Morande, est l'un des premiers à mettre en circulation la fiction que l'Assemblée adopta, sous la pression de la Fayette. Il intitule son article du 23 juin : « *De l'enlèvement du roi* ». Son intention évidente est de faire croire au peuple que le malheureux Louis XVI n'a fait que subir l'influence néfaste de son entourage. « Le roi, en quittant sa capitale, a été trompé et égaré, ou il a été enlevé; dans l'un et l'autre cas, ce n'est pas sa personne qui est répréhensible, puisque la sûreté de la chose publique a exigé qu'il fût declaré impeccable. » Avec une grande habileté, le journaliste tire parti de la lettre où M. de Bouillé déclarait à l'Assemblée Nationale que lui seul avait tout ordonné et que, si l'on ôtait un cheveu de la tête du roi, il ne resterait pas pierre sur pierre à Paris. Bouillé est en sûreté : on peut l'accabler d'injures et le charger à plaisir. Cela fera diversion. Aussi l'*Argus* l'accuse-t-il (n° du 3 juillet) *d'atroce perfidie.* « C'est lui qui a conseillé au roi de l'éloigner... Il est heureux pour les Français que l'auteur du complot qui a dirigé l'enlèvement du roi se soit fait connaître à fond. » Mais déjà Pétion et Brissot, tirant parti des conspirations royalistes, demandaient l'établissement de la République. Brissot, l'ancien rédacteur du *Courrier de l'Europe,* l'ami de Pelporre et de Linguet, paraissait alors le plus dangereux des ennemis

de la cour; car Robespierre disait encore :
« Qu'est-ce que la République [1] ? » Aussi est-ce
contre Brissot que Morande a reçu l'ordre de
diriger les plus violentes invectives. Cette con-
signe semblait à l'ex-libelliste d'autant plus
agréable qu'il avait contre lui des griefs per-
sonnels : il lui reproche formellement dans
l'*Argus* (n° du 25 août 1791) d'avoir fourni à
Manuel les détails peu flatteurs pour le Gazetier
cuirassé qui figurent dans la *Police dévoilée*.
Nous verrons tout à l'heure les attaques contre
l'homme; voyons d'abord les objections contre
l'idée même de la République.

« Les inconvénients de ce genre de gouver-

---

1. Dans son *Brissot démasqué*, publié en février 1792,
sept mois plus tard, Camille Desmoulins constate
également que Robespierre et Marat ne prenaient pas
pour mot d'ordre à cette époque le mot de *République*.
« Était-ce d'une bonne politique, écrit Camille s'adressant à Brissot, lorsque la France avait été décrétée
une monarchie, lorsque le nom de république effa-
rouchait les neuf dixièmes de la nation, lorsque ceux
qui passaient pour les plus fougueux démocrates,
Loustalot, Robespierre, Carra, Fréron, Danton, moi,
Marat lui-même, s'étaient interdit de prononcer ce
mot; était-il d'une bonne politique à vous, Brissot,
d'affecter de vous parer du nom de républicain, de
timbrer toutes vos feuilles de ce mot *République*, de
faire croire que telle était l'opinion des jacobins et
d'autoriser les calomnies et la haine de tous ses ennemis? »

nement sont connus, écrit Morande... la France a besoin d'un monarque à la tête de son gouvernement; elle veut en avoir un[1]. » A la rigueur, la forme républicaine pourrait convenir à une petite vallée; « mais il faut d'autres moyens pour gouverner 25 millions d'habitants, dans un pays accessible de toutes parts aux ennemis du dehors et à tous les genres de corruption dans son intérieur. Un pays habitué au luxe, dans lequel les fortunes sont inégales, est bien différent de ceux où l'égalité civique est fortifiée par celle des fortunes. » Numéro du 3 juillet. — Quelques jours après, l'*Argus patriote* (numéro du 14 juillet) fulmine encore contre les *républicomanes* qui veulent diviser les forces des Français, leur faire perdre le goût de la liberté et exposer de nouveau le royaume à toutes les horreurs de l'anarchie. Il signale violemment la publication des deux premiers numéros du *Journal républicain*. « Ce journal s'imprime dans la caverne de Jean-Pierre Brissot, ci-devant Warville. Le nom de Brissot suffit seul pour faire voir dans quel esprit et pour quels motifs on imprime le

---

1. C'est évidemment par erreur que M. Ch. de Monseignat, dans l'ouvrage intitulé : *Un chapitre de la Révolution française*, Paris, 1853, classe l'*Argus patriote* parmi les journaux *jacobins*.

Journal républicain [1]. » Morande fait une
grande différence entre Brissot, « le chef des
bureaux des traîtres à la patrie, l'agent général
de tous les ennemis de la chose publique », et
Robespierre, Pétion, Prieur, Buzot, Condorcet,
qui ne sont que des *gens trompés*, des naïfs,
animés des meilleures intentions, mais pleins
d'inexpérience, suivant lui. « Il n'est pas facile,
écrit-il, de faire des éloges comme M. Condorcet, de débiter des discours avec autant de
bonne grâce que M. de Robespierre, de faire
des sermons aussi éloquents que M. Grégoire,
mais on peut être moins ignorant qu'eux en
politique. » Cependant Robespierre semble au
journaliste un peu moins inoffensif que les
autres. N'avait-il pas osé demander la mise en
accusation du roi, et sa comparution devant
la justice ordinaire, à la suite du voyage de
Varennes? N'avait-il pas essayé de prolonger
l'agitation, et de soumettre à une discussion
approfondie la procédure à suivre dans cette
circonstance? Morande croit devoir lui adresser une douce réprimande, comme ferait un
pédagogue à un écolier en faute. Il s'étonne
que « M. de Robespierre, qui est un grave

1. Ce journal n'eut que quinze numéros. Il avait
pour rédacteurs principaux : Condorcet, Thomas
Payne et Achille Duchâtel.

magistrat, un sénateur de poids, une si bonne tête », ait pu livrer en pâture aux exagérés et aux violents une question aussi redoutable que celle de la responsabilité du roi. Il le conjure de « s'arrêter au bord du précipice, d'en fixer la profondeur… de se retirer du groupe effrayant à la tête duquel il s'est mis en scène ».

Si Morande s'élève avec énergie contre le parti républicain, il dit crûment son fait au parti aristocratique. Après avoir annoncé dans son journal que plusieurs châteaux viennent d'être brûlés par les gardes nationales et qu'il y a eu même des victimes, voici à quelles réflexions philosophiques il s'arrête : « Il peut arriver des malheurs à l'un et à l'autre parti, mais le moyen d'empêcher la ci-devant noblesse d'être exterminée est de se bien persuader, ainsi que le clergé, que leur règne est passé et que l'on ne croit plus ni à la chevalerie, ni aux augures » (numéro du 10 juillet 1791). Et, un peu plus tard, il ajoute : « Les émigrans auront beau faire, le talisman est brisé; ils ne renverseront point la constitution. Tout projet de contre-révolution est en même temps une atrocité et une folie. » Quant au clergé, Morande estime que ses prétentions outrées ont forcé l'Assemblée « de faire tomber tout d'un coup tous les prestiges », ou, en termes plus clairs,

de déclarer les biens de l'Église propriété nationale, et il n'y aura plus à revenir sur ce
décret. Ainsi le rédacteur de l'*Argus patriote*
reprend, pour sa modeste part, les plans de
Mirabeau. Il rêve une sorte de monarchie dé-
mocratique, le roi restant toujours le chef du
pouvoir exécutif. On voit bien qu'au fond le
principal grief de l'ex-gazetier cuirassé contre
ceux qu'il appelle les *républicomanes*, c'est
qu'ils promettent au peuple la suppression de
la liste civile (V. numéro du 14 juillet 1791);
or, si la liste civile est supprimée, les pauvres
journalistes vont chômer, et adieu les subven-
tions! Mais, les mobiles intéressés de Morande
étant connus, il faut bien reconnaître que sa
tactique était fort habile, et que la cour eût agi
sagement, si elle l'avait prise pour règle de
conduite.

En se prononçant contre les brigues des émigrés, en rompant catégoriquement avec les espérances des aristocrates, il se donnait le droit de
fulminer contre les Jacobins, contre ce club qui
a la prétention de donner des ordres à la représentation nationale et qui réalise sa prétention.
Après la journée du Champ de Mars, préparée
par les clubs et la presse violente, une grave
scission s'était produite au club des Jacobins.
Trois cents députés inscrits au club avaient

protesté par une démission en masse contre les tendances anti-constitutionnelles de la terrible société; et, sous la direction de Duport, des deux Lameth, de Barnave, s'étaient constitués en club distinct, aux Feuillants. Sept députés seulement restaient aux Jacobins, savoir : Robespierre, Pétion, Grégoire, Buzot, Coroller, Prieur et l'abbé Royer. Morande, avec son intelligence avisée, a immédiatement compris le parti que pouvait tirer le roi de la démonstration des députés constitutionnels. Il cherche à stimuler la foule passive et molle des honnêtes gens en agitant le spectre de l'anarchie. Ne nous faisons pas d'illusions sur l'avenir, s'écrie-t-il. « Le calme apparent qui a suivi la crise du Champ de Mars nous annonce probablement de nouveaux orages. » Et il essaie de donner du cœur aux représentants constitutionnels, en même temps qu'il insinue que les puissances étrangères, les ennemies de la France, ont des agents aux Jacobins et poussent le club aux résolutions extrêmes. L'occasion était bien choisie pour abattre les hommes de désordre et de sang. Marat effrayé se cachait dans une cave pour échapper aux mandats d'arrêt. Robespierre faisait voter aux Jacobins des adresses pleines de déférence pour l'Assemblée Constituante. Mais c'est en vain que l'habile journaliste manœuvre pour couvrir le roi et pour maintenir la direction du pays entre les mains des libéraux modérés. Le roi traverse comme un somnambule, jouet inconscient de la fatalité, ces mois tragiques et troublés. C'est lui, c'est le côté droit de l'Assemblée qui ont laissé voter le décret du 16 mai, par lequel les constituants s'excluaient eux-mêmes de la scène politique. Morande blâme cette absurde décision, avec un sentiment prophétique (numéro du 15 août 1791). Il comprend et il devine les résultats futurs de la proposition de Robespierre. Il engage les constituants « à régler la montre, avant de la remettre à ceux qui doivent la porter ». Mais quoi? Faut-il déserter la lutte, quand les plus intéressés à la victoire se fatiguent et s'abandonnent? Non : cet homme vénal et taré puise en lui-même une énergie indomptable. La monarchie, ou plutôt la caisse du roi, c'est son dieu à lui.

Malgré le prodigieux aveuglement de ses augustes protecteurs, l'ex-*Gazetier cuirassé* reprend sa plume et il célèbre les vertus de la constitution nouvelle dont l'Assemblée achève la rédaction : « La Constitution est établie aujourd'hui, et, sous peu de jours, la Charte constitutionnelle, présentée à l'acceptation du roi, cimentera les décrets rendus par les repré-

sentants du peuple. Ce sera cette Charte qui
assurera le bonheur et la gloire de la nation et
du roi ; elle sera le texte d'après lequel j'écrirai...
Je ne séparerai jamais la nation du monarque,
ni le monarque de la nation... J'ai pris ces
mots pour épigraphe : *Audax et vigilans*. Je
prouverai que je suis l'un et l'autre » (numéro
du 7 août). Morande, qui n'a rien pu faire
des membres modérés de la Constituante, s'occupe déjà de la composition de la prochaine
assemblée et s'efforce d'en écarter les éléments
dangereux. Certes, il ne faut pas exagérer le
rôle de l'*Argus patriote* et de son rédacteur en
chef. Il n'a pas eu d'influence sur l'ensemble
des élections ; ce n'est pas une grande voix qui
tonne et qui entraîne les masses, comme naguère celle de Mirabeau. Le journaliste limite
son effort aux élections parisiennes, et, entre les
candidats à la députation, il en choisit un que
la cour redoute plus que les autres et pour
lequel il a personnellement une aversion parti-
culière : j'ai nommé Brissot. L'ancien libelliste
se sent revivre : il a une réputation à détruire,
une idole à jeter dans la boue et des haines à
satisfaire. Dès lors, Morande oublie presque le
roi, la cour, l'Assemblée, la Constitution, le
peuple immense qui bouillonne dans ses profondeurs, tel qu'un volcan à la veille d'une

colossale éruption. Il ne voit plus que l'adversaire à tuer : et il s'élance contre lui, la plume à la main.

Il ne faut pas peut-être juger Brissot avec trop de sévérité [1]. Certes son origine est modeste. Mais Morande lui-même ne lui impute pas à crime d'avoir eu pour père un brave pâtissier. Il reproche seulement à Brissot d'avoir rougi du nom paternel, et de s'être intitulé *Brissot de Warville*, par corruption du mot de *Ouarville*, nom exact d'un village où son père avait du bien. Cette sottise mise à part, Brissot avait eu une jeunesse laborieuse, exempte des hontes qui ont souillé celle de

1. Voici comment s'exprime, au sujet de Brissot, un éminent historien, M. Taine, qui, après avoir mis en relief, dans les *Origines de la France contemporaine*, les excès révolutionnaires, se réserve sans doute de peindre plus tard les fautes, les conspirations et les basses manœuvres des conseillers de Louis XVI et de Marie-Antoinette : « C'est ce malheureux, né dans une boutique de pâtissier, élevé dans un bureau de procureur, ancien agent de police à 150 fr. par mois, ancien associé des marchands de diffamation et des entrepreneurs de chantage, aventurier de plume, brouillon et touche-à-tout, qui, avec ses demi-renseignements de nomade, ses quarts d'idées de gazetier, son érudition de cabinet littéraire, son barbouillage de mauvais écrivain, ses déclamations de clubiste, décide des destinées de la France et déchaîne sur l'Europe une guerre qui détruira six millions de vies. » T. III, p. 133, des *Origines de la France contemporaine*, 1881.

Morande. Il a travaillé chez un procureur, à
côté de Robespierre, si nous avons bonne mémoire. Il a vécu de sa plume, comme Diderot,
lorsque la chicane l'eut dégoûté. Que ses ouvrages philosophiques et juridiques ne soient
pas des chefs-d'œuvre, bien des gens en tom-
beront d'accord, plutôt que de les lire; toutefois ils portent la trace de cet esprit chiméri-
que, mais, à tout prendre, plein de noblesse et
d'élévation qui le poussait, comme il le dit lui-
même, « à diriger tous ses travaux vers l'é-
mancipation universelle des hommes ». Quand
il publia sa *Bibliothèque philosophique sur
les lois criminelles,* Servan lui écrivit :
« Vous avez réalisé l'un de mes vœux les plus
anciens, la réunion de tous les ouvrages qui
ont traité de la réforme des lois criminelles.
Crions, monsieur, crions tout un siècle; peut-
être à la fin un roi dira : Je crois qu'ils me parlent; peut-être il écoutera, peut-être il réfor-
mera. » Pourquoi la cour du malheureux
Louis XVI honorait-elle d'une telle haine un
écrivain qui, dès ses débuts, avait fait preuve
d'incontestables talents? La raison en est simple : d'abord on lui trouvait des « principes
extraordinaires », — l'expression est du ministre Breteuil, c'est-à-dire des principes républi-
cains; — puis il s'était enrôlé un moment dans

22.

la faction d'Orléans et s'était laissé nommer
par le duc secrétaire général de la chancellerie
du Palais-Royal. Il n'en fallait pas plus pour
que la cour l'exécrât et le désignât aux coups
d'un pamphlétaire à gages.

Personne n'était plus apte que Morande à
faire une campagne de diffamation et de calomnies contre Brissot. L'ex-*Gazetier cuirassé*
avait bien des motifs de ne pas l'aimer. Il le
savait intimement lié avec Linguet, qui avait
dirigé et protégé ses débuts dans la carrière
des lettres ; et nous avons dit quels étaient les
sentiments de Morande pour l'annaliste-avo-
cat. De plus, le *Gazetier cuirassé* soupçonnait
Brissot d'avoir participé à la rédaction du *Diable dans un bénitier* et il contribua à le faire
mettre à la Bastille, le 12 juillet 1784 [1], en
même temps que son collaborateur présumé,
M. de Pelporre. Morande avait obtenu l'arrestation de Brissot, en produisant et en adressant à la police française un certificat d'un
garçon de l'imprimerie d'où était sorti le *Diable
dans un bénitier*. Un rapport de M. le Noir à
M. de Breteuil établit que ce certificat était

1. Brissot donne la date de son incarcération dans
sa *Réponse à tous les libellistes qui ont attaqué et attaquent sa vie passée*. Paris, 10 août 1791, broch. in-8º,
p. 19.

« dénué d'authenticité ». Il fallut quatre mois et les sollicitations pressantes de Mme de Genlis pour obtenir la mise en liberté de Brissot. C'est à la suite de sa captivité qu'il accepta les offres du marquis Ducrest [1], frère de Mme de Genlis et chancelier du duc d'Orléans. Il essaya de prouver son dévouement au duc en écrivant contre le ministère la brochure qui a pour titre : *Point de banqueroute, ou Lettres à un créancier de l'État sur l'impossibilité de la banqueroute nationale et sur les moyens de ramener le crédit et la paix.* Cet excès de zèle attira à son auteur une nouvelle lettre de cachet; mais, averti à temps, il passa la fron-

---

1. Ducrest ne brillait pas par la modestie. Il avait fait présenter au roi un mémoire où il se proposait lui-même comme l'homme le plus capable de restaurer les finances et de rendre à Louis XVI l'amour de ses peuples. On chanta :

> Grand génie, ardent citoyen,
> Ce que tu promets n'est pas mince ;
> Mais, si tu possèdes si bien
> L'heureux talent de faire adorer notre prince,
> Commence donc par faire aimer le tien.

V. Grimm, *Corresp.*, t. XIII, p. 463.
Le marquis Ducrest se piquait de protéger les gens de lettres. Il avait décidé le duc d'Orléans « à suivre l'exemple de M. de Calonne et à pensionner douze trompettes dont voici les noms : MM. Marmontel, Gaillard, l'abbé de Lille et de la Harpe, de l'Académie française; messieurs Bertholet, Lavoisier, de la Place

tière et visita successivement la Hollande, l'Angleterre et l'Amérique. Quand la Révolution s'ouvrit, au début de 1789, Brissot revint en France et reprit sa plume de journaliste en fondant le *Patriote français* [1]. Après l'évasion du roi et l'affaire du Champ de Mars, il avait levé bien haut le drapeau républicain. Il accuse les *Pisistrates* qui, à l'entendre, avaient excité la garde nationale contre le peuple et versé le sang des enfants et des femmes dans la journée du 17 juillet, d'avoir voué à l'échafaud « les hommes à caractère » qui voulaient résister à ces essais de dictature. Mais il ne s'est pas

et de Vandermonde, de l'Académie des sciences ; l'abbé de la Chaux, de l'Académie des inscriptions et bibliothécaire du prince ; enfin, messieurs Bernardin de Saint-Pierre, Palissot et Ménageot : ce dernier est un peintre. » Ces pensions étaient de 800 livres. *Mémoires secrets*, 31 janvier 1787. Du reste, le marquis administrait d'une façon remarquable les biens du duc, et le roi lui fit demander un mémoire sur les procédés qu'il avait employés pour faire rentrer les créances arriérées. C'est sans doute ce qui donna à l'audacieux gentilhomme l'idée de se proposer au roi comme pouvant faire un ministre idéal, en réclamant la suppression des lettres de cachet et la démolition de la Bastille. Il demandait aussi la création d'un conseil pour chaque département ministériel, comme au temps de la régence.

1. Le *Patriote français*, publié à partir du 28 juin 1789 jusqu'au 2 juin 1793, comprend 1388 numéros, ce qui donne environ 8 volumes.

laissé intimider et « a déconcerté par ses regards
plus d'un de ces brigands ». Alors on a changé
de batteries, et, comme on n'osait pas prendre
sa tête, on a essayé de la calomnie. Les *tyrans*
avaient encore bien des ressources. « La liste
civile, le trésor public, les places étoient à
leurs ordres, et les libellistes, les délateurs
mercenaires à leurs pieds. L'or a coulé, et la
capitale a été inondée et d'émissaires qui prê-
choient dans tous les lieux publics contre les
Jacobins; et de trompettes qui hurloient les
grandes conspirations découvertes (encore à
découvrir); et de pamphlets qui désignoient au
peuple et aux gardes nationales leurs victimes;
et de journaux qui versoient au loin le poison,
fabriqué dans la capitale [1]. » Et que peut-on
lui reprocher, à lui Brissot? On l'accuse d'être
payé par les puissances étrangères? Mais il est
pauvre et n'a ni caisse ni portefeuille. On
prétend aussi qu'il a fait des dupes en Angleterre et s'est emparé de la fortune de ses associés. Si l'on a des pièces, qu'on les montre et
qu'on les dépose chez un officier public : l'un
de ses ennemis n'a-t-il pas déjà produit pour
le perdre un faux certificat arrivé de Londres?
Et celui qui a commis cette infamie, qui est-il?

1. *Réponse à tous les libellistes*, p. 34.

Il faut le démasquer. « Lecteur, voulez-vous connaître la main qui, depuis quelque temps, essaie de me déchirer et dans des journaux et dans *des placards,* cette main qui reproduit sous tant de formes les impostures qui, depuis six ans, souillent le *Courrier de l'Europe?* Lisez, écoutez, les témoignages qui s'élèvent contre ce libelliste. Le nommer, c'est le peindre; *Morande* est son nom. Je dois, pour le bien public, faire une bonne fois justice de cette (*sic*) insecte qui s'attache aux meilleurs patriotes. »

Commencée sur ce ton, la philippique contre le malheureux Morande atteint immédiatement la dernière violence. Brissot rappelle les débuts de son ennemi, ses entreprises de chantage, sa négociation lucrative avec les agents de Louis XV et de sa maîtresse, ses démêlés avec Linguet, M. de Lauraguais et Mlle d'Éon. Il l'accable sous les témoignages du mépris public. C'est Voltaire qui, caractérisant le *Gazetier cuirassé* dans ses *Questions sur l'Encyclopédie*[1], s'exprime ainsi : « Il vient de paraître un de ces ouvrages de ténèbres où, depuis le monarque jusqu'au dernier citoyen, tout le monde est insulté avec fureur, où la

____

1. Édit. de 1772, t. IX, p. 224.

calomnie la plus atroce et la plus absurde distille un poison affreux sur tout ce qu'on respecte et qu'on aime. L'auteur s'est dérobé à l'exécration publique. » C'est M. de Lauraguais, qui le force de s'agenouiller publiquement devant lui et à se reconnaître par un écrit public faussaire et calomniateur [1]. C'est Mirabeau qui l'appelle « malheureux libelliste dont l'amitié et la correspondance sont un opprobre pour le sieur de Beaumarchais ». C'est Linguet qui, dans ses *Annales,* a dit « qu'il fallait traiter son nom comme la justice traiterait sa cendre ». C'est l'*Observateur anglais* [2], qui écrit que Beaumarchais s'était rendu aux yeux de Mlle d'Éon abominable et odieux, parce que « il a eu la bassesse de prendre pour confident, de se donner pour substitut auprès d'elle un

1. La *Correspondance de Grimm,* édit. Tourneux, t. X, p. 222, donne une analyse et des extraits du *Mémoire pour moi, par moi Louis de Brancas, comte de Lauraguais,* où le comte parle de Morande. « C'est un gredin qui s'avise de dire du bien de moi dans un libelle où il déchire ce que j'aime et que je respecte, qui croit passer pour un bel esprit de bonne compagnie parce que quelques salopes l'appellent le chevalier de la Morande, au lieu de Morande (auteur du *Gazetier cuirassé* et de plusieurs autres atrocités); et qu'il imprime un fatras scandaleux qui a l'air d'être écrit par un fiacre sur les mémoires de la cuisinière de Mme Gourdan. »

2. T. IX, p. 14.

Français encore plus taré, plus vil, l'auteur du *Gazetier cuirassé*, le calomniateur de Louis XV, et, pour tout dire en un mot, Morande! » Enfin, pour achever la démonstration, Brissot insère à la fin de sa brochure des pages entières de la *Police dévoilée* de Manuel qui établissent qu'il a changé son ancienne entreprise de chantage pour le métier d'espion et de falsificateur de pièces. Il déclare, en terminant, que dans la persécution dont Morande est l'instrument « on ne peut méconnaître l'esprit infernal du ministère qui n'a cessé de le poursuivre depuis l'instant où il s'est déclaré l'apôtre de la liberté. »

Traité d'espion et d'agent vénal de la cour, Morande ne pouvait se dispenser de répondre. Il le fit dans le n° de l'*Argus patriote* du 18 août 1791 [1]. Le *Gazetier cuirassé* commence par présenter longuement sa propre apologie et retrace, à sa manière, l'historique de ses nombreux avatars. On a vu plus haut comment il essaie de détruire les allégations puisées par Manuel dans les notes de police,

---

1. L'article forme un supplément à ce numéro 21 de l'*Argus*. Il porte ce titre : « Réplique de Charles Theveneau de Morande à Jacques-Pierre Brissot sur les erreurs, les oublis, les infidélités de sa réponse. » Il existe de la réplique un tirage à part, imprimé chez Froullé, quai des Augustins, n° 39, 1791.

et il n'y a pas lieu d'insister à cet égard; mais
après la défense vient l'attaque. Morande apprécie d'abord la vie privée de Brissot et raconte en détail les entreprises et les voyages
de son adversaire. Il insiste notamment sur
l'affaire du *lycée de Londres*. Vers 1783,
Brissot se serait lié avec un savant musicien
nommé Desforges, qui s'était fixé à Londres
et cherchait à placer les débris de sa fortune,
environ 15,000 fr. Brissot aurait eu l'adresse
de se faire confier cette somme, qui devait servir à faciliter la fondation du lycée de Londres
et à soutenir la publication du *Journal du lycée*. Mais Brissot n'aurait jamais fondé le
lycée et le journal n'aurait eu que trois numéros. L'associé du pauvre Desforges liquida ses
dettes en passant le détroit et en se réfugiant
en France. On connaît la suite de ses aventures : son emprisonnement à la Bastille, ses
relations avec le duc d'Orléans et son voyage
en Amérique. Ce qui met le comble à ses crimes, c'est qu'il cherche à renverser la monarchie et à la remplacer par la république. Voilà
ce que Morande, défenseur du trône et de la
liste civile, ne lui pardonne pas. « On a vu,
écrit-il, la rage de Massaniel contre tous les
membres de l'Assemblée nationale, lorsqu'il a
vu que cette idée était repoussée avec horreur...

Aucune réputation n'a été à l'abri de ses calomnies et de ses injures, et il a infecté de sa sanie (je prie mes lecteurs de me passer ce terme) tout ce qui n'a pas été de l'avis du comité républicomane. »

Morande veut à tout prix empêcher Brissot d'obtenir un siège de député. C'est là une idée fixe, l'idée inspiratrice de son journal, à tel point qu'on pourrait croire que l'*Argus patriote* n'a été fondé que pour discréditer Brissot... aux frais du roi. Or, au moment où paraissait l'article de Morande, dans le n° du 18 août, les élections pour l'Assemblée législative allaient avoir lieu, et Brissot était l'un des candidats le plus en vue, celui, à coup sûr, que la cour redoutait par-dessus tous les autres. Aussi Morande, en terminant sa réplique, ne peut-il s'empêcher de laisser voir où il veut en venir : « Les électeurs de Paris, s'écrie-t-il, se respectent trop pour dégrader la première législature des Français en élisant un banqueroutier accusé de vol. » Les opérations électorales ont commencé le 27 août, et les électeurs de Paris, après avoir entendu la messe, ont nommé M. de Lacépède président. Morande espère que les choix seront bons. « La considération politique de la France parmi les puissances de l'Europe dépend du choix de ses pre-

miers représentants. S'ils sont tous constitutionnels, elle ne redoutera aucune ligue contre
sa tranquillité » — n° du 29 août. — Jusqu'à ce
que les résultats définitifs du vote à deux degrés
soient connus, Morande continue vigoureuse-
ment sa campagne contre les candidats répu-
blicains : Condorcet, qui autrefois s'élevait
dans ses ouvrages contre « l'influence de la
populace, ce fléau des États policés », et qui
maintenant « s'est jeté dans la secte républicomane »; Clavière, un Genevois et un *agioteur*;
et surtout contre Brissot « qui réunit sur sa
tête tous les genres de déshonneur ». Dans un
dernier article (n° du 6 septembre), l'*Argus
patriote* affirme que, si Brissot est nommé,
une scission immédiate se produira entre les
colonies françaises et la mère-patrie, car on
croira que la France va mettre en pratique le
fameux mot : « Périssent les colonies, pourvu
que la liberté s'établisse! » Puis, répondant à
l'allégation de son ennemi qui prétendait que
le rédacteur de l'*Argus* était soudoyé par une
bande, l'ex-*Gazetier cuirassé* s'écrie : « J'avoue
qu'il y a une bande qui m'a décidé à peindre
Brissot. C'est le souvenir de la bande de Cartouche, dont les acteurs avaient, comme lui,
un chapelet passé en sautoir sur des mains de
cire très proprement gantées, tandis que leurs

véritables mains travaillaient les poches de leurs voisins. »

Les furieuses invectives de Morande, les placards dont Paris était inondé, grâce à l'activité des agents royalistes, avaient produit sur le corps électoral un certain effet. En somme, les Feuillants avaient obtenu plus de suffrages que les Jacobins. La cour put croire un moment que les chefs du parti républicain échoueraient, mais, *au onzième tour de scrutin,* Brissot finit par être élu! Il faut voir avec quelle rage Morande annonce dans son numéro du 12 septembre le triomphe final du « vertueux, de l'immaculé, du digne Brissot ». La déception était d'autant plus vive que, pendant les quatre premiers jours, les électeurs parisiens avaient repoussé Brissot par une majorité de 300 voix, en nommant Garaud de Coulon, Pastoret, Cerutti, Lacépède. Morande triomphait déjà. « Il est plus que probable, écrivait-il, que, de renvoi en renvoi, Brissot sera renvoyé aux calendes grecques. L'honneur de la prochaine législature est attaché à son exclusion et la partie saine du corps électoral est pénétrée de cette vérité. » Aussi, quand Brissot passe enfin, Morande est atterré et perd un moment son magnifique sang-froid. Il explique le succès du Jacobin par les abstentions, et par cette cir-

constance que, le jour où le roi a juré d'observer la Constitution, beaucoup d'électeurs ont
voulu voir passer le cortège! Désormais, l'*Argus* ne s'occupera plus que de la vie publique
de Brissot et jamais de sa vie privée. En vain,
le journaliste à gages cherche à faire bonne
figure; il est visiblement décontenancé. Tout
lui montre que la monarchie va aux abîmes,
qu'elle a perdu la confiance de la nation. L'enthousiasme factice qui a suivi l'acceptation de
la Constitution par le roi n'a pas plus duré
que les illuminations de Paris. Depuis la déclaration de Pilnitz, la France, soulevée jusque dans ses profondeurs par le grand souffle
révolutionnaire, s'indignait contre le double
jeu de la cour et contre cette malheureuse reine
qui écrivait à son frère, l'empereur Léopold,
de « culbuter » la Constitution au plus tôt.
Les hommes modérés s'en vont. Bailly annonçait l'intention de donner sa démission, en
avouant, dans une lettre adressée à la municipalité, « qu'il serait resté à sa place, s'il avait
encore la force et les moyens nécessaires pour
être utile ». L'*Argus* annonce (n° du 27 septembre) que « MM. d'Ormesson, Freteau et Duport
sont sur les rangs pour remplacer le maire de
Paris. MM. d'André et Beaumetz sont dési-
gnés pour la place de procureur-syndic du dé-

partement. Quelques membres du Club des Cordeliers ont paru désirer le sieur Robespierre pour une de ces places et le fameux Rutledge pour l'autre. Ces deux citoyens ont toujours marché sur la même ligne ; mais comme cette ligne n'aboutit ni à la mairie, ni à la place de procureur-syndic, il est probable que la nomination des frères cordeliers n'aura pas lieu. »

Cependant l'Assemblée législative se réunit le 1er octobre 1791. Tout d'abord, Morande affecte d'être satisfait de sa composition. « La masse est sûre, écrit-il ; et ce ne sont point les *exagérateurs* qui la conduiront, ni les hypocrites qui pourront la pervertir. » Et qui sont ces exagérateurs et ces hypocrites ? Il le dit nettement : « Les membres qui sont le plus à redouter dans l'Assemblée sont les amis de cœur et les affiliés des Robespierre et des Pétion, parmi lesquels on en remarque quelques-uns dont les exagérations sont si extraordinaires et si extravagantes que l'on a le droit de soupçonner qu'elles ne sont point sincères. » Et puis, cette majorité si *sûre* traite, dès le début, la personne royale avec le plus insultant dédain. On vote le 5 octobre, sauf à y revenir le lendemain, que les mots *Sire* et *Majesté* ne seront plus employés, et que le roi n'aurait, toutes les fois qu'il viendrait assister aux séan-

ces de l'Assemblée, qu'un fauteuil placé pareil
à celui du président et placé à la gauche. Morande proteste. « C'est dégrader la nation,
écrit-il, que de dégrader son chef. » La suppression du décret, obtenue par les Lameth et
le président Pastoret, ne faisait qu'atténuer
l'insulte. D'autre part, les modérés, dont la cour
repoussait l'alliance avec dédain, se retiraient
sous leur tente, inquiets, découragés. A la
suite de la clôture de l'Assemblée constituante,
la Fayette avait donné sa démission de commandant de la garde nationale. Dans une lettre
du 8 octobre, il avait remercié la milice de son
zèle et recommandé au peuple « de ne pas pa-
ralyser l'action légale des autorités légitimes ».
L'*Argus patriote,* dans cette circonstance, apprécie le rôle du général avec une équité par-
faite : « M. de la Fayette, dit-il, a été attaqué
par tous les partis, l'un après l'autre, et il se
retire regretté et estimé généralement de tout
le monde. On l'a accusé d'avoir une grande
ambition ; et il vient de prouver que toute son
ambition a été de se retirer avec honneur de la
scène d'action. Il a réussi à emporter intacte la
gloire dont il s'est couvert par une conduite
irréprochable et par la fermeté la plus intrépide
au milieu des plus grands dangers (n° du 13 octobre). » Dans le numéro suivant, Morande cher-

che à poser la candidature de la Fayette à la mairie de Paris. En cela, le Gazetier se montrait plus politique que la reine, qui employait le peu d'influence dont elle pouvait encore disposer à soutenir la candidature de Pétion. Nous allons voir ce qui advint d'une attitude aussi folle.

Certes, si la cour voulait faire sortir l'ordre du désordre, elle devait être satisfaite. L'anarchie était partout. Dans le vieux château des papes, dans la tour sombre de l'inquisition, Jourdan Coupe-Têtes et sa troupe de bandits avaient jeté soixante cadavres; Avignon est glacé de stupeur. « Ceci est la porte de l'enfer, écrit Michelet, la porte sanglante. La voilà maintenant ouverte et le monde y passera. » De la colonie de Saint-Domingue arrivaient aussi des récits de carnage. Blancs et noirs se fusillent et s'entre-tuent. En France, le flot des émigrants s'élance aux frontières, surtout vers Coblentz « la capitale de la France extérieure », comme disaient les royalistes. Mais la voix furieuse d'Isnard tonne à la tribune de l'Assemblée, et la guerre commence entre la Révolution et l'Aristocratie. Le roi, tout à l'heure si faible, a un accès de révolte. Il oppose son véto au décret du 7 novembre sur les émigrés, puis à celui du 29 sur les prêtres réfractaires. Moment critique où la nation s'exalte jusqu'à la fureur.

Que dit Morande dans ce conflit terrible? Il hésite, mêle les louanges aux critiques, essaie de séparer l'Église de l'État ou plutôt du roi, pour sauver celui qui peut encore reconnaître en espèces sonnantes le dévoûment des journalistes. Avec une habileté rare, le libelliste retors indique à son maître sinon la voie de l'honneur, du moins celle du salut. Rompez, lui dit-il, avec les influences cléricales; ne permettez pas à une secte religieuse d'en opprimer d'autres; proclamez l'égalité entre les ministres de tous les cultes. Les corporations religieuses doivent être bannies. « Quand on sera parvenu, lisons-nous dans le n° 44 de l'*Argus*, à dissoudre ces terribles corporations, l'on aura assuré le retour de la tranquillité et le repos de la nation française. » Mais, cette concession faite aux idées révolutionnaires, Morande défend avec énergie les principes essentiels du gouvernement. Il s'indigne de la situation intenable que l'Assemblée fait aux ministres, en écoutant les perpétuelles dénonciations qui sont dirigées contre leurs actes : « On a vu, écrit-il, des séances pendant lesquelles tous les ministres ont été dénoncés, sans qu'aucune des dénonciations fût fondée... On se rappelle la morgue des minis-

tres de l'ancien régime et l'on cherche à s'en
venger sur les ministres constitutionnels...
Personne ne contestera que le temps que font
perdre les dénonciations à l'Assemblée ne soit
fort à regretter. C'est un vol fait à la chose publique. » Et le journaliste rappelle, en flétrissant
cette infraction déplorable à la discipline, que
des simples soldats ont dénoncé le ministre de
la guerre, à propos des moyens de défense d'une
place forte ; que des commis, à 600 livres d'appointements, ont occupé toute une séance de
l'Assemblée de la critique des travaux de leurs
chefs. Il réclame des peines sévères contre les
dénonciateurs.

En ce qui touche les émigrés, Morande
approuve la conduite du roi et le loue d'avoir
opposé son véto aux décrets, tout en écrivant
à ses frères pour les engager à rentrer en France.
Il affirme que « la nation pense de la même
manière ; qu'elle veut être juste et humaine, et
sauver les émigrants, si elle le peut, de leurs
propres fureurs ». Puis, passant de la défense
à l'attaque, *l'Argus patriote* se retourne contre
ceux qu'il appelle ironiquement « les quatre
plus grands hommes de France », c'est-à-dire
Gorsas, Carra, Condorcet et Brissot. Il leur fait
un crime de leurs protestations contre le véto
royal et reproche à Brissot « d'avoir trouvé

dignes de son cœur les Jourdan et les Peytavin,
les brigands d'Avignon que les commissaires
de l'Assemblée viennent de faire arrêter, après
l'occupation d'Avignon par M. de Choisy ».
Enfin il rejette sur ses adversaires la responsabilité de la révolte des nègres de Saint-Domingue, qui « ont pris pour actes des apôtres les écrits
des Brissot, des Condorcet et des Clavière ».

Si le jugement de Morande eût été entièrement libre, il aurait, à coup sûr, lui l'admirateur de la Fayette et le partisan des constitutionnels, blâmé les absurdes manœuvres de la
cour qui, aux élections du 12 novembre, avait
assuré le succès d'un candidat pour la mairie
de Paris, nettement hostile au pouvoir exécutif.
Plus avisé, *l'Argus* avait prôné de son mieux
les titres de la Fayette (n° du 12 novembre).
Le 23, Morande déplore la nomination de
Pétion; il prétend que l'échec de la Fayette tient
à ce que, sur 27,000 électeurs inscrits, 10,000
seulement ont voté. Faut-il avoir grande confiance dans le nouveau maire? Lè journaliste ne
le croit pas. Il raconte, non sans esprit, que le
premier acte du chef de la municipalité a été de
courir au club des Jacobins où Couthon, président en exercice, l'a chaudement félicité. Ce
fut une scène attendrissante. Suivant l'expression de Gorsas : Pétion était si ému qu'il ne put

« qu'arroser de ses larmes le sanctuaire de la liberté ». Gagnés par l'émotion, plusieurs membres du club proposent d'élever un buste au nouveau maire. Le *patriote* Dusaulx trouve la proposition anti-égalitaire, mais il presse Pétion dans ses bras pour le consoler, et tous deux se remettent à pleurer! Ils avaient le don des larmes. « Ils en versent en si grande abondance, lit-on dans l'*Argus,* que, s'ils avaient eu de longues barbes, ils auraient ressemblé à des Tritons sortant des flots. » Pour calmer ces effusions touchantes, Morande invite Pétion à s'occuper des trottoirs et des égouts de Paris. « Un maire de Paris acquerra plus de gloire en s'occupant de ces détails essentiels de son administration qu'en allant verser des larmes à la tribune des Jacobins. » Il est plus beau de se dévouer à une ville de 800,000 âmes qu'à une société de 1,000 à 1,500 personnes. Le *Gazetier cuirassé* a compris l'incalculable puissance des Jacobins, dont les 5 ou 600 sections dominent la France entière et s'arrogent partout le contrôle du pouvoir exécutif. Dans son n° du 18 décembre, il dénonce à tous les patriotes cette usurpation redoutable :

Je ne blasphémerai point la Constitution en disant qu'il faudra bientôt opter entre l'Assemblée Nationale et les Jacobins; mais j'oserai dire que

le patriotisme doit arrêter les progrès du mal qui
s'y prépare. J'oserai dire aussi (en bravant et les
injures et les outrages et les calomnies de tous les
instigateurs des désordres, ainsi que tous les in-
sensés et les lâches adulateurs des sociétés perpé-
tuellement révolutionnaires qui se sont arrogé le
pouvoir dictatorial) que l'Assemblée Nationale
doit prendre le dessus des sociétés qui ont l'audace
d'empoisonner l'esprit du peuple. Si le pouvoir
exécutif, les gardes nationales, les troupes de ligne
et les membres des départements et des districts
ne marchent pas courageusement au secours de la
Constitution et ne réduisent pas à leur insignifiance
les fourbes qui se disent ses amis, ils finiront par
entraîner dans l'abîme une nation qui, sans ces
sociétés, aurait bientôt repris son rang en Europe.
Si les lois ne sont pas respectées et observées, si
les gens corrompus conservent leur influence dans
les clubs dont ils sont membres, c'en est fait de la
nation française.

Ces avertissements ne restaient pas absolument sans écho. On put croire un moment que
le club des Feuillants allait faire contrepoids
au club des Jacobins. Le 10 décembre, l'*Argus*
annonce avec joie que près de 250 membres
de l'ancienne Assemblée se sont fait inscrire
au Club constitutionnel, et que 500 bons
citoyens ont imité leur exemple. Mais, dès le
23 du même mois, une troupe de Jacobins en-
vahit la salle des Feuillants et force le président

à lever la séance. (n° du 28). Voilà les modérés
chassés du local où ils se réunissent et déjà
impuissants à repousser la force par la force.
Quant à l'Assemblée Législative, elle tremble
aussi devant les menaces de la rue et des clubs.
Son temps se passe à des niaiseries, quand ce
n'est pas à écouter, comme le dit Morande, « des
dépositions d'ivrognes et des contes à dormir
debout ». Des séances entières sont employées
à discuter des pétitions comme celles du laboureur de la Dordogne qui avait pour toute fortune
un assignat de 50 livres. Les rats l'avaient rongé,
sans penser à mal. Alors un député humani-
taire s'empare de cet accident lamentable. Il
apporte sur le bureau de l'Assemblée les lam-
beaux de l'assignat et demande qu'on restitue
au laboureur de la Dordogne l'équivalent de la
somme que les rats ont consommée. La chose
fut gravement renvoyée au comité de l'extraordinaire. L'Assemblée n'était plus qu'un théâtre,
une sorte de Cirque olympique où soldats et
civils défilaient successivement, comme ce jour,
— c'était le 15 décembre, — où Pétion présente
à la représentation du peuple tous les nouveaux
officiers de la garde nationale. Ils traversèrent
la salle au nombre de 1,500, en deux colonnes ;
et l'Assemblée traduisit son enthousiasme par
des applaudissements frénétiques, surtout lors-

que M. Chéron, député, cria pour la première
fois : « La Constitution ou la mort! »

Morande s'indigne des inepties que des énergumènes venaient tous les jours débiter à la
barre. Il s'élève notamment contre Anacharsis
Cloots, qui eut l'ingénieuse idée de proposer à
l'Assemblée de déclarer la guerre à *toutes les
puissances,* et affirma que « la cocarde tricolore
et l'air *Ça ira* seraient les délices de vingt peuples délivrés ». L'*Argus* ne peut admettre qu'on
entrave à toute heure l'action du pouvoir exécutif, ni qu'après avoir réclamé à grands cris
telle ou telle mesure, on s'empresse de la combattre et de la proclamer anti-nationale, aussitôt qu'elle est acceptée par les ministres. C'est
ainsi que le parti avancé avait d'abord sommé
Louis XVI de déclarer la guerre à l'Autriche.
Dès que le ministre de la guerre, M. de Narbonne, obéit à ces sommations et annonce à
l'Assemblée la formation de trois armées, sous
les ordres de la Fayette, Luckner et Rochambeau, on fait volte-face, et Brissot, Carra, Robespierre accusent le roi de ne se prêter aux
projets belliqueux que pour trahir la patrie.
« Voilà le pouvoir exécutif dans une belle position! écrit Morande; Carra, séant aux Jacobins, avait d'abord enjoint aux ministres de se
battre. Sur les observations de Robespierre, il

ne veut plus que les troupes franchissent les
frontières et oppose son véto à la guerre extérieure. Il est difficile de plaire à ces deux grands
hommes, mais il l'est moins de les envoyer aux
calendes grecques. A Rome, on les aurait probablement envoyés aux murènes. » Carra, qui,
d'après Morande, aurait été décrété de prise
de corps pour vol en 1758 par le bailliage de
Mâcon, professait d'ailleurs de singulières idées
sur le patriotisme. Dans la séance du club des
Jacobins tenue le 5 janvier 1792, n'osa-t-il pas
demander la destitution de Louis XVI et son
remplacement par le duc d'York, fils du roi
d'Angleterre, motion qui, ajoutons-le, lui attira
une verte réplique et un rappel à l'ordre de
Danton? L'*Argus*, en ce qui le concerne, n'est
pas partisan d'une politique d'effacement, mais
il estime que, si la France a le droit de maintenir sa Constitution et son indépendance contre les attaques venues de l'extérieur, elle n'a
pas à intervenir dans les affaires des autres peuples. « Ceux qui soutiennent, lit-on dans le n°
du 21 janvier 1792, le paradoxe inepte et impoli-
tique que nous devons faire les frais des révolutions de tous les peuples, qu'il faut affranchir
tout le genre humain; ces énergumènes... rendent la France odieuse à tous les gouverne-
ments et à tous les peuples de l'Europe... Si

chaque peuple opprimé a le droit incontestable
de résister à l'oppression, les Français n'ont
pas celui de leur prêcher la résistance, puisque
cette oppression leur est étrangère. »

A l'intérieur, la situation était assez mena-
çante et assez troublée pour absorber l'attention de l'Assemblée et du Pouvoir exécutif. Au
début de l'année 1792, la fermentation croissait
d'heure en heure dans la capitale. Des bruits,
habilement propagés par Carra, Gorsas, Brissot,
Prud'homme, circulaient. On disait que le roi
faisait vendre la vaisselle des Tuileries et les
bijoux de la couronne, en vue d'une nouvelle
tentative de fuite; que les hôtels des ci-devant
nobles étaient métamorphosés en casernes, et
que le château royal était bondé de chevaliers
de Saint-Louis armés jusqu'aux dents. Les calomnies et les dénonciations pleuvent contre
les ministres avec un redoublement de rage.
Dans la rue les attroupements se multiplient,
sous prétexte que le pain est trop cher. Une
foule exaltée jusqu'à la fureur veut piller les boutiques et les magasins des marchands de sucre
et de denrées coloniales. Le plus menacé parmi
ces commerçants inoffensifs est M. d'André,
l'ancien membre de l'Assemblée Nationale, qui
demeurait rue de la Verrerie. « Des scélérats,
écrit Morande le 29 janvier, ont dit qu'il leur

fallait la tête de M. d'André, et on demandait
cette tête comme l'on aurait demandé un pain
de sucre. » Qui le croirait? Ces rassemblements
dangereux furent dissipés pour un jour par une
des célébrités révolutionnaires. « La demoiselle
Théroigne de Méricourt est arrivée, dit l'*Argus*,
et s'est montrée aussi constitutionnelle sur la
terrasse des Feuillans qu'elle l'était peu dans
la nuit du 5 au 6 octobre 1789. On l'a entendue
prêcher le patriotisme et le respect pour l'autorité, ce qui n'a pas peu surpris son auditoire. »

Quant au maire Pétion, il laissait faire les
hommes de désordre avec un optimisme étonnant. Des propriétaires, d'honnêtes négociants
sont menacés du pillage, la garde nationale
impuissante recule devant les huées et les in-
sultes ; peu lui importe, il voit tout en bleu et
en rose. Dans la séance du 24 janvier 1792, on
l'entend débiter un petit discours dont Morande
nous donne l'analyse :

« Il a peint les tumultes avec des couleurs si
douces, son maintien a été si gracieux, il a parlé
avec tant d'aménité qu'il a été regardé par tout
le monde comme un chérubin de paix. Selon
M. Pétion, le peuple n'était que mal à l'aise : il
s'agitait cependant... il se rassemblait dans les
places... Il a parlé en passant de l'incendie de la
Force. Le feu paraît avoir pris d'abord dans l'ap-

partement de l'abbé Bardy (qui n'était pas encore
transféré, comme on l'avait dit, à la Conciergerie);
M. Le Nain, après avoir vérifié que Bicêtre et la
Salpêtrière n'étaient point en feu, comme l'on en
faisait courir méchamment le bruit, se rendit au
faubourg Saint-Marceau, où l'on trouva des gens
attroupés qui lui attestèrent, avec l'inquiétude de
la probité, qu'ils ne voulaient point piller les
magasins de sucre, mais que la hausse de cette
denrée leur causait du chagrin. Il leur conseilla
de s'adresser à l'Assemblée Nationale, et ils l'ont
fait. Tout ce qui se passait n'inquiétait point
M. Pétion. Tout allait bien, selon lui; le tumulte
était apaisé. On cassait cependant encore les vitres
de MM. Cholet et Boscaris; on entourait les magasins de M. Millot et Cie, et l'on avait blessé dan-
gereusement un commandant de bataillon. Mais
tout, au reste, allait bien, et ces incidens légers
n'empêchèrent pas M. Pétion de dire que la garde
nationale était respectée, que la loi retenait tout
le monde, et que la municipalité n'avait point à se
plaindre du peuple. » *Argus* du 25 janvier 1792.

Le journaliste ne prétend pas dire que le
maire de Paris reste inactif. Non : pendant
que les bas-fonds remontent à la surface et que
la tempête populaire se déchaîne, il prend sa
plume d'administrateur et libelle un arrêté
condamnant à mort « ... les chiens qui seront
trouvés dans les rues, passé dix heures du soir ».
Cet effort a épuisé le pauvre Pétion. Qu'on ne

lui demande plus d'actes! Quant aux discours,
aux manifestes, aux lettres, il en aurait à re-
vendre. « Depuis quinze jours, écrit Morande
le 6 mars, M. Pétion s'est vu obligé de doubler
les travaux de sa place. Si cela continue, il lui
faudra bientôt une demi-douzaine de secrétaires
de plus. Il a écrit aux membres du directoire
du département : il a écrit par le même canal
au ministre de la guerre. Il fait des discours à la
Ville, il en fait à la barre de l'Assemblée Nationale, il en fait aux Jacobins ; il écrit au *Journal
de Paris*. On peut dire que jamais magistrat ne
s'est donné tant de besogne et *ne l'a si bien
faite*. Tous les écrits de M. Pétion sont des morceaux d'éloquence achevée ; et ce qu'il y a de
plus admirable, c'est qu'il n'y a pas une ligne
qui ne soit faite avec une aménité qui enchante
ses lecteurs. »

Ainsi le sceptique *Argus* raille la phraséo-
logie déclamatoire du maire de Paris et son
inertie en face des hommes de désordre. Mais
ce qui est plus extraordinaire, c'est la vertueuse
horreur de Morande pour le déchaînement de
la presse et de la littérature anonyme, pour le
scandale de certaines représentations théâtrales
et les divertissements malsains qu'offraient au
public de la capitale les boutiques du Palais-
Royal. Lui, le libelliste sans scrupules, le dif-

famateur éhonté, il demande à la municipalité « qu'elle tienne la main à ce que les écrits
que l'on publie portent le nom de l'auteur ou
de l'imprimeur, et qu'aucun placard ne soit
affiché sans ce passeport ». Lui, l'ancien joueur,
l'ancien libertin que ses fredaines avaient conduit au Fort-l'Évêque, puis forcé à s'expatrier,
il s'indigne maintenant contre « la licence de
la capitale, il blâme la liberté des théâtres ».
« On pensera peut-être, écrit le saint homme,
qu'à cet égard les principes de la liberté auront
été poussés trop loin, et qu'en multipliant trop
les théâtres, on s'écarte des principes de la régé-
nération des mœurs, qui sont tout aussi nécessaires que les lois à une nation libre. » Les plaisirs faciles du Palais-Royal lui inspirent une
tirade indignée que n'eût pas renié la chaire
chrétienne : « Il vient de s'ouvrir dans ce mo-
ment-ci un nouveau théâtre qui réunit tous les
genres de corruption et qui se trouve placé au
milieu du cloaque de tous les vices : c'est du
Cirque du Palais-Royal que j'entends parler.
Ce n'était pas assez que le jardin fût entouré
de deux cents boutiques surmontées de quatre
étages chacune, où l'on trouve à la fois, dans
la même maison, des bureaux d'escroquerie,
des clubs de jeux, des cavernes de voleurs, des
mauvais lieux. L'on a voulu renchérir sur ces

horreurs, et le cirque est devenu la table des matières des deux cents arcades qui l'environnent. On trouve bien çà et là, dans le Palais-Royal, quelques boutiques honnêtes et quelques appartements habités par des gens déplacés, mais plus des trois quarts des appartements sont des repaires où la jeunesse inexpérimentée trouve l'occasion prochaine de se ruiner et de se pervertir. » L'*Argus* invite la municipalité à prendre des mesures de salubrité publique, et à faire disparaître les 4,000 maisons de jeux qui existent à Paris ; le Palais-Royal, à lui seul, en contient de 12 à 1,500.

Après ces échappées sur l'administration intérieure de la France et sur la situation de Paris, Morande revient à la politique générale. La guerre contre les puissances devenait de plus en plus probable. En recevant, le 14 janvier 1792, le ministre de France, le roi de Prusse avait affecté l'attitude la plus blessante. Une partie du ministère de Louis XVI, notamment Narbonne et Cahier de Gerville, poussait le roi aux résolutions énergiques. Le ministre des affaires étrangères, Delessart, cherchait au contraire à réagir contre les projets belliqueux. Quant à Morande, il paraît se ranger du côté des partisans de la paix, et témoigne peu de confiance dans la discipline de nos troupes : « Les deux partis extrêmes, écrit-il le 6 mars 1792, ont chacun une chance, si nous avons la guerre. Les *républicanistes* et les *Orestes* de l'ancien régime se flattent que, dans un incendie général, ils trouveront le moyen d'arriver à leur but. Les patriotes qui ne veulent que la Constitution croient avec raison que leurs espérances sont plus solidement fondées sur la défaite des exagérés dans tous les sens que sur les conséquences d'une invasion sur le terrain des puissances étrangères. Pour faire la guerre chez les autres, et la faire sans fouler le peuple, il faut y porter de l'argent. Pour la faire avec succès, il faut y conduire de l'artillerie et des troupes disciplinées qui ne se laissent point enlever. Ce n'est pas le courage qui manquera aux Français... Il ne s'agit pas seulement de conduire des hommes braves au combat; il faut qu'ils y marchent avec ordre, qu'ils n'aient qu'une volonté et qu'ils ne forment qu'un ensemble. »

Telle était évidemment l'opinion du roi, lorsqu'il redemandait son portefeuille à M. de Narbonne. Le ministre de la marine, Bertrand de Molleville, en désaccord avec Narbonne, tomba par compensation. Quant à M. Delessart, ministre des affaires étrangères, l'Assemblée, par décret du 10 mars rendu sur la proposition de Brissot, le mettait en accusation pour avoir trahi

les intérêts de la nation en transmettant par
M. de Noailles à la Cour de Vienne des détails
faux ou exagérés sur l'état du royaume. Delessart, arrêté le même jour, fut conduit à Orléans
par deux officiers et six gendarmes. On le remplaça par Dumouriez. Les autres ministres constitutionnels ou Feuillants, Gerville, Duport du
Tertre et Tarbé, rentrèrent dans la vie privée.
Morande juge sans passion et non sans jus-
tesse les ministres remplacés, ainsi que leurs
successeurs. « Depuis si longtemps, dit l'*Argus*
du 5 avril, le gouvernement était arrêté dans
sa marche, que le roi a jugé nécessaire à la paix
et au repos de l'Empire de choisir des ministres qui jouissent de la confiance du parti
dominant. » M. de Narbonne avait de grands
talents, mais il n'avait pas été « formé et mûri
par l'expérience ». On aime à croire que M. Delessart est innocent des fautes qui lui sont im-
putées, mais il aurait dû changer les anciens
usages de la diplomatie, et ne pas garder le
silence sur certaines dépêches particulières. Dumouriez, le nouveau ministre des affaires étrangères, a une grande popularité ; mais la con-
servera-t-il ? Clavière, nommé ministre des
finances, n'inspire pas une grande sympathie à
l'*Argus*. « Que M. Clavière n'agiote plus, qu'il
soit un ministre de finances habile et honnête ;

que d'habile braconnier il devienne un garde-
chasse intrépide [1], il méritera que l'on oublie
les écarts de sa trop longue jeunesse. » Morande,
par d'autres motifs, n'apprécie guère le nouveau
ministre de l'intérieur, l'intègre Roland, dont
la capacité lui semble douteuse. « Nous sommes
arrivés, écrit-il, à l'époque où nous avons plus
besoin de talent que d'hommes irréprochables. »

Un ministère composé d'hommes de génie
n'eût pas été de trop, en effet, pour faire face à
la situation. Du 3 au 8 mars, les séances de
l'Assemblée Législative furent, en grande partie, consacrées à entendre la lecture des dépêches
qui annonçaient les plus graves désordres sur
toute la surface du territoire. A Étampes, une
troupe de brigands assassine, en pleine place
publique, le maire Simoneau qu'abandonne son
escorte de 80 cavaliers du 18ᵉ régiment. A Verneuil, 5,000 anarchistes occupent le marché et
dévastent les campagnes. A Corbeil, à Montlhéry d'autres bandes taxent les grains et font la
loi aux autorités. 4,000 hommes, sortis du faubourg de Marseille, ont chassé d'Aix le régiment
Ernest. Malgré son optimisme d'emprunt, Mo-

---

1. Morande applique ici à Clavière le compliment
que Beaumarchais avait adressé au *Gazetier cuirassé*,
après sa conversion.

rande se laisse envahir par le découragement.
En février 1792, il abandonne son journal à un
sous-ordre qu'il avait prié de « se restreindre à
l'historique simple des évènements qui se sont
passés pendant son absence [1] ». Il retourne à
Arnay-le-Dùc auprès de sa mère malade et
semble avoir songé dès lors à déserter la politique et ses dangers. De retour à Paris, il raconte en ces termes les sentiments contraires
qui l'ont envahi : « Si je faisais plus de cas de
ma tranquillité que je n'ai d'ardeur pour le
bien de mon pays, j'aurais pu me dispenser de
rentrer dans le tourbillon dans lequel je me
suis replongé. Je n'ai voulu que remplir un
devoir sacré en allant voir ma mère dangereu-
sement malade, à laquelle je devais bien l'hommage que j'ai été lui rendre. Je l'ai vue, je l'ai
pressée sur mon cœur, elle m'a serré dans ses
bras, et, quoique je ne me sois éloigné d'elle
qu'avec douleur... quoique j'aie quitté avec
bien du regret le sol qui m'a vu naître... j'ai
résisté au penchant qui m'entraînait. J'ai em-
brassé des parents que j'aime, des amis qui
m'ont comblé de marques d'attachement; je

___

1. Les numéros 66, 67, 68, 69 ont été imprimés en
l'absence de Morande. De là beaucoup de fautes typo-
graphiques dont il crut devoir, à son retour, s'excuser
auprès des lecteurs.

me suis arraché de leur société et suis venu
reprendre ma tâche pour dévouer tout mon
temps à ma patrie. » Et il annonce qu'il ne res-
tera pas neutre entre les patriotes et les ennemis
de la Constitution; qu'il veut encore « con-
courir à écraser les partis pour maintenir les
pouvoirs légitimes, démasquer les intrigans et
les dénoncer à la nation ».

Comme pour marquer sa rentrée dans la polémique des partis, il s'en prend d'abord à Camille Desmoulins, qui venait de publier une
brochure contre Brissot [1]. Mais Morande la
trouvait trop modérée, et, de plus, il reprochait
à Camille d'avoir parlé de l'ex-*Gazetier cuirassé*

[1]. Il s'agit ici du pamphlet intitulé *Brissot démasqué*. Camille avait été attaqué par le *Patriote français*,
journal de Brissot, sous prétexte que, dans une consultation donnée à un sieur Dithurbide que le tribunal
de police correctionnelle avait envoyé à Bicêtre en
vertu de la loi sur les maisons de jeu, C. Desmoulins
s'était constitué l'apologiste des jeux de hasard. Le
signataire de l'article du *Patriote* était Girey-Dupré,
le futur Girondin; mais l'irascible Camille s'en prit
au rédacteur en chef. « Le maître est responsable des
délits du domestique, lit-on dans le *Brissot démasqué*...
Il est commode à un journaliste de prendre ainsi
M. Girey en croupe pour couvrir son dos. Mais je saute
à la bride, parce que c'est vous qui la tenez et qui
m'avez lâché cette ruade. » Camille insistait principalement sur les idées politiques de Brissot, et pas assez
sur les imputations dirigées contre sa probité. Morande
avait été moins généreux.

avec trop de légèreté [1]. A en croire l'*Argus*, la brochure contre Brissot « annonce bien peu d'énergie et bien peu de moyens pour le combattre ». Dire d'un homme qu'il a été l'ami de la Fayette, ce n'est pas là de quoi le discréditer [2]. Morande avait, il est vrai, beaucoup plus d'imagination lorsqu'il s'agissait de mettre en cause Brissot. Mais le crime irrémédiable de Camille, c'est d'avoir montré peu de consi-

1. Voici le passage de *Brissot démasqué* qui concerne Morande : « Je ne vous citerai point non plus Morande, avec qui votre procès criminel reste toujours pendant et indécis, et qui va disant partout assez plaisamment à qui veut l'entendre : Je conviens que je ne suis pas un honnête homme; mais ce qui m'indigne, c'est de voir Brissot se donner pour un saint, et Ambroise de Lamela, devenu le frère Antoine, méconnoître son frère d'armes, et ne plus se souvenir de la caverne et de dame Léonarde. »

2. C'est notamment dans la *Tribune des patriotes* (journal publié en mai 1792 et qui n'eut que quatre numéros) que Camille attribue à la Fayette des visées ambitieuses et une profondeur de machiavélisme qui offrent peu de vraisemblance. Il le compare à Cromwell, tout en ajoutant qu'il peut devenir un Monk, selon les circonstances. Il l'appelle le Warwick des ministres qui ne font la guerre que pour élever leur protecteur à la dictature. D'après le journaliste, la Fayette trompe tous les partis. Il n'a jamais regardé de quelle opinion on était, pourvu qu'on fût de ses partisans. Et Camille conclut ainsi : « Le ciel nous préserve de la république de la Fayette! Ce mot *république*, que Cromwell avait continuellement à la bouche, ne m'en impose plus. »

dération pour Morande lui-même. « Comment
ce Camille de la petite espèce, réplique le rédacteur de l'*Argus*, s'est-il avisé de me prêter un
soliloque qu'il dit *plaisant* et qui est aussi sot
que son ouvrage ? Je me permettrai de lui rem-
bourser cette avance, en observant qu'à son ordinaire il a oublié d'être vrai, comme il oublia
d'être brave, le jour qu'un homme impoli lui
appliqua un si violent soufflet au Palais-Royal,
qu'il lui imprima quatre doigts sur la joue
droite et, de son pouce, le fit saigner du nez
en abondance. Voyez les mémoires de Camille
Desmoulins écrits par lui-même. »

Après avoir ainsi tancé l'imprudent Camille,
Morande revient à des questions plus générales
et, résumant les lamentables nouvelles qui arrivent de la province, affiche de nouveau sa profession de foi politique. Il n'est pas de ceux
qu'il appelle les *Orestes*, de ces aveugles qui
veulent ramener le pays en deçà de 1789 et
rêvent la restauration du pouvoir absolu. La
stricte observation de la Constitution, la lutte
contre « les exagérés dans tous les sens », voilà
tout son programme. Même en présence des
déchaînements révolutionnaires, il repousse
nettement le retour à l'ancien régime : « L'insurrection de Noyon, celles d'Étampes et de
Montlhéry, écrit-il le 15 mars, celles qui ont

éclaté dans près de vingt départements, l'armement des Marseillais et les assassinats qui se commettent çà et là, tant dans la capitale que dans les diverses villes du royaume, sont autant d'essais que font nos ennemis, soit pour détruire le gouvernement établi, soit pour dégoûter le peuple de la liberté. Que ces projets sont vains ! Jamais les Français ne perdront de vue qu'ils sont libres ; jamais on ne leur persuadera de cesser de l'être. On aura beau rappeler aux Français les jouissances délicieuses de l'ancien régime, ce n'est plus de celles-là qu'ils sont jaloux. » Ces déclarations une fois faites, — et elles ne manquaient pas d'à-propos, au moment où l'on accusait le roi de méditer une Saint-Barthélemy de patriotes, — Morande ne conserve pas d'illusions sur la véritable cause des désordres qui se produisaient aux quatre coins du territoire. Suivant lui, il est ridicule d'en accuser le roi. « Les écrivains incendiaires, dit l'*Argus* du 20 mars, les attribuent tous indistinctement au Pouvoir exécutif, comme s'il était à supposer que le Pouvoir exécutif, qui est déjà sans force pour faire exécuter la loi, voulût s'affaiblir encore davantage... » Les émigrés peuvent bien avoir prêté la main au désordre dans certains cas particuliers ; mais le rédacteur de l'*Argus* estime qu'il y a des gens beaucoup plus dangereux, à savoir les agents ou les complices des puissances étrangères, et surtout les *républicomanes*. «... J'ai déjà dit plusieurs fois et je le répète encore, ce sont les républicomanes qui croient pouvoir mettre tout le royaume dans leur dépendance et se donner une existence brillante aux dépens des propriétaires; ce sont ces malheureux qui cherchent à détourner le peuple travaillant de ses occupations, pour lui faire entrevoir la possibilité de partager les propriétés de ceux des citoyens qui ont des terres, en les lui faisant regarder comme des aristocrates, et l'invitent sans cesse à les opprimer; ce sont ceux-là qui sont nos plus grands ennemis. »

En fait, le parti avancé, dont Morande n'osait même plus prendre les chefs personnellement à partie, dominait absolument l'action du Pouvoir exécutif. Sous la date du 23 mars, l'*Argus* nous donne l'analyse d'une célèbre séance du club des Jacobins où le ministre des affaires étrangères comparut en personne. Dumouriez, — car c'est de lui qu'il s'agit, — monte à la tribune et, se coiffant du bonnet rouge que lui passe un préopinant, adresse un discours à ceux qu'il appelle *Frères et amis*. La harangue roule sur la question de paix ou de guerre et le ministre déclare, en substance, que, si les négociations

ne réussissent pas, si la guerre est déclarée, il
rentrera dans l'armée « pour vivre triomphant
ou mourir libre avec ses frères ». Quand Dumouriez a terminé, le président lui répond par
quelques mots flatteurs. Sur ce, Collot d'Herbois
bondit et s'étonne qu'on réponde à un ministre. « Le plus beau titre dont s'honorât le ministre, déjà membre de la société, étant celui de
citoyen, lui répondre, c'était, suivant l'orateur,
une atteinte à l'égalité! » Robespierre s'exprime
dans le même sens, tout en ajoutant, à titre de
correctif, « qu'il ne croit pas impossible qu'un
ministre soit vraiment citoyen » . La théorie
n'avait rien de particulièrement aimable pour
Dumouriez, mais le ministre affecta de prendre
cette double sortie pour un compliment, et, se
jetant au cou de Robespierre, l'embrassa avec
effusion, ce qui souleva des applaudissements
frénétiques. On n'était pas remis de tant d'émotions, quand arriva une lettre du maire de
Paris, Pétion, lettre dont Morande donne le
texte. Elle contenait une protestation contre le
bonnet rouge, le nouvel emblème patriotique
auquel le ministre Dumouriez venait de rendre
hommage. « Le signe que vous arborez, écrivait le maire de Paris, effarouche les esprits,
les éloigne de vous et sert de prétexte à la mali-
gnité de vos détracteurs..... Le peuple ne se

contente plus des images stériles de la Liberté ;
il veut la liberté même. Il ne se contente plus
de hochets, mais des lois sages, des institutions bienfaisantes... Nous avons eu le bonheur
d'avoir un signe général consacré par l'opinion ;
les ennemis de la liberté n'osent pas en prendre un différent ; n'y aurait-il pas dès lors une
souveraine imprudence à donner l'exemple d'un
signe nouveau ? Bientôt vous verriez des bonnets verts, des bonnets blancs ; que ces bonnets
de diverses couleurs se rencontrent, alors une
guerre ridicule et sanglante s'engage ; l'ordre
public est troublé, la paix intérieure est altérée
et peut-être la liberté compromise. » Qui le
croirait ? Cette lettre de Pétion, après tout fort
raisonnable, ne fut pas mal accueillie par les
Jacobins. Sur la motion de Robespierre, ils déci-
dèrent, ce jour-là, que les membres du club ne
porteraient plus d'autre signe de la liberté que
la cocarde nationale. Malheureusement, la pros-
cription du bonnet rouge ne dura pas. Dans le
n° suivant de l'*Argus* (5 avril 1792), le rédacteur,
parlant de la fête donnée aux Champs-Élysées
par les forts de la Halle, en l'honneur des vain-
queurs de la Bastille, nous raconte que le maire
Pétion s'y est rendu, et que le fils de l'un des
convives a été baptisé par l'évêque Fauchet.
Le journaliste ajoute ces détails : « L'enfant a

été nommé *Pétion-nationale-pique,* et le père, *le bonnet rouge sur la tête,* a prêté le serment civique au nom de sa fille[1]. »

Cela n'était que puéril. Il y eut bientôt des parades plus tragiques, telles que la réception triomphale faite aux Suisses du régiment de Châteauvieux que le décret d'amnistie avait tirés des galères. Manuel, Pétion, Collot d'Herbois, Robespierre, honorèrent la fête de leur présence. La municipalité fut invitée à y figurer par une pétition qui porte les signatures de Marie-Joseph Chénier et de David. Le poète Roucher, l'auteur du *Poème des Mois,* avait été désigné dans sa section pour faire partie de la députation qui devait suivre le cortège; Morande nous a conservé la réponse du poète à

---

1. A la même époque, Camille Desmoulins s'élevait énergiquement, dans son journal *la Tribune des patriotes,* contre les restrictions imposées au culte catholique. A propos d'une procession de la Fête-Dieu interdite sur l'initiative de Manuel, Camille écrit : « Mon cher Manuel, les rois sont mûrs, mais le bon Dieu ne l'est pas encore... Le soleil de la philosophie a mûri les têtes; mais, à Paris comme dans les départements, le réquisitoire du patriote Manuel a le grand inconvénient de soulever contre la Constitution les prêtres constitutionnels qui nous ont rendu de si grands services et qui ne peuvent voir dans un semblable arrêté que le plus sinistre présage pour leur marmite : et c'est toujours par le renversement des marmites que s'opèrent les révolutions et les contre-révolutions. »

cette sommation : « Je m'y rendrai volontiers, pourvu que l'on place sur un char de triomphe le buste de Desilles, massacré à Nancy, afin que le peuple puisse voir l'assassiné au milieu des assassins ! »

Cependant les évènements se précipitent. Le 20 avril, Dumouriez vient, au nom du roi, proposer à l'Assemblée Législative de déclarer la guerre au roi de Hongrie et de Bohême ; et la déclaration de guerre est votée par l'unanimité des représentants, moins quatre ou cinq voix. On sait les premiers incidents de la guerre, aggravés par l'indiscipline de nos troupes, en face de l'ennemi. Le ministre de la guerre, après l'assassinat du général Dillon à Lille, vient déclarer à l'Assemblée « qu'il ne peut plus y avoir d'armée, si les soldats ne respectent plus leurs chefs ». Et le ministre (M. de Grave) donne sa démission. Les généraux Biron, Rochambeau, se plaignent hautement de l'insubordination de leurs soldats que les déclamations furibondes de Marat, dans l'*Ami du peuple*, provoquent publiquement à l'assassinat des chefs. Le maréchal Rochambeau, dans une lettre au roi, que reproduit l'*Argus* du 10 mai, s'exprime en ces termes : « Je n'ai rien vu de pareil à ce que je vois, et j'espère que V. M. me dispensera de le voir longtemps. Tous ces non-succès feront

perdre la confiance : on ne parle plus que de
trahison. Quant à la discipline, il n'en est plus
question. » Le maréchal, dans une autre lettre,
datée du 29 avril, se plaint aussi des ministres
et notamment du ministre des affaires étrangères « qui veulent jouer toutes les pièces de
l'échiquier » où les généraux ne sont plus que
des pièces passives. Malgré les instances du ministère et de l'Assemblée, Rochambeau main-
tint sa démission et Luckner dut le remplacer,
à son corps défendant. Morande retrace dans
son journal toutes ces misères et réclame énergiquement des mesures décisives pour réta-
blir la discipline. L'Assemblée se contenta d'envoyer à l'armée française une adresse, décrétée
le 8 mai. Elle exhorte les troupes à traiter géné-
reusement les prisonniers. « Ces hommes que
nous combattons aujourd'hui sont nos frères ;
demain peut-être ils seront nos amis. » L'adresse
rappelle ensuite à l'armée française qu'elle combat non plus pour satisfaire le caprice d'un roi,
mais pour le salut de la nation. « Aujourd'hui,
c'est vous-mêmes, ce sont vos enfants, ce sont
vos droits que vous défendez ; il faut vaincre ou
retourner sous l'empire de la gabelle, des aides,
de la taille, de la dîme, des corvées, des privilèges
féodaux, de la honteuse milice, des emprison-
nements arbitraires, de tous les genres d'im-

pôts, d'oppression et de servitude. » L'Assemblée reconnaît que des crimes ont été commis. Elle annonce qu'ils seront punis avec sévérité et engage les soldats à se défier de ceux qui ne parlent que de trahison. Ce sont des ennemis de la liberté française. D'ailleurs, on poursuivra la guerre, coûte que coûte : il faut vaincre ou mourir. « Nous avons juré, disent les représentants, de ne capituler ni avec l'orgueil, ni avec la tyrannie. Nous tiendrons notre serment. La mort, la mort, ou la victoire et l'égalité! »

Ainsi, il n'est déjà plus question du roi; le divorce avec la monarchie s'achève. La municipalité donne des ordres comme si elle craignait une nouvelle fuite de Louis XVI. On ne tient aucun compte des protestations du malheureux prince, qui écrit au maire : « Vous reconnaîtrez aisément que ce bruit, dans les circonstances présentes, est une nouvelle et horrible calomnie, à l'aide de laquelle on espère soulever le peuple et l'égarer sur la cause des mouvements actuels. » Les imprudences des royalistes rendent désespérée la situation de la famille royale. La ridicule manifestation des douze ou quinze soldats qui, dans la journée du 20 mai, arborent à Neuilly la cocarde blanche et menacent les passants de leurs sabres, porte au dernier degré l'exaspération populaire. Dans

la séance du 23, Gensonné et Brissot dénoncent
le comité autrichien formé autour de la reine.
Un décret licencie la garde du roi, considérée
comme un foyer de réaction, et met M. de Cossé-
Brissac, le commandant de cette garde, en accusation. Au-dessus de la grande porte des Tuileries, on fixe une pique, entourée de rubans aux
trois couleurs et surmontée « du bonnet de la
liberté ». Le 27, l'Assemblée prononce la dé-
portation contre les prêtres non assermentés.
L'Hôtel de Ville organise l'insurrection et prépare le renversement de la monarchie. On sent
que le dénoûment approche et que la cause de
Louis XVI est une cause perdue.

C'est à ce moment que Morande, qui dans
son journal a marqué toutes les étapes de cette
marche vers l'abîme, s'arrête découragé et pose
brusquement la plume, soit que l'argent ait man-
qué, soit que le rédacteur commençât à craindre
pour sa sûreté personnelle [1]. Ses craintes, d'ail-

1. La dernière livraison de l'*Argus patriote* porte
le numéro 94 et la date du 31 mai 1792. Au bas de cette
livraison, qui termine le troisième tome de l'exemplaire
de la Bibliothèque nationale, on lit cette mention ma-
nuscrite. « *Le journal finit à ce numéro.* » Aucune annonce n'avait prévenu le public, car, en tête de ce même
numéro 94, se trouve l'avis suivant : « MM. les souscripteurs dont l'abonnement finit au 1er juin sont priés
de le renouveler, afin qu'il n'y ait point d'interruption
dans le service du journal. »

leurs, n'étaient pas chimériques, car il fut arrêté
après le 10 août, et, d'après M. de Loménie,
qui, dans son ouvrage sur Beaumarchais, a
consacré une note à Morande, le pamphlétaire
n'échappa que par miracle aux massacres de septembre 1792. Les biographes croyaient même,
jusqu'à ces derniers temps, que le *Gazetier cuirassé* avait été l'une des victimes des septem-
briseurs. Mais il ne reste plus rien de cette
légende dramatique, en présence de l'acte de
décès de Theveneau de Morande, acte qui a été
retrouvé en 1875 dans les archives de l'Hôtel
de Ville d'Arnay-le-Duc [1]. Il résulte de l'acte

1. Cette découverte est due à M. Albrier. Voici le
texte même de l'acte de décès du pamphlétaire : « Du
dix-huitième jour de messidor an treize, à neuf heures
du matin, acte de décès de Charles-Theveneau Morande, mari d'Élisabeth Saint-Clair, décédé à Arnay-
sur-Arroux, le dix-septième jour de messidor an treize,
à neuf heures du soir, né à Arnay-sur-Arroux, département de la Côte-d'Or, le neuvième jour du mois de
Novembre an mil sept-cent-quarante-un, fils de Louis
Theveneau, qui était notaire audit Arnay, et de Philiberte Belin, sur la déclaration à moi faite par Louis-
Claude-Henry-Alexandre Theveneau, demeurant à
Arnay-sur-Arroux, homme de loi, âgé de cinquante-
quatre ans, qui a dit être frère du défunt, et par
Georges-Louis Theveneau Morande, demeurant audit
Arnay, propriétaire, qui a dit être fils du défunt ; et
ont signé, après lecture faite du présent acte : Theve-
neau, Guiot, Theveneau. »
Morande, de sa femme Élisabeth Saint-Clair, décé-

que Morande est mort dans sa ville natale
d'Arnay-le-Duc le 17 messidor an XIII (6 juillet 1805). En outre, Theveneau n'a jamais eu
l'honneur, comme on l'a cru[1], d'exercer, sous le
Directoire, les fonctions de juge de paix. C'est
un de ses frères, non pas Lazare-Jean, l'ami et
correspondant de Beaumarchais[2], mais Louis-
Claude-Henry-Alexandre Theveneau qui siégea
au tribunal de paix d'Arnay-le-Duc et mourut
sans alliance à Arnay-le-Duc, le 31 août 1808.
Quant au *Gazetier cuirassé*, il préféra s'éteindre
dans l'obscurité et dans le calme, entouré des
siens, auxquels il laissait le souvenir de ses
talents plutôt que l'exemple de ses vertus.

dée à Arnay le 28 novembre 1807, laissa plusieurs
enfants dont M. Albrier a ainsi reconstitué le tableau
et la descendance : 1° Georges-Louis, né à Londres le
24 janvier 1772, mort à Arnay-le-Duc le 1er novembre
1815, marié à sa cousine Marie-Louise Villedey, dont
cinq filles; 2° Élisabeth-Françoise, née à Londres, le
21 février 1779, morte à Arnay le 23 mai 1833, mariée
à Antoine Guiot, percepteur des finances, fils d'un
député aux États généraux de 1789; 3e Henriette-Anne,
née à Londres le 1er septembre 1780, décédée à Arnay-
le-Duc, sans alliance, le 11 août 1856.

Les armes que s'était données Morande étaient :
d'azur, à cinq trèfles d'or posés 2, 2 et I.

1. V. notamment la reproduction de cette erreur dans
Beaumarchais et son temps, de M. de Loménie, t. I, p. 381.

2. Lazare-Jean devint seigneur de Francy-lès-Arnay,
conseiller secrétaire du roi et capitaine de marine. Il
mourut jeune et sans postérité à Dunkerque, en 1783.

Si, jetant un coup d'œil en arrière, on essaie
de caractériser la vie et les œuvres de Theveneau
de Morande, on n'éprouve aucun embarras.
M. de Loménie [1] pouvait se dispenser, pour
répondre aux susceptibilités très respectables
des descendants de l'audacieux pamphlétaire,
d'établir doctement que Morande n'a pas toujours été un citoyen honorable et que les très
graves écarts de sa jeunesse méritent le blâme.
Il a été, dès le premier jour, et il est resté jusqu'à
la fin le moins scrupuleux des hommes : un
aventurier de lettres, vendant sa plume au plus
offrant et prêt à changer de drapeau suivant les
hasards du combat. Joueur, libertin, escroc, il
débute par se brouiller avec sa famille et avec la
justice ; et bientôt, réduit à sortir de France,
organise, sous le couvert de l'hospitalité britannique, une véritable officine de chantage. Sans
s'attarder à l'attaque des personnages de second
ordre, il vise à la tête d'un roi, en le menaçant
de dévoiler au monde le scandale de ses basses
amours ; défiant les petites ruses de la police
française, il force le monarque à lui envoyer
presque un grand homme comme ambassadeur
et réduit l'amant de la Du Barry à composition. Ainsi devenu riche, à force d'audace et de

1. *Beaumarchais et son temps,* t. I, p. 38i et 383.

cynisme, il se rend indispensable au gouvernement qu'il a bravé, devient le conseiller ordinaire de la police de Louis XVI et l'un des
pourvoyeurs les plus dangereux de la Bastille.
Entre temps, il promène sa lanterne de Diogène
sensuel sur tous les coins équivoques de la société qui l'entoure et dévoile les hontes du
xviiie siècle, en homme qui connaît par expérience ce que le vice a de plus raffiné. Noblesse,
clergé, magistrature, finance, toutes les classes
comparaissent à leur tour devant le libelliste
impitoyable. Le théâtre n'a pas de secrets pour
lui; il peint comme personne le monde interlope des coulisses et des boulevards; et, si l'on
ne craignait pas de le suivre, Dieu sait où
nous mènerait ce précurseur du naturalisme! Il
sait tout, car il a tout vu. Il connaît sur le
bout du doigt l'histoire des alcôves et déshabille
les princes comme les courtisanes. Cet homme
étrange joue avec une aisance incomparable les
rôles les plus divers; tantôt la terreur, tantôt
l'auxiliaire précieux du pouvoir; défiant les plus
formidables puissances, la Du Barry, Voltaire,
Cagliostro, Mirabeau, Robespierre. Il marche
en riant à travers le monde, tendant la main
à quiconque a de l'or, côtoyant les abîmes avec
une étonnante souplesse; méprisé, mais redouté;
perdu de vices et faisant la leçon aux plus ver-

tueux; déshonoré et n'ayant à la bouche que les mots d'honneur, de patriotisme; diffamateur de Louis XV et agent aussi fidèle qu'habile de Louis XVI; figure hybride et complexe, qui personnifie tout à la fois l'intelligence superficielle et brillante du xviiie siècle, la corruption de la société qui finit et les aspirations tumultueuses de la société qui commence; vil pamphlétaire, si l'on veut, mais plein d'esprit et de ressources, d'une observation mordante, d'une rare sûreté de jugement et de coup d'œil; Figaro vivant et réel, si retors qu'il a exploité Beaumarchais lui-même; si habile, qu'il a forcé un roi, mortellement insulté par lui, à lui ouvrir sa cassette; si heureux, qu'après avoir bravé les plus farouches Jacobins, il s'est joué de la guillotine révolutionnaire comme il s'était joué des bastilles monarchiques, et est mort doucement dans son lit!

FIN.

INDEX ALPHABÉTIQUE

F

G

ERRATA

—

P. 48; note 1, ligne 29; *lire* : Marquis de Pomereux; *au lieu de* : Pomeзeux.

P. 158; *note*, 1ʳᵉ ligne; *lire* : « maître *des* requêtes; *au lieu de* : maître *de* requêtes. »

P. 168; il s'est glissé une légère confusion dans la note 2 et à la ligne 3 du texte de la page 168.

Barbier (*Dict. des ouvrages anonymes*, t. I, p. 910) n'attribue à Mayeur que le *Chroniqueur désœuvré* et non le *Désœuvré mis en œuvre* qu'il laisse à l'actif du comédien Dumont. D'autre part, Quérard (*France littéraire*, t. V, vᵒ Mayeur de Saint-Paul) dit bien que Mayeur attribuait à Dumont le *Désœuvré mis en œuvre* et le *Vol plus haut*, mais il n'ajoute pas « et le *Chroniqueur désœuvré* ». Quérard indique Mayeur comme étant l'auteur du *Chroniqueur désœuvré*, ainsi que nous l'avons dit à la note 1 de la page 108. Cette rectification laisse d'ailleurs intactes nos conclusions de la note 2, p. 168.

P. 169; ligne 23; *lire* « Mayeur repoussait. . »; *au lieu de* : « Il repousse... »

P. 218; ligne 25; *lire* : « Pari; *au lieu de* : parti. »

P. 285; ligne 17; *lire* : « ... que n'eût pas reniée »; *au lieu de* : « renié. »

TABLE

—

Paris. — A. Quantin, imprimeur, 7, rue Saint-Benoît.

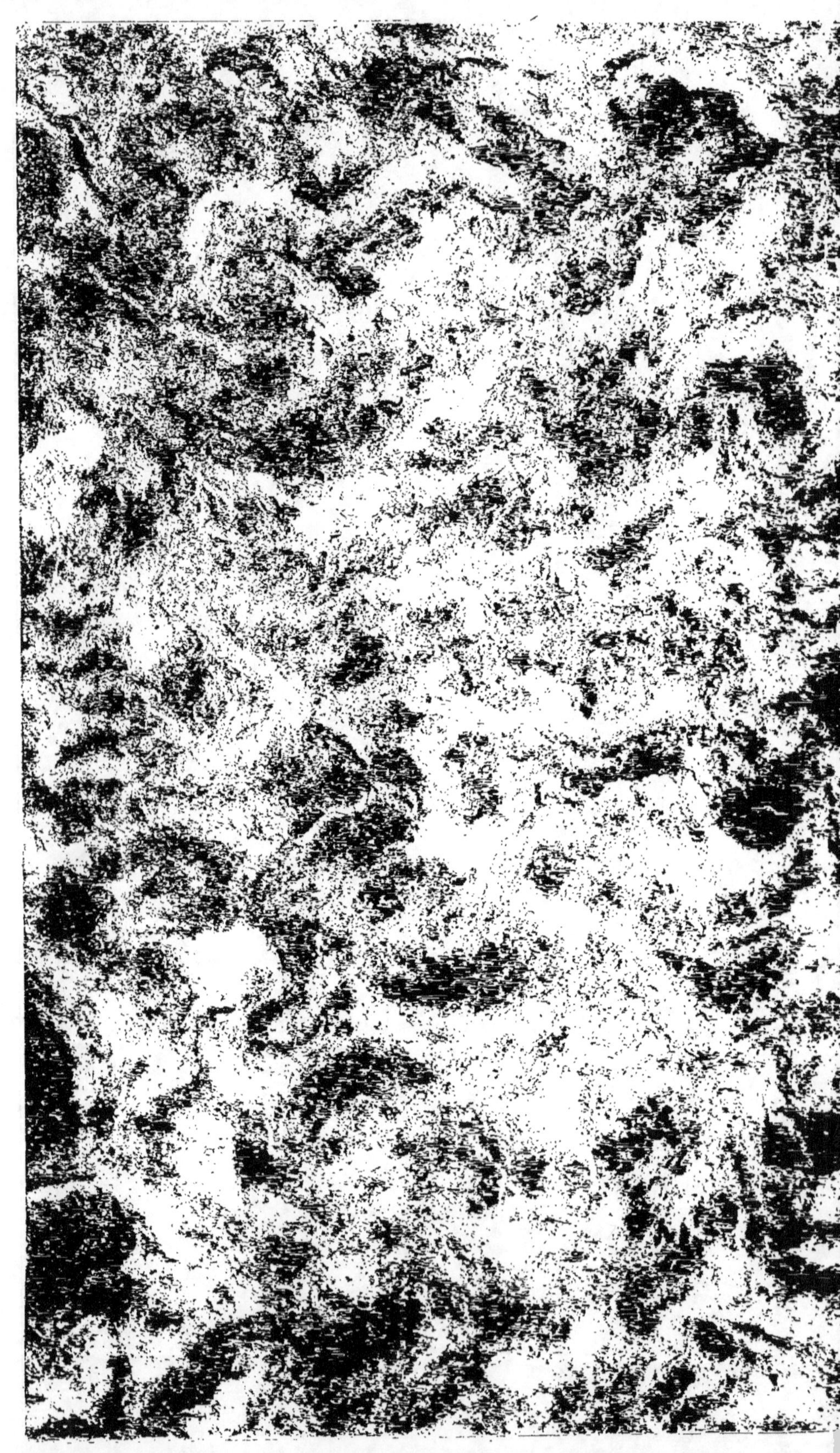

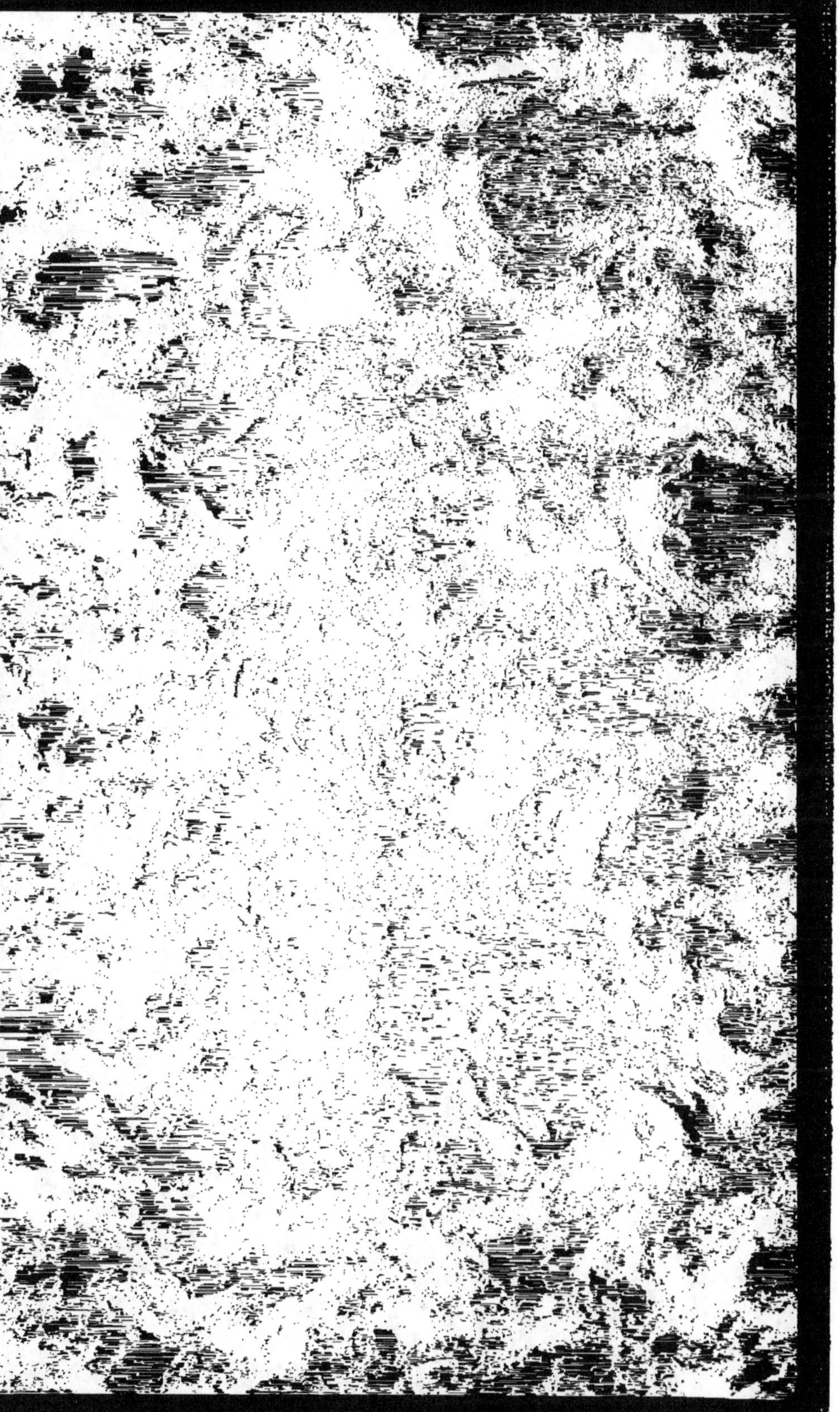